中原智库丛书 · 青年系列

河南省民宿高质量发展研究

Research on the High-Quality Development of Homestays in Henan Province

张　茜◎著

经济管理出版社
ECONOMY & MANAGEMENT PUBLISHING HOUSE

图书在版编目（CIP）数据

河南省民宿高质量发展研究 / 张茜著. -- 北京 ：
经济管理出版社，2024. -- ISBN 978-7-5243-0071-7

Ⅰ. F726.92

中国国家版本馆 CIP 数据核字第 2024FA7181 号

组稿编辑：申桂萍
责任编辑：申桂萍
助理编辑：张　艺
责任印制：张莉琼
责任校对：陈　颖

出版发行：经济管理出版社
　　　　　（北京市海淀区北蜂窝 8 号中雅大厦 A 座 11 层　100038）
网　　址：www.E-mp.com.cn
电　　话：(010) 51915602
印　　刷：北京晨旭印刷厂
经　　销：新华书店
开　　本：720mm×1000mm/16
印　　张：16
字　　数：287 千字
版　　次：2024 年 12 月第 1 版　　2024 年 12 月第 1 次印刷
书　　号：ISBN 978-7-5243-0071-7
定　　价：88.00 元

目　录

前　言

民宿作为住宿业的新兴业态，近年来以其独特的产品特性和经营形式吸引了越来越多的旅游者及大量资本的涌入。随着人们对美好生活的需求日益增长，民宿作为一种重要的住宿产品，受到了社会各界的广泛关注。民宿经营者是民宿的"灵魂"与"核心"，但学术界对其研究相对滞后。民宿经营者的人格特质、职业价值观和经营绩效均是民宿经营中的重要变量，是影响民宿业高质量发展的重要因素。对民宿经营者的人格特质、职业价值观和经营绩效开展系统、深入的研究有助于抓住影响民宿业态发展的关键要素，为民宿经营者管理和民宿业高质量发展提供理论支撑与实践指导。

本书的主要内容包括：

第一，问题辨析。在分析需求背景、供给背景、政策背景和理论背景的基础上，将民宿经营者作为研究对象，重点关注和研究民宿经营者的人格特质、职业价值观和经营绩效三个影响民宿高质量发展的关键因素。

第二，文献解析。通过收集并阅读国内外相关研究文献，对人格特质、职业价值观和经营绩效等变量的研究成果进行系统的回顾与梳理，试图找到本书研究的切入点与突破口；同时，通过对相关基础理论的回顾与梳理，为本书的研究探寻理论基础。

第三，河南省民宿的发展现状与存在的主要问题。通过对河南省民宿发展现状、典型案例的研究，剖析目前河南省民宿在基础设施建设、规划管理、市场环境、经营者引导与经营绩效等方面存在的主要问题。

第四，河南省民宿空间分布特征与影响因素。在爬取网络数据的基础上，采用 ArcGIS 空间分析法、洛伦兹曲线、基尼系数、最邻近指数及 SPSS 相关分析法等，分析河南省民宿空间分布特征与影响因素，尝试解析河南省民宿空间分布的影响机制。

第五，国内外民宿发展的经验借鉴。在回顾、分析国内外民宿发展历程、区域特色与发展趋势的基础上，尝试总结国内外民宿在设计开发、运营管理方面的成功经验，为河南省民宿经营绩效的提升与高质量发展提供参考与借鉴。

第六，研究设计。构建民宿经营者人格特质、职业价值观与经营绩效的理论模型，编制民宿经营者的人格特质、职业价值观与经营绩效的研究量表，提出研究假设，并通过公式计算出正式调研的样本量。在此基础上收集调研数据，选取合适的数据处理软件与分析工具进行数据处理。

第七，实证分析。通过问卷调查收集样本数据，分析河南省民宿经营者的人格特质、职业价值观及经营绩效的基本状况，探究人格特质和职业价值观对民宿经营者经营绩效的具体影响和作用机制，旨在更全面地理解民宿经营者的人格特质、职业价值观如何影响其经营绩效，从而为提升民宿行业的整体经营水平提供有价值的参考。

第八，策略研析。在总结河南省民宿的发展现状与存在的问题、空间分布特征与影响因素、国内外民宿的发展趋势与成功经验的基础上，结合调研的描述性统计分析与推断性统计分析结果，从规划、管理、行业、经营与市场五个层面提出相应的措施，为河南省及周边省份民宿经营者管理和民宿业高质量发展提供理论依据与实践指导。

本书在写作过程中参考了诸多学界、业界前辈和同行的文献，在学习他们的观点、研究方法的基础上，形成了本书的研究思路与成果。虽然在参考文献部分进行了标注，但仍不能全面体现他们的劳动价值，再次表示感谢。另外，要特别感谢我的博士研究生导师 Dr. Rowena M. Libo-on 对第八部分实证研究的指导，以及 Dr. Reynaldo N. Dusaran 对第七部分研究设计的指导，感谢博士后导师河南大学程遂营老师和河南省社会科学院研究员高璇老师、河南省社会科学院安晓明老师、河南省旅游协会民宿与精品酒店分会张峰副会长对我的帮助和支持。

由于笔者水平有限，书中难免有不妥之处，恳请广大读者批评指正。

本书系笔者在河南大学博士后流动站、河南省社会科学院博士后工作站期间的阶段性成果。

张 茜

2024 年 5 月 4 日

1 绪论

本章主要阐述本书的选题背景与问题的提出、研究目的与研究意义、研究思路与技术路线，以及研究内容与研究方法等内容。

1.1 研究背景与问题的提出

1.1.1 研究背景

1.1.1.1 需求背景——旅游消费需求的日常化与多样化

随着大众旅游时代的到来，旅游已成为一种常态化的生活方式。由于人们消费理念和价值取向的变化，游客对个性化和体验式的旅游消费需求日益增长。传统酒店等标准化住宿设施已经难以满足新时代游客对独特住宿体验的需求。在此背景下，民宿作为一种新的旅游住宿业态吸引了游客的注意。

与传统酒店截然不同，民宿以其个性化服务和体验式住宿产品为游客提供了一种独特且充满人情味的生活方式。民宿不仅提供了更多个性化的住宿体验，还为游客创造了一个情感交流的空间。在民宿中，游客不仅可以感受到家的温馨与舒适，还能深入了解当地的文化和风土人情。以民宿为代表的非标准化住宿满足了新时代旅游者多样化的住宿需求，特别是"80后""90后"与"00后"等中青年人群，他们将民宿誉为"有温度的住宿、有灵魂的体验"，在住宿过程中追求独特的体验、个性化的服务及与当地文化的情感交流。《中国旅游民宿发展报告（2019）》显示，截至 2019 年 9 月 30 日，中国民宿数量达到 16.98 家，民宿市场营业收入达到 209.4 亿元，同比增长 38.92%[1]。

1.1.1.2 供给背景——旅游产业迎来创新创业的热潮

旅游业供给方面的改革和创新创业的趋势，带动了住宅行业的快速发展。《中国旅游住宿行业发展报告》（2017）显示，旅游住宿行业正在形成以星级酒店、品牌酒店、非标准酒店为代表的"三足鼎立"的格局[2]，其中，民宿行业的快速发展已经引起了社会各界的广泛关注。民宿作为一种新的旅游模式，在旅游供给侧结构性改革和创新创业的时代背景下受到了地方政府的高度关注，相关政策的出台进一步促进了民宿行业的快速发展。

2023 年，民宿行业迎来了发展热潮，民宿企业如雨后春笋般涌现。这种大幅的增长曾在 2018 年出现过。2017 年，全国民宿的新增注册量仅为 8600 家，而到了 2018 年，这一数字便急剧攀升至 2.2 万家，涨幅高达 156%，可见当时民宿市场的火爆程度。但是，2019~2022 年民宿行业的增速逐渐放缓，每年新增的民宿企业数量稳定在 3 万家。然而，2023 年却打破了这一趋势。仅前 10 个月，全国新注册的民宿企业数量便达到了惊人的 7.6 万家，与 2022 年同期相比，增长率高达 149%，呈现爆发式的增长态势。截至 2023 年 10 月底，全国民宿相关企业的总数已达到了 22.3 万家。这意味着，在当前的民宿市场中，每三家民宿中，便有一家是新注册的。2023 年 1~10 月，在全国 330 多个地级行政区（以下简称"地区"）（不考虑港澳台地区）中，新增民宿企业超过 100 家的地区有 172 个，占全国地级行政区总数的一半以上。在这 172 个地区中，有 30 个地区 2023 年的新增民宿企业数量是往年最高注册数量的 2~3 倍；有 20 个地区的新增民宿企业数量是历史最高值的 3~5 倍；有 10 个地区的新增民宿企业数量是历史最高值的 5 倍以上。这种超乎寻常的增长速度，不仅反映出这些地区民宿行业的蓬勃发展与巨大潜力，也预示着未来这些地区将成为民宿行业的重要增长极。[3]

1.1.1.3 政策背景——促进民宿发展政策的不断出台

在"大众创业、万众创新"的时代背景下，民宿作为新兴业态，在旺盛的旅游需求与不断增加的社会供给下，受到了国家和各级地方政府的广泛重视。2015 年 11 月出台的《国务院办公厅关于加快发展生活性服务业促进消费结构升级的指导意见》（国办发〔2015〕85 号）明确指出，应积极发展客栈民宿、农家乐等细分业态，并将民宿明确界定为生活性服务类产业。同时，为了支持民宿产业的快速发展，政府还提供了包括投融资担保、税收减免等在内的多项优惠扶持政策。这些举措不仅为民宿产业的稳健发展提供了坚实的保障，也进一步提升了其在国民经济中的地位和影响力。2016 年 1 月，中央一号文件《中共中央　国务院关于落实发展新理念加快农业现代化　实现全面小康目标的若干意见》正式发布，明确指出要大力发展休闲农业和乡村旅游，并鼓励有规划地开发包括休闲农庄、乡村酒店、特色民宿等在内的乡村休闲度假产品。这一文件的出台，为民宿产业的创新与发展注入了新的活力，进一步推动了乡村经济的多元化发展。2016 年 3 月，国家发展和改革委联合其他九个部门共同印发了《关于促进绿色消费的指导意见》，旨在推动共享经济的持续繁荣，并特别强调了鼓励个人闲置资源有效利用，有序发展民宿出租等创新模式。这一举措不仅彰显了国家对绿色消费的高度重视，也为民宿产业的健康发展提供了有力的政策支持。2017 年 8 月，文化和旅游部正式颁布了《旅游民宿基本要求与评价》，详细规定了旅游民宿的基本运营要求、管理规范及等级划分标准，为整个行业的规范健康发展提供了坚实的制度保障。2017 年 10 月，党的十九大报告强调了"乡村振兴战略"的重要性，旨在全面加快乡村产业振兴步伐，为民宿产业的蓬勃发展提供了更广阔的舞台。在地方层面，浙江、广东、北京、厦门等省份积极响应，纷纷出台了针对民宿行业的详细准则与标准，进一步规范了民宿行业的准入门槛，促进了整个行业的健康发展。2019 年与 2021 年，文化和旅游部连续两次颁布了新的《旅游民宿基本要求与评价》并替代原有标准，以满足民宿行业快速发展的需要。2023 年初，中央一号文件明确提出了"实施乡村休闲旅游精品工程，推动乡村民宿提质升级"的战略目标。随着各级政府相关政策的持续深化与推进，乡村民宿的开发与建设得到了有力的引导与支持。民宿产业已经崭露头角，成为不少地区乡村振兴的璀璨明星。

1.1.1.4　河南省民宿——黄河流域与中西部地区民宿发展的代表

河南省民宿的发展是黄河流域与中西部地区民宿发展的缩影，对河南省民宿经营者与经营绩效的研究对黄河流域与中西部地区民宿的发展有一定的指导意义。第一，河南省民宿发展所依托的众多优势资源具有一定的代表性，如优美的自然风光与深厚的历史文化，这些资源也是黄河流域与中西部地区旅游资源的典型代表。第二，河南省民宿的发展特点在黄河流域与中西部地区具有代表性。河南地处沿海开放地区与中西部地区的结合部，也是我国经济由东向西梯次推进发展的中间地带。民宿是一个地区自然资源、文化内涵与经济社会发展的缩影，是连接人与自然、传统与现代、乡村与城市的桥梁，是乡村一二三产业发展的融合点与切入点，具有较强的地区代表性。第三，河南省民宿发展势头强劲。2023 年，在全国民宿企业注册数量最多的前 10 个地区中，河南省的洛阳市与郑州市分别名列第二位与第九位（见表 1-1）。

表 1-1　2023 年全国民宿注册数量排行榜（前 10 名）　　　单位：家

序号	地区	2023 年注册量	历史最高值	增长倍数	集中区域数量	热门景点
1	恩施	3432	1573	1.18	利川市 911 建始县 772	大峡谷、土司城
2	洛阳	2056	681	2.02	栾川县 803	龙门石窟、老君山
3	大理	1985	299	5.64	大理市 1656	大理古城、苍山洱海
4	伊犁	1747	443	2.94	新源县 666 特克斯县 313	那拉提草原、赛里木湖
5	甘孜	1562	726	1.15	康定市 906	稻城亚丁、木格措
6	威海	1549	300	4.16	荣成市 592 环翠区 379	海滨
7	西双版纳	1504	297	4.06	景洪市 1439	热带植物园、曼听公园
8	昆明	1408	289	3.87	官渡区 419 西山区 290	石林、滇池
9	郑州	1317	696	0.89	登封市 339	少林寺
10	杭州	1144	1376	-0.17	分散于各区	西湖、灵隐寺

资料来源：财经十一人．2023 民宿 "大爆发" 排行榜 ［EB/OL］．https：//baijiahao. baidu. com/s？id＝1784270667987842116&wfr＝spider&for＝pc. 2023-12-03.

1.1.2　问题的提出

民宿与传统酒店的不同之处在于经营者的经营理念。传统酒店强调硬件的标准化与服务的规范化，而民宿提倡的是硬件的个性化与服务的人性化。因此，民宿的核心竞争力在于民宿的"主人"——经营者。热情好客的民宿经营者、主客之间良好的互动关系、住客良好的情感体验等是传统酒店无法提供的，这也正是民宿比传统酒店更具市场吸引力的原因。根据马斯洛需求层次理论，住客对民宿的需求应包括但不限于满足住宿和安全需要的完善的接待设施设备，还应包括经营者提供的具有当地文化内涵的交流空间、环境与氛围，更进一步要求民宿经营者在主客互动中提供家庭式、亲人般的关爱与照料等服务，以满足住客在信任、友谊、关爱等情感与精神方面的需求，提高住客的满意度，促使民宿获得良好的经营绩效及良性发展。

对于民宿经营者而言，经营理念与人格特质、职业价值观的表达有着密切的关系。在民宿经营过程中，有亲和力、善良、有责任心的民宿经营者更容易获得住客的认可、赞赏与信赖，因而会有更好的经营绩效。由此可见，民宿经营者的人格特质与职业价值观的呈现是民宿区别于传统酒店的一种情感外化与表达，其重要性已经在民宿的实际经营中得以验证并在业界和学术界达成了共识。

为弥补民宿经营者人格特征、职业价值观与经营绩效之间关系的理论研究与实证分析的缺失与不足，本书尝试对上述问题做出理论回应，通过实证分析，阐述并解释以下几个问题：

第一，研究变量的基本概念、本质内涵与基本特征等。研究并回答以下三个问题：①民宿经营者的人格特质该如何划分？②民宿经营者职业价值观的类型有哪些，不同类型的价值观有哪些维度构成，如何进行测量？③民宿的经营绩效如何衡量？辨析研究变量的概念、内涵及结构，有助于厘清事物的本质特征，明确研究的边界。

第二，河南省民宿的发展现状与存在的问题。本书主要聚焦于以下几个问题：①河南省民宿发展的优势条件有哪些？②河南省民宿发展获得了哪些政策支持？③河南省民宿的主要成就是什么？④河南省民宿对当地的经济是否有带动作用？⑤河南省民宿的典型案例有哪些？主要做法与经验启示是什么？⑥河南省民宿在发展中是否存在困境与难题？具体是什么？深入研究河南省民宿的发展现状有助于全面把握河南省民宿的发展趋势，分析河南省民宿发展存在的问题有助于为河南省民宿产业高质量发展扫清障碍。

第三，河南省民宿的空间分布特征与影响因素。研究并回答以下两个问题：①河南省民宿在空间分布上是否有规律性？各地市间发展是否均衡？主要集中在哪些区域？是否存在空间集聚？②影响河南省民宿空间分布的因素有哪些？分析河南省民宿的空间分布规律有助于全面把握河南省民宿的发展格局并进行优化布局，厘清河南省民宿空间分布的影响机理有助于实现民宿与各类资源的合理配置，推动民宿产业高质量发展。

第四，国内外民宿的成功经验。本书主要关注以下四个问题：①国内外民宿的发展经历了怎样的过程？②民宿未来的发展趋势与方向是什么？③国内外民宿有哪些地域特色？④国内外成功的民宿在开发设计、运营管理等方面对河南省民宿高质量发展有哪些经验与启示？

第五，河南省民宿经营者的人格特质、职业价值观与经营绩效是否有关系？民宿经营者的人格特质如何影响经营绩效？民宿经营者的职业价值观对经营绩效会产生何种影响？本书主要验证并解答以下两个问题：①民宿的经营绩效在不同人格特征、不同职业价值观作用下的成效是什么？即检验经营绩效与民宿经营者的人格特征、职业价值观这三个变量各维度之间的作用关系，剖析民宿经营者的人格特质、职业价值观对经营绩效的影响机理。②如何提升民宿的经营绩效？即重点探究如何从不同方面提升民宿的经营绩效，从而形成民宿经营的良性循环，推动民宿业高质量发展。

深入研究与科学回答上述问题对了解河南省民宿的发展状况、优化民宿的空间布局、借鉴国内外民宿发展的成功经验、促进河南省及中西部地区特别是黄河流域的民宿行业高质量发展具有重要的参考意义。

1.2　研究目的与研究意义

1.2.1　研究目的

第一，通过对河南省民宿与经营者的调研，定性分析河南省民宿的发展现状、典型案例与存在的主要问题，定量分析河南省民宿的空间分布特征与主要影响因素等。通过对民宿的调研与文献资料分析，了解国内外民宿的发展历程、发展趋势、区域特色与成功经验，为河南省民宿行业的高质量发展提供思路与方向。

第二，基于人格特质的基本理论，剖析河南省民宿经营者人格特质的基本类型；基于职业价值观的基本理论，剖析民宿经营者职业价值观的类型与维度；基于经营动机，剖析民宿经营绩效方面的内涵与维度等。

第三，实证探析河南省民宿经营者的人格特质对职业价值观的影响机理与影响程度，包括构建民宿经营者的人格特质、职业价值观与经营绩效的测评维度，解析河南省民宿经营者的人格特质、职业价值观与经营绩效的作用关系与影响过程。

第四，提出河南省民宿经营绩效的提升路径。从规划、管理、行业、经营与市场五个层面提出有针对性的措施以提升河南省民宿的经营绩效，推动民宿行业的高效运营，为河南省民宿的高质量发展提供参考与建议。

1.2.2 研究意义

1.2.2.1 理论意义

第一，研究视野的拓展。学术界对民宿的研究起步晚，研究成果较少，特别是关于民宿经营者的研究几近空白。本书通过对民宿经营者的人格特质、职业价值观与经营绩效的深入剖析，阐明了三个核心概念的内涵及其维度，构建了这三个核心变量的测度体系；重点聚焦于目前几近空白的民宿经营者人格特质、职业价值观与经营绩效的研究，比较系统、深入地探析了民宿经营者人格特质、职业价值观与经营绩效的内涵、维度及影响因素与形成机理，拓展并丰富了相关的理论研究；探索和验证了民宿经营者的人格特质与职业价值观对经营绩效的影响机制，拓展和深化了民宿经营者与经营绩效的相关研究。在目前民宿行业快速发展的形势下，研究民宿经营者的人格特征、职业价值观与经营绩效，有助于丰富民宿经营者、民宿业态的相关理论研究，对我国民宿的研究内容与理论，以及研究体系的形成具有拓展意义。

第二，研究内容的丰富。通过对河南省民宿的现状、分布特征与影响因素、经营者的职业价值观与经营绩效的研究，丰富了民宿的研究内容。目前，国内对民宿的概念与非标准化住宿的类型及辨析还处于模糊阶段，且鲜有对河南省民宿空间分布与影响因素的研究（大多数的研究以城市或城市群为研究范围）。本书从河南省的实际情况出发，对民宿的空间分布特征、规律与影响因素进行分析，扩展了民宿空间分布的研究范围，丰富了研究内容，具有一定的理论价值。

1.2.2.2　实践意义

第一，通过对河南省民宿的发展现状，河南省民宿空间分布及影响因素，河南省民宿经营者的人格特质、职业价值观与经营绩效的研究，为河南省民宿发展提供了资料支撑。

第二，通过对河南省民宿经营者的人格特质与经营绩效的研究，为河南省民宿经营者在入行前的遴选、入行后的经营方式提供了参考，在一定程度上避免了民宿经营者的盲目入行与"跟风式"投资，为河南省民宿行业的良性发展提供了科学依据。

第三，对河南省民宿经营者职业价值观与经营绩效的研究，从实践层面指导河南省民宿企业与经营者更好地开展民宿运营与管理，有效改善和提高民宿的服务质量与服务水平，提升住客对河南省民宿乃至河南旅游的满意度与忠诚度，从而提升河南省旅游业的知名度与美誉度，对周边省份民宿与旅游业高质量发展有一定的参考价值与借鉴意义。

1.3　研究思路与技术路线

1.3.1　研究思路

本书按照"问题辨析—文献梳理—现状分析—经验借鉴—实证分析—对策建议—结论与展望"的思路开展研究。

第一，问题辨析。本书在分析需求背景、供给背景、政策背景等的基础上，将民宿经营者作为研究对象，重点关注和研究民宿经营者的人格特质、职业价值观与经营绩效等能够影响民宿发展的关键因素。

第二，文献梳理。通过收集并阅读国内外相关研究文献，对人格特质、职业价值观与经营绩效等的相关研究成果进行系统梳理，寻找本书研究的突破口和切入点；通过回顾相关的基础理论，在对核心变量的内涵与结构维度进行分析的基础上，对民宿经营者的人格特质、职业价值观和经营绩效开展系统的理论分析，探究民宿经营者职业价值观与民宿经营绩效的内涵、结构维度，并进行梳理，为本书研究的开展奠定理论基础。

第三，现状分析。从河南省民宿发展的资源基础、政策保障与发展成效三个方面对河南省民宿行业发展的现状展开分析，并采用空间分析法对河南省民宿的空间分布状况进行了初步探究，从宏观角度对河南省民宿的发展有了整体的认知，为民宿的调研与实证分析提供了方向与思路，为对策建议的提出提供了现实依据。

第四，经验借鉴。在回顾、分析国内外民宿发展历程与区域特色的基础上，尝试总结国内外民宿在开发、运营与管理方面的成功经验，为河南省民宿经营绩效的提升提供参考与借鉴。

第五，实证分析。本书采用问卷调查法，根据问卷数据，采用 SPSS 软件，对河南省民宿及其经营者展开描述性统计分析，并采用推断性统计分析测量民宿经营者的人格特质、职业价值观和经营绩效，实证分析和检验人格特质、职业价值观对民宿经营绩效的影响，剖析人格特质、职业价值观对经营绩效的作用机理。

第六，对策建议。根据河南省民宿的发展现状与存在的问题、空间分布特征与影响因素、国内外民宿的发展趋势与成功经验、结合调研的描述性分析与推断性分析结果，从规划、管理、行业、经营与市场五个层面提出相应的措施，为民宿经营者管理和民宿业高质量发展提供理论依据与实践指导。

第七，结论与展望。对本书的研究发现与研究结果进行讨论与总结，指出本书的主要贡献、不足与展望，为后续的研究奠定基础。

1.3.2 技术路线

本书的技术路线如图 1-1 所示。

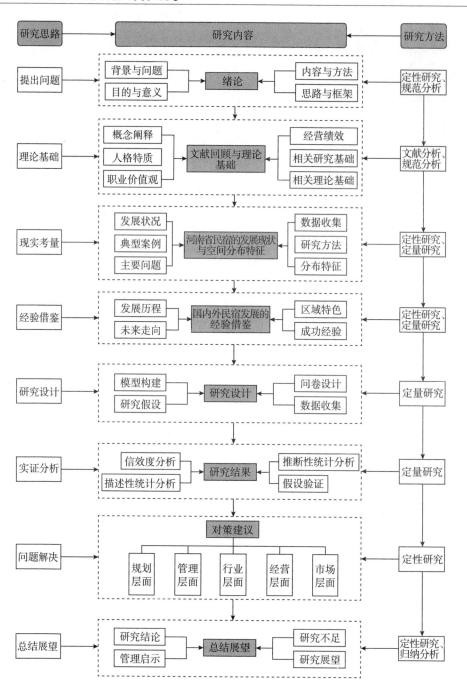

图1-1 本书的技术路线

1.4　研究内容与研究方法

1.4.1　研究内容

本书围绕民宿经营者的人格特质、职业价值观与经营绩效等核心变量开展研究。研究内容如下：

第一，绪论。主要研究内容包括研究背景与研究问题的提出、研究目的与研究意义、研究思路与技术路线、研究内容与研究方法。

第二，文献回顾与理论基础。通过收集相关文献和理论，分别从人格特质、职业价值观与经营绩效等核心变量的概念、内涵、结构维度等进行阐释，并对本书的基础理论等进行回顾。在总结已有的研究进展与不足的基础上，提出本书的研究指向和具体的研究问题。

第三，河南省民宿的发展现状与存在的主要问题。通过对河南省民宿的发展现状、典型案例的研究，剖析目前河南省民宿在基础设施、规划管理、市场环境、经营者的遴选与引导与经营绩效等方面存在的主要问题。

第四，河南省民宿的空间分布特征与影响因素。在爬取网络数据的基础上，采用 ArcGIS 空间分析法、洛伦兹曲线、基尼系数、最邻近指数及 SPSS 相关分析法等，分析河南省民宿空间分布特征与影响因素，探索河南省民宿空间分布的影响机制。

第五，国内外民宿的发展历程与未来走向。在回顾与分析国内外民宿发展历程的基础上，提出专业化经营、生活化体验、个性化服务、集聚化发展、多元化产业及国际化视野等是未来民宿的发展方向。

第六，国内外民宿的区域特色与成功经验。在分析国内外民宿的区域特色的基础上，尝试总结国内外民宿在开发、运营方面的成功经验，为河南省民宿经营绩效的提升与高质量发展提供参考与借鉴。

第七，河南省民宿经营者人格特质、职业价值观与经营绩效的研究设计。依据研究思路，构建理论模型并提出研究假设。编制河南省民宿经营者人格特质、职业价值观与经营绩效的量表，设计并发放调查问卷，在预调研后修正问卷，再进行正式调研，收集调研数据。

第八，河南省民宿经营者人格特质、职业价值观与经营绩效的实证研究。根据问卷调查数据，采用 SPSS 软件，对河南省民宿与经营者进行描述性统计分析与推断性统计分析，从数据分析中得出，河南省民宿经营者在人口统计学因素上的基本状况，民宿在房间数量、位置与环境方面的分布状况，以及民宿经营者不同的人格特质、职业价值观对经营绩效的影响作用与机理。

第九，提升河南省民宿经营绩效的对策建议。根据河南省民宿的发展现状与存在的问题、空间分布特征与影响因素、国内外民宿的发展趋势与成功经验、结合调研的描述性分析与推断性分析结果，从规划、管理、行业、经营与市场五个层面提出相应的措施，为民宿经营者的管理和民宿业态高质量发展提供理论依据与实践指导。

第十，研究结论与展望。对本书的研究内容进行总结和讨论，提出本书的研究贡献、研究启示与管理建议、研究不足及研究展望等。

1.4.2 研究方法

本书遵循社会科学研究范式，综合运用管理学、社会学、心理学等交叉学科的理论与方法，按照"问题辨析—文献梳理—现状分析—经验借鉴—实证分析—对策建议—结论与展望"的逻辑思路开展研究，以理论研究为基础，采用规范研究与实证研究相结合的方法，具体如下：

1.4.2.1 方法论

第一，规范研究与实证研究相结合。本书运用管理学、社会学、心理学等学科的相关理论对民宿经营者人格特质、职业价值观与经营绩效等关键变量的概念、结构维度、影响因素及作用结果等进行规范分析，对其形成清晰、明确、全面的认识，在文献资料分析的基础上，系统阐述民宿经营者人格特质、职业价值观的类型，并构建民宿经营者人格特质、职业价值观对经营绩效影响的理论模型，提出相应的研究假设，为实证检验奠定基础。实证分析主要是通过调研数据对民宿经营者人格特质、职业价值观对经营绩效影响的理论模型进行验证，对研究假设进行检验等。

第二，定性研究与定量研究相结合。为了更全面地开展民宿经营者人格特质、职业价值观与经营绩效的相关研究，深刻反映三者之间的相互关联及作用机理，本书采用定性研究与定量研究相结合的方法。其中，定性研究主要是通过文献分析法，系统分析民宿经营者的人格特质、职业价值观的内涵和表现形式，剖析经营绩效的理论内涵和形成机理。定量研究即通过空间分析法对河南省民宿空间分布的特征进行判断，并通过对民宿的实地调研，收集和整理问卷数据，并运用统计软件验证本书提出的理论模型与研究假设。

1.4.2.2　具体研究方法及工具

本书采用的具体研究方法包括文献研究法、空间分析法、问卷调查法、文本分析法、数理统计法等，研究工具包括 ArcGIS、ROST CM、SPSS 等统计软件。

第一，文献研究法。本书在梳理国内外相关研究文献的基础上，对人格特质、职业价值观与经营绩效等相关研究的现状与研究进展分别进行分析，并对已有的研究成果进行梳理与总结，为本书提出研究假设，构建民宿经营者职业价值观、情感劳动与获得感关系的模型提供研究基础。

第二，空间分析法。采用网络爬虫技术，获取河南省民宿的名称、经纬度、经营时间、客房数量、联系电话等数据信息并进行核对、整理与剔除，最终获取河南省民宿在河南各地市分布的基本情况，将洛伦兹曲线、基尼系数等定量研究方法引入河南省民宿空间分布的研究，通过 ArcGIS 软件展开分析并进行直观地呈现。

第三，问卷调查法。本书选择河南省民宿较为集中的地市（洛阳市、郑州市、焦作市、南阳市），对民宿经营者进行问卷调研，收集本书研究所需的数据。

第四，文本分析法。使用 ROST CM 对文本进行分析，包括词频分析、语义网络分析和情感分析。对问卷调查的最后一道开放性题目"民宿发展的建议"进行文本分析。

第五，数理统计法。本书借助 Excel、SPSS 等软件对研究数据进行相应的分析处理，包括描述性统计分析、效度与信度分析、探索性因子分析、验证性因子分析、相关分析与多元回归分析等。

2　文献回顾与理论基础

　　本章将对民宿、民宿经营者、人格特质、职业价值观、经营绩效等相关概念进行辨析，对人格特质、职业价值观与经营绩效三个变量及变量之间关系的研究进行梳理、归纳、总结与评述，同时对本书研究涉及的基础理论进行回顾、阐述与应用分析。

2.1　相关概念界定

　　对本书涉及的相关与相近的概念、基本特征进行辨析是展开研究的前提与基础。本书涉及民宿、民宿经营者、人格特质、职业价值观等多个相关与相近概念，下面将对这些概念进行对比、阐释与分析。

2.1.1　民宿、民宿经营者

2.1.1.1　民宿

　　国际上对民宿尚没有统一的定义。国外民宿的雏形是家庭旅馆，最早起源于第二次世界大战后的英国。Clarke[4] 指出，民宿是指可以体验旅游环境的住宿产品。Morrison 等[5] 提出了民宿的标准：顾客与房东之间要有个人互动，房东要为顾客提供特殊的个性化服务，房东经营场所和住宿容量小（一般少于 25 个房间）。

　　目前，我国对民宿尚没有形成一致性的定义，在《旅游民宿基本要求与评价》颁布之前，产业界与学术界大多借用中国台湾对民宿的定义，如胡敏[6]、赵越和黎霞[7]。中国台湾的民宿发展较早，在 2001 年出台的《民宿管理办法》中，将民宿定义为"利用自用住宅空闲房间，结合当地人文、自然景观、生态、环境资源及农林牧渔生产活动，以家庭副业方式经营，提供旅客乡野生活住宿处所"。2017 年，国家旅游局出台的旅游行业标准《旅游民宿基本要求与评价》（LB/T 065-2017）将"旅游民宿"定义为"利用当地闲置资源，民宿主人参与接待，为游客提供体验当地自然、文化与生产生活方式的小型住宿设施""单幢建筑客房数量应不超过 14 间（套）"。2019 年 7 月，文化和旅游部发布的《旅游民宿基本要求与评价》（LB/T 065-2019）将"旅游民宿"定义为：利用当地民居等相关闲置资源，经营用客房不超过 4 层、建筑面积不超过 800 平方米，主人参与接待，为游客提供体验当地自然、文化与生产生活方式的小型住宿设施。2022 年，国家市场监督管理总局、国家标准化管理委员会发布的《旅游民宿基本要求与等级划分》（GB/T 41648-2022）对"旅游民宿"的定义进行了修订，即"利用当地民居等相关闲置资源，主人参与接待，为游客提供体验当地自然、文化与生产生活方式的小型住宿设施"。新标准减少了对民宿房间数量与建筑面积的限制，但依然强调"主人参与接待"和"小型住宿设施"两个关键要点。

因此，本书的研究对象"民宿"，则参照《旅游民宿基本要求与等级划分》（GB/T 41648-2022）中对"旅游民宿"的定义，并将其称为"标准"民宿，是本书研究的重点。值得一提的是，目前在城市中出现了大量由城市公寓改名的"民宿"和在乡村地区出现了大量由"农家乐"改名的"民宿"，本书将其称为"非标准"民宿，这类民宿是造成目前民宿数量激增的主力军，将在本书第三部分中进行讨论。

2.1.1.2 民宿经营者

对"主人"一词可解释为：接待宾客的人，与"客人"相对；特指留宿客人的房东。民宿主人则指依托民宿的物业，接待宾客的人或者是留宿客人的房东。"业主"指财产或产业的所有人。民宿业主则指民宿物业的所有人。在《消费经济学大词典》中，经营者是指"向消费者提供生产、销售的商品或提供服务的公民、法人或其他经济组织"。

根据目前民宿的经营现状，民宿业主虽是民宿财产或资产的所有者，但多数民宿的所有者没有参与民宿的经营，即民宿的所有者不一定是民宿的经营者。《旅游民宿基本要求和评价》（LB/T 065-2019）将"民宿主人"（owner；

investor）解释为"民宿业主或经营管理者"。因此，三者的关系如图 2-1 所示。

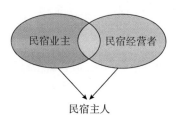

图 2-1　民宿主人、民宿业主与民宿经营者关系

　　因此，本书的主要研究对象"民宿经营者"是指真正从事民宿经营管理活动的主体人员，是为民宿消费者提供民宿服务的自主经营的民宿业主、租赁经营的外来投资者和外来的民宿创业人员等。

2.1.2　人格、人格特质

　　"人格"一词，源自拉丁语"persona"，起初仅指"面具"。由于人格现象的复杂性与多维性，心理学家对人格的定义并未达成共识。目前，被大多数西方学者接受的人格定义来自奥尔波特（Allport）对人格的独特见解，他将人格定义为"决定人的独特的行为和思想的个人内部的身心系统的动力组织"，提供了一个全面而深入的理解框架，并被大多数教科书采用。在我国《心理学大词典》中对人格的定义是：人格也称个性，指一个人的整个精神面貌，即具有一定倾向性的心理特征的总和。我国关于人格的定义与国际上的定义有较大的相似之处，强调了人格结构的复杂性与多维性。

　　随着学术研究的深入，心理学家逐渐从遮挡、脸谱的角度提炼出人格特质的概念。近年来，人格特质的研究愈发受到学术界的重视，心理学、管理学、经济学、教育学等多个学科都对其进行了深入探讨，然而，由于不同学科和学者对人格特质的解读各有侧重，至今尚未形成统一的认识。

　　对人格特质的探讨可以追溯到 20 世纪 20 年代，美国学者奥尔波特 F H 和奥尔波特 G W 率先提出了人格特质的概念[8]，奥尔波特在后期形成了完整的人格特质理论[9]。奥尔波特认为，人格特质是决定个体行为特征的关键因素，每个个体内在的系统都是独特的，这种独特性使他们对外部刺激产生不同的反应。1965 年，卡特尔（Cattell）[144] 进一步将人格特质解释为内隐与外显的统一，是在特定场景中展现出来的个体特质。国内学者黄希庭[10] 从自我一致性和连续性的角度定义了人格特质，认为人格特质是个体在能力、气质、自我认知、价值观、动机等方面的综合体现。彭聃龄[11] 则强调了人格特质对稳定心理特征的重要性，认为其构成了个体的希望、情感等心理基础。

综合国内外学者的观点，本书将人格特质定义为一种具有稳定状态的心理特征，它既是内隐与外显的统一，又是不同个体在面对外部刺激情境时所呈现的相同外部表现的心理结构。这一定义不仅涵盖了人格特质的多个层面，也为后续的研究提供了清晰的理论框架。

2.1.3 价值观、职业价值观

尽管国内外众多学者对价值观进行了深入的探讨并给出了各自的定义，但目前尚未形成一个被广泛认可的统一定义。早在 1951 年，国外学者 Kluckhohn[12] 就已明确指出，价值观是个人或群体对于"值得"与否的明确或隐含的看法，且深刻地反映了个体或集体的特征，在人们的日常生活中起着至关重要的作用，潜移默化地影响着个体在面临选择时所倾向的行为方式、采用的手段及追求的结果。Rokeach[13] 认为，价值观是一种持久性的信念，是个体或社会所偏爱的某种行为模式或存在的终极状态。Hofstede[14] 认为，价值观是一种偏爱某种情形胜过其他情形的普遍倾向。Schwartz[15] 认为，价值观是令人向往的某些状态、对象、目标或行为，而它们又是超越具体情景的，并且可以作为在一系列行为方式中进行判断和选择的标准。国内的研究者对价值观的定义在借鉴西方心理学界理论成果的基础上，也吸收了哲学界的定义。最具代表性的观点是黄希庭和郑涌[16] 关于价值观的论断，认为价值观是区分好坏、美丑、损益、正误的标准，是指导人们行为的心理倾向与观念系统。

职业价值观是价值观体系的重要组成部分，是人们对职业活动所带来利益的社会判断与价值取向。国内有职业价值观与择业观两个名称，但关于价值观的倾向是一致的。在国外则以职业价值观来指职业价值观与择业观两个概念。在部分国外的学术著作中也曾出现"vocational values"一词，但较少出现"occupational values"一词。在职业选择的过程中，个体间的职业价值观差异显著，直接影响了他们所选择的职业道路。例如，有人重视职业活动的过程本身，追求工作中的自我实现与成长；有人看重职业活动的最终结果，如经济回报、社会地位的提升等；有人格外关注职业活动的环境，包括工作氛围、工作条件等。不同的职业价值观，使每个人在职业选择上都呈现独特的倾向，从而形成了多样化的职业选择格局。

2.1.4 绩效、经营绩效

"绩效"一词可解释为成绩、成效。"绩效"的英文表达为"performance"。学术界对绩效尚未形成统一的观点。结果导向的绩效观认为，绩效是在社会生活中所从事的生产活动而得出的结果[17]；目标控制下的绩效观认为，将工作过程中所表现出来的行为定义为绩效[18]。Olian 和 Rynes 将结果、行为和能力的综合效果定义为绩效，将行为和能力定义为绩效的过程，将结果定义为绩效的目标[19]。

在惯常环境下，绩效是管理学的概念，指组织、团队或个人依托一定的资源、条件与环境，完成任务的优劣程度，是对目标实现效果与达成率的衡量与反馈。1967 年，德鲁克[146] 在其经典之作《有效的管理者》中，将"绩效"定义为"直接的成果"，具体指的是某组织在实际运营中所达到的具体产出水平。不同学者对绩效的评级维度进行了分类，哈佛商学院知名教授 Paine[147] 在其著作"*Value Shift*"中进一步指出，绩效的评估不应仅局限于财务层面，还应涵盖道德维度；绩效可以分为个人绩效和组织绩效；也可以分为财务绩效和非财务绩效，本书中的经营绩效即属于财务绩效的范畴。

经营绩效主要是将企业设定为主体，从运营流程来看，经营绩效的内涵包括资源投入、费用支出、产品或服务的产出和企业目标的完成程度。然而，在学术界，关于经营绩效的概念并未形成统一的认知。部分学者坚持认为，经营绩效不仅体现了企业内部环境与外部环境相互作用的成效，还直接反映了企业经营目标的达成程度。还有一种观点则主张，经营绩效更多地体现了企业满足各利益相关者需求的程度。本书的经营绩效则指企业经营期间的经营效益与经营业绩。

2.2 民宿经营者的相关研究

民宿的起源可追溯到英国传统的家庭旅馆 B&B（Bed and Breakfast），这种仅提供早餐与住宿的形式，尽管在英国已有深厚的历史积淀，但直到 20 世纪 30 年代，它才获得显著的发展并逐渐形成规模。20 世纪 70 年代，日本的民宿业异军突起，迅速扩张至2万余家，将日语中的"minshuku"一词直译为"民宿"，且逐渐为人所知[20]。日本的民宿以出色的体验感和鲜明的主题性而著称，民宿的经营者往往具有一技之长，采取全年经营的方式。

从2002年至今，我国的民宿发展经历了萌芽阶段（2002~2005年）、初步发展阶段（2006~2009年）、快速发展阶段（2010~2015年）与品质提升阶段（2016年至今）四个阶段。萌芽阶段，我国民宿行业开始崭露头角。这一时期的民宿数量少，且集中在南方地区，为游客提供了不同于传统酒店的住宿体验。初步发展阶段，2006年民宿逐渐从城市向乡村地区延伸，为民宿行业带来了更广阔的发展空间。快速发展阶段，自2010年起，民宿行业迎来了快速发展的黄金时期。这一阶段，民宿的数量和质量均实现了大幅提升，满足了游客日益增长的多元化需求。品质提升阶段，2016年以后，随着消费升级和市场需求的变化，民宿行业开始注重品质提升和高端化发展。同时，政府和行业监管的加强也促使民宿行业逐渐走向规范化。民宿的发展呈现集群化发展态势。如今，民宿已成为旅行住宿的重要选择之一，促使大批投资者转向民宿行业。

民宿产业的快速发展催生了大批的民宿经营者，但学术界对民宿经营者的研究却相对不足。国际上对民宿经营者的研究源于对小型旅游企业经营者的关注。根据欧盟的提法，小型旅游企业是指工人人数少于50人的旅游企业。Rodenburg[22]利用巴厘岛的数据，展示了三种不同规模的旅游住宿环境——大型企业（100间以上客房的国际酒店）、中型企业（经济型酒店）和小型企业（如民宿、小型餐馆和纪念品商店）对当地社会经济的影响，为小型旅游企业的研究开辟了一个新的视角，并引起了人们对中小型旅游企业发展的关注。此后，对国内外小型旅游企业的研究范围开始涵盖创业行为[23]、业务合作[24~27]、小企业主[26]、商业动机和企业目标[28]、小企业的经济影响[29]、企业的成长和发展[30~32]等。邱继勤[33]明确提出了小型旅游企业的概念，较为全面地总结了桂林市阳朔西街小型旅游企业的发展现状。

国内关于民宿经营者的研究主要集中在以下三个方面：一是民宿经营者的创业动机研究。吴琳等[34]、皮常玲[35]从创业动机的角度将民宿经营者分为不同的类型，杨学儒和杨萍[36]对乡村地区旅游创业者与经营者的工作经验进行了研究，指出社会资本和经验越丰富，识别创业机会的能力就越强。二是民宿经营者的投融资研究。民宿投融资是民宿经营者在经营过程中，特别是经营初期面临的重要问题，也是民宿项目启动与发展的重要保障。学者从不同视角对民宿投融资进行了探讨，皮常玲和殷杰[37] 基于投资者风险感知视角探讨了众筹成效的显著影响因素。徐林强和童逸璇[38] 强调乡村旅游投资主体多元化的重要性。王俊鸿和刘双全[39] 聚焦于民族村寨地区农户的民宿投资行为，将其划分为意愿形成、行为产生及行为强化三个阶段，并指出各阶段的影响因素。吴文智等[40] 指出，民宿投资规模与业主的风险感知呈正相关。三是民宿经营的价格与绩效。在民宿价格方面，吴晓隽和裘佳璐[41]、黄和平等[42]、胡小芳等[43]、吴倩和杨焕焕[44] 指出，民宿定价受多重因素的影响，包括游客对房东和房源的信任度、房源满足社交需求的程度、内部环境及经营主体差异等，而景区依附型民宿的定价还需考虑建筑设施、区位交通、平台信息和房东服务，乡村民宿价格则与游客体验感、内部设施以及景点周边生活条件密切相关；在民宿经营绩效方面，赵群[45] 对民宿经营者的经营绩效进行了研究，指出民宿经营绩效与民宿特色密切相关。

2.3 人格特质的相关研究

人格特征通常被认为是人格特质的起源[46, 47]。人格特质是塑造和决定行为模式、特征及其组合的各种因素。大多数人都有占主导地位的人格特征，可以用人格特质标记来评估[48]。人格特质通过形成不同的生活模式和反思一个人对自己的经历的感受来塑造个人的人格[49]。不同的个性特征包括我们是谁，以及我们如何与世界互动[50]。目前，在学术界已有的共识是：婴儿期或童年早期的气质与成年人的人格发展有关，并影响着人们的一生[51]。1987 年，McCrae 和 Costa[52] 提出人格的属性结构是普遍存在的。人格特质本质上是基于不同动机和个人偏好做出的决定[53]，并被定义为常规行为的可预测模式，影响决定及一个人如何与世界互动[54, 55]。

人格特质理论最有影响力的学术流派代表人物有奥尔波特、卡特尔、艾森克（Eysenck）和塔佩斯（Turpers）等，如表 2-1 所示。

奥尔波特首先提出了一个人格特质理论的初步概念。他相信人格可以是具体的，并有一个完美的操作测量系统。在适应环境变化的过程中，人体会逐渐形成一种稳定的个体特质，即人格特质。

卡特尔将人格特质分为个体特质和公共特质，以及表面特质和根源特质。因此，卡特尔提出了人格特质的四层模型：个体特质和公共特质层；表面特质和根源特质层；环境特质和制度特质层；动力特质、能力特质和气质特质层。根据四层人格特质模型，卡特尔发现人们的行为大约有 16 种独立的根源特质；即使个体差异很明显，每个人也会有 16 种特质。因此，他提出了人格差异主要反映在本质差异的数量上，为人格特质的定量分析打开了大门。因此，卡特尔的 16 种人格因素测试已在人才选择中得到了广泛的应用。

艾森克基于卡特尔的四层人格特质模型在 1984 年提出了三因素人格理论。他采用因子分析方法对大量数据进行分析，认为人格特质可分为外向性、神经质和精神质三个维度。外向性主要是指社会交往和沟通的困难程度和冲动程度；神经质（情绪不稳定型）与个体的敏感性有关，主要从情绪稳定的角度进行研究；精神质主要从人际沟通和同情心的角度进行研究。艾森克的三因素模型以量化研究为基础，采用了因素分析法，有较强的数据基础和有效的说服力。

塔佩斯的大五人格理论是目前心理学界较为主流的人格特质理论。尽管仍有不少争论，但大五人格理论已经被认为是一个测量人格特质较为稳定的理论模型。这五个特征是开放性、尽责性、外向性、亲和性和神经质[52]。大多数学者在组成其特质的方面存在分歧，只认可其中的 3~4 个特质。[56]。人格特质中的开放性与想象、美学、深刻的感觉、品尝新事物及不断检查旧思想的行为模式有关；尽责性是指一种以自信、有组织、可靠、追求成就、自律和深刻思维为特征的人格特质；外向性与社交、热情和友好有关；亲和性则表现为信任、利他主义、温柔、谦卑和怜悯；神经质的特征是焦虑、敌意、抑郁、敏感、害羞、冲动和脆弱。

表 2-1　人格特质流派与测评维度

流派	构成或组成因素	测评问卷
奥尔波特的人格特质理论	人格特质	无
卡特尔的人格特质理论	个体特质和公共特质 表面特质和根源特质 环境特质和制度特质 动力特质、能力特质和气质特质	卡特尔 16 种人格因素调查表
艾森克的人格特质理论	外向性 神经质 精神质	艾森克人格问卷

流派	构成或组成因素	测评问卷
塔佩斯大五人格特质理论	开放性 尽责性 外向性 亲和性 神经质	大五人格因素测定量表

2.4 职业价值观的相关研究

从 20 世纪 70 年代开始，国内外学者从心理学、管理学、社会学等方面对职业价值观进行了大量的研究，但直到现在，仍没有一致的观点。目前，比较有代表性和有影响力的观点主要有下列三种：第一种价值观是持久的信念，并具有指导个人态度和行为的激励功能[13]；第二种价值观是从需求和动机的角度来看，价值观是一套特定的激励目标，在一个人的生活或其他社会行为中起指导作用[15]；第三种价值观是一种区分对与错、支持或违背意愿、指导个人行为的思想体系[57]。

职业价值观也被称为工作价值观，是价值观在工作或职业上的具体体现。职业价值观概念是学者 Super 在 1970 年提出的，他从需求和动机出发，指出职业价值观是个人所追求的与工作相关的目标和在工作中所追求的工作特征和属性的表达，反映了个人的内在需求。[148] 此后，学术界开始关注职业价值观，并对其展开了系列研究。目前，虽然对工作价值观的定义仍存在一些差异，但不同领域的学者根据自己的研究需求和研究背景作出了相关的定义，并从不同的角度对职业价值观进行了阐述。首先，从需求水平、动机和偏好的角度对职业价值观进行界定[58, 59]，认为工作的价值是由判断的标准和信念的水平来定义的。其次，从判断标准、信念层面对职业价值观进行界定，认为职业价值观是对工作意义的价值判断，是个人对工作评判的标准和信念[60~62]。最后，从综合层面对职业价值观进行定义，如 Ros 等[63]、霍娜和李超平[64]、王兴等[65]、侯烜方等[66] 均从综合层面对职业价值观进行了定义。

职业价值观的维度和测评方法一直是学者研究的重点和热点。在维度方面，学术界提出了两维度、三维度和多维度（四维度及以上）。两维度的代表人物是赫兹伯格，他在1951年将职业价值观分为内在价值与外在价值。三维度的代表人物 Ginzberg 在1951年提出了职业价值观的三个核心维度是工作活动、工作伙伴和工作报酬。1970年，Super[67] 将职业价值观分为内部价值观、外部价值观和外部报酬；1972年，Alderfer 和 Brown[68] 在赫兹伯格两维度的基础上增加了社会价值维度，提出工作价值观包括外在价值、内在价值与社会价值；1984年，Elizur[61] 将职业价值观从情感、认知、工具三个维度进行了分类。国内学者在三维度方面的研究成果较为丰富。1988年寸草[69] 将职业价值观分为贡献型、表现型与衣食型三个维度；1994年，黄希庭[70] 提出，职业价值观分为职业目标、职业手段与职业评价三个维度；1999年，凌文辁等[71] 采用主成分分析法，认为职业价值观分析主要关注发展、保健和声望地位三个因素；2012年，洪克森[72] 采用定性研究法，将职业价值观分为内在需求、态度倾向与职业道德三个维度；2017年，姚辉和梁嘉祺[73] 将新生代员工的职业价值观分为工作氛围、薪酬福利和自我实现三个维度；2019年，皮常玲[35] 将民宿经营者的职业价值观分为利益导向型、生活方式型与创业发展型三个维度。在多维度方面，较为主流的是四维度的划分。1992年，Surkis 将职业价值观划分为内在价值、外在价值、社会价值和威望价值四个维度；1984年，赵喜顺[74] 把职业价值观划分为兴趣爱好型、声望舒适型、社会利益型、经济型四个维度；2012年，李燕萍和侯烜方[75] 将新生代员工职业价值观划分为自我情感、物质环境、人际关系和革新特征四个维度。随着研究的进一步深入，划分的维度越来越多，研究成果也越来越丰富。在五维度方面，1996年，宁维卫[76] 提出将职业价值观划分为进取心、生活方式、工作稳定性、声望、经济价值五个维度；2013年，尤佳等[150] 对我国新生代职业价值观的研究从休闲价值观、外在价值观、内在价值观、利他价值观及社会价值观等维度开展；2014年，侯烜方等[66] 从功利导向、内在偏好、人际和谐、创新导向、长期发展五个维度构建了新生代员工职业价值观；2018年，皮丹丹等[77] 从内在价值、外在价值、社会地位、家庭与生活及内外部压力五个维度构建了中学教师的职业价值观。

在测评方法方面，1970年，Super[67] 提出了被学者广泛应用的职业价值观测评量表（Work Value Inventory，WVI）；1972 年，Manhardt[78] 编制了包含 25 个工作特征的职业价值观测评量表；1998 年，Meyer 等[151] 对 Manhardt 编制的职业价值观测评量表进行了修订，最终形成了一个包含 21 个测量题目的量表，在国际上被学者广泛使用。1996 年，宁维卫[76] 对 WVI 职业价值观量表进行了修订；2005 年，金盛华和李雪[79] 从目的性与手段性两个维度编制了职业价值观测量量表，并进行了验证；2000 年，阴国恩等[80] 编制了包括 10 个测量题项的职业价值观测量量表对大学生的职业价值观进行测评；2012 年，洪克森[72] 开发了新生代员工职业价值观测评量表；2014 年，侯烜方等[66] 编制了具有良好信度和效度的新生代职业价值观测量量表。

将国内外学者关于职业价值观的维度与测评进行归纳总结，结果如表 2-2 所示。

表 2-2　职业价值观维度与测评量表的主要代表

结构维度	年份	代表学者	组成成分	量表
两维度	1951	赫兹伯格	内在价值、外在价值	编制测评量表
	2005	金盛华和李雪	目的性职业价值观、手段性职业价值观	
三维度	1951	Ginzberg	工作活动、工作伙伴及工作报酬	在 Manhardt 量表的基础上构建了包含 21 个测量题目的量表
	1970	Super	内部价值观、外部价值观、外部报酬	
	1972	Alderfer 和 Brown	外在价值、内在价值、社会价值	
	1984	Elizur	情感、认知、工具	
	1988	寸草	贡献型、表现型与衣食型	
	1994	黄希庭	职业目标、职业手段与职业评价	
	1998	Meyer 等	舒适与安全、能力与成长、地位与独立	
	1999	凌文辁等	发展因素、保健因素、声望地位因素	
	2012	洪克森	内在需求、态度倾向、职业道德	新生代员工职业价值观测评量表
	2017	姚辉和梁嘉祺	工作氛围、薪酬福利、自我实现	编制测评量表
	2019	皮常玲	利益导向型、生活方式型与创业发展型	

续表

结构维度	年份	代表学者	组成成分	量表
多维度	1992	Surkis	内在价值、外在价值、社会价值和威望价值	新生代员工职业价值观测评量表
	1996	宁维卫	进取心、生活方式、工作稳定性、声望、经济价值	
	2012	李燕萍和侯烜方	自我情感、物质环境、人际关系、革新特征	
	2013	尤佳等	休闲价值观、外在价值观、内在价值观、利他价值观、社会价值观	
	2014	侯烜方等	功利导向、内在偏好、人际和谐、创新导向、长期发展	
	2018	皮丹丹等	内在价值、外在价值、社会地位、家庭与生活及内外部压力	

2.5　经营绩效的相关研究

现代管理之父彼得·德鲁克曾说过，"企业中的一切商业活动，最终都是为了经营绩效"，可见绩效对企业与经营者的重要性。企业的经营绩效往往以盈利能力、经营资产水平、偿付能力及未来的发展能力来展现，但目前对企业绩效的定义尚无统一的认识。

经营绩效是一个多维度、复杂的概念，学者对其进行了深入且广泛的研究，取得了丰硕的成果。这些研究最基本的区别在于对经营绩效维度的划分，以及衡量指标的选择。

从经营绩效维度的划分来看，绩效可分为财务绩效和非财务绩效[81]。财务绩效由市场基础（如股票报酬率、收益额、Tobin's Q 等）和会计基础（如ROA、ROE、ROI、EPS 等）共同构成。关于企业非财务绩效的维度，不同的学者持不同的观点。1991 年，Fizgerald 等[152] 提出非财务指标是指企业的服务指标、产品满意度、企业创新等。1991 年，Kaplan 和 Norton[153] 在上述非财务指标的基础上加入了顾客、内部流程、学习与成长三个维度。2017 年，安侯建业联合会计师事务所将非财务绩效的维度定义为企业环境、社会、治理三方面。[154]

从经营绩效的衡量指标来看，早在 1911 年，Harrison 便开创了标准成本控制制度，通过成本指标测量的方法，为企业绩效评价奠定了基石。[156] 1912 年，Brown 从财务分析的角度出发，创立了杜邦模型，也被称为杜邦分析法（DuPont Analysis），它被视为评估经营绩效的重要工具。[157] 该方法通过深入分析财务比率关系，如债务比率、销售净利率和总资金周转率等，全面揭示企业的经营绩效。然而，杜邦分析法过于强调短期效益，无法衡量企业的长远价值，因此难以全面反映企业的经营绩效。1982 年，美国斯腾斯特咨询公司（Stern Stewart & Co.）提出了经济增加值评价法（EVA），这是一种利用企业价值指标进行评价的方法。EVA 关注的核心维度包括投入资本规模、资本成本和资本收益等，旨在减少财务指标对企业经营绩效的片面影响，从而更加关注企业的长远价值。[158] 通过 EVA，企业能够更准确地评估自身经营绩效，为制定更科学、更合理的经营策略提供了有力支持。1986 年，Venkatramanet 和 Ramanujam 将企业经营绩效评估由内而外区分为财务绩效、营运绩效、组织效能三个层次。[159] 美国全国会计人员协会根据实务作业需求，将企业经营绩效的综合指标分为以现金流量、净利润与每股盈余、投资报酬率、超额利润等为代表的财务绩效衡量指标和以市场占有率、产品及服务的质量、员工生产力、产品研发力、员工的培训与工作态度、企业社会责任等为代表的非财务绩效指标。[155] 哈佛商学院教授 Robert 和复兴全球战略集团总裁 Norton 联合开发的平衡计分卡（The Balanced Score Card，BSC）是评价企业经营绩效的有效指标，根据财务、顾客、内部流程、学习与发展四个维度对企业的经营绩效从财务指标与非财务指标两个方面进行评价。[158]

此外，关于经营绩效的研究也从顾客的角度（如顾客满意度、顾客回头率、新顾客争取率等）、内部流程（如企业价值链、内部价值链等）及员工的学习与发展的角度进行衡量和评价。

综上所述，经营绩效是一组可量化的指标，最常见的指标是围绕收入和利润率，强调企业在经营过程中获得的市场份额和财务回报能力。对于大企业来说，也应从非财务指标进行衡量，以获得较为全面的绩效表现。

民宿经营绩效不同于可以获得稳定、可靠经营数据的大型企业或上市公司。

民宿属于小微企业，Covin 和 Slevin[82] 研究发现，在评价小微企业绩效时，主观绩效指标优于客观绩效指标。王妙和白艳[119] 认为，以饭店等为代表的中小企业的经营绩效由盈利能力和竞争能力两个维度构成。因此，本书中的经营绩效将从民宿经营者的主观评价中获取关于盈利能力和竞争力的测评结果。

2.6　变量之间关系的相关研究

2.6.1　人格特质与经营绩效

在对人格特质的研究中，最常用的框架是大五人格模型，其中有五种确定的人格特质，即尽责性、开放性、亲和性、外向性和神经质（情绪不稳定性）。因此，本书主要从大五人格理论的五个维度与经营绩效的关系的视角进行研究。

Zhao 和 Seibert[83] 采用元分析技术发现，创业者在尽责性和开放性方面的得分高于管理者，但在亲和性和神经质方面的得分低于管理者。Batey 等[84] 研究发现，虽然这项研究不包括小公司的个体所有者，但大五人格特质中的外向性、亲和性和尽责性可以预测小企业的创业动机。此外，2011 年 Brandstätter[85] 研究发现，人格特质是创业绩效的预测因素，具体而言，尽责性与公司的成功相关，但没有说明是哪种成功（如财务、个人成长等）。

尽责性是工作绩效的一个稳定和一致的预测指标。Barrick 和 Mount[86] 通过荟萃分析发现，尽责性和神经质是预测行为表现的有效指标。尽责性强的人是那些目标明确、勤奋、纪律严明的人，因此，他们比责任心较低的人能更好地完成任务，能更有创造性地解决工作中遇到的问题。管理者将责任心和认知能力作为人员选择的两个重要指标。Barrick 和 Mount[86] 的荟萃分析指出，责任心是唯一可以预测工作绩效和组织绩效的指标。但他们也指出了尽职调查预测有效度的可变性（$p = 0.23$），同时，指出尽职调查与工作绩效之间的相关性很低（$r = 0.10$）。低相关性和可变性表明可能存在一个缓冲变量。

开放性往往预示低工作绩效，除非个体从事的工作需要有很强的学习能力，或非常渴望获得学习经验。2005～2009 年，Caliendo 等[87] 对来自德国社会经济小组的 22000 名参与者进行了一项纵向研究，参与者的年龄为 19~59 岁。研究表明，个体经营者的外向性和开放性得分较高，亲和性和神经质得分较低。

亲和性对工作绩效的预测效度最为显著[88]。Ones 等[89] 进一步证实了亲和性与工作绩效之间的相关性，此外，亲和性和神经质可以预测破坏生产经营的行为：在需要有创造力的工作中，亲和性与工作表现呈显著的负相关[90]。

外向性预测了出色的销售表现[86]。Barrick 和 Mount[91] 研究了外向性与工作行为之间的关系，发现外向性与培训熟练程度和整体的工作表现有关。总体而言，外向性对外向行为的影响相对较弱。例如，当环境发生改变时，有内向倾向的人也可以采用外向性的方式行事。因此，内向型管理者可以理解社会活动中需要的交际行为类型，并试图根据他们的要求采取行动。

较低的神经质得分与较高的责任心预示着较好的经营绩效[86, 92, 93]，Zhao 和 Seibert[83] 研究发现，责任心是优秀工作表现的预测因素，而神经质被证明恰恰相反。由于职业上的差异，一些人格特质是优秀工作绩效的预测因素（销售、管理和生产），其他特质则不是。

Srivastava[93] 利用这大五人格特质理论来解释领导特质、工作表现和工作满意度。Leutner 等[92] 使用一种名为创业倾向和能力测量的 44 项自我测评量表，探讨了 670 名参与调查人员的人格特质与创业成功的关系。结果显示，大五人格特质与创业成功的结果显著相关。此外，创业绩效与成就动机正相关[94]。Barrick 和 Mount[86] 在一项针对专业人员、经理、警察、销售人员和熟练/半熟练员工的研究中也使用了大五人格理论，发现大五人格的一些维度能有效预测工作表现。同样，大五人格特质是工作成功的有效预测因素，特别是在销售人员或经理中。[161]

综上所述，学术界对大五人格理论与经营绩效的关系进行了大量的研究，本书认为，人格特质与经营绩效密切相关，由于民宿是新兴产业且单体规模较小，民宿经营者的来源也较为复杂，对其人格特质与经营绩效关系的研究不仅可以弥补现有研究的不足，而且对民宿经营者在从业初期的遴选、优势人格特质的展现与经营绩效的提高具有较强的现实意义。

2.6.2 职业价值观与经营绩效

研究发现，大多数民宿经营者的工作价值是追求民宿的生活方式，民宿经营者也更注重个人的创业和发展[35]。杨晓鸿[95] 研究发现，70%的民宿经营者以利润为导向，30%的民宿经营者以情感为导向。Wang 和 Juan[96] 对 401 名民宿经营者进行统计分析发现，民宿经营者应在创业导向上培养冒险、自主和积极的人格特质，并通过创新提高服务绩效，以上这些都会影响客人对服务价值和满意度的感知，从而影响他们的回购意愿。倪陈明和马剑虹[97] 研究发现，职业价值观可以显著预测经营者的投资行为。汪群等[98] 研究发现，新生代员工的工作价值对工作投资和绩效有显著的积极影响，工作投入在这一影响路径上起着一定的中介作用。侯烜方和卢福财[99]、李燕萍和侯烜方[100] 证实了新生代员工的工作价值观对角色内外的绩效能够产生积极的影响，并通过工作偏好的中介效应影响工作行为（积极工作行为或消极顺从行为）。

学术研究普遍认同职业价值观对工作绩效有显著影响。对于这种影响的机制，学术界主要有两种观点：一种观点认为，职业价值观对员工的工作绩效具有直接的影响。例如，Shapira 和 Griffith[159] 在 1990 年的研究中发现，管理者和工程师所持有的工作价值观显著地影响了他们的工作绩效；Sagie 和 Elizur[160] 在 1999 年的研究表明，员工在执行任务时所遵循的行为准则直接影响了他们的工作表现。Frieze 等[161] 在 2006 年的研究中发现，追求成就和权力的职业价值观与工作绩效之间存在明显的正相关关系。另一种观点认为，工作价值观通过多个中介或调节因素间接作用于工作绩效。Fishbein[162] 在 1967 年构建了一个概念模型，该模型表明工作价值观首先影响员工的工作态度和满意度，其次影响其行为和表现，即工作价值观通过工作满意度这一中介因素对工作绩效产生作用。Locke 和 Latham[163] 在 1990 年提出，个人的工作价值观通过塑造其工作目标进而影响工作绩效。Siu[164] 在 2003 年的研究中，将工作压力视为工作价值观和工作绩效之间的调节因素，发现在较低的工作压力下，儒家价值观对工作绩效有正面作用，在较高的工作压力下，则可能产生负面影响。

因此，本书以民宿经营者的职业价值观为自变量，以民宿的经营绩效为因变量，进一步探讨职业价值观与经营绩效的关系。

2.6.3 人格特质与职业价值观

目前，学术界对人格特质与职业价值观之间的联系进行了广泛研究，主要集中在人格特质如何预测职业价值观。McCrae 和 Costa[52] 认为，人格的属性结构是普遍存在的。人格特质本质上是基于个人偏好做出决定的动机[53] 并被定义为常规行为的可预测模式[101]，并影响一个人如何与世界互动的决定[54, 55]。赵辉[102] 研究表明，人格特质在一定程度上能够有效解释职业价值观中的某些变异现象。Dries 的进一步探索显示，大五人格特质对职业价值观具有良好的预测作用，职业价值观与大五人格特质的外向性与尽责性的相关程度高于其他三个维度的相关程度[102]。Furnham 等[103] 的研究则揭示了大五人格特质与职业价值观各维度之间存在着稳定的联系。Zhang 等[166] 基于大七人格模型再次确认了人格特质与职业价值观之间存在着紧密关系。

在探讨人格特质与职业价值观之间的因果逻辑时，大多数学者倾向于认为人格特质是影响或预测职业价值观的关键因素。那么，为何人格特质能够对职业价值观产生如此深远的影响？对此，Staw 等[167] 提出了两种可能的解释。首先，人格的倾向性可能影响个体对世界的普遍看法和观点，这自然也包括对职业的看法和观点。其次，人格倾向性还可能影响与职业相关的选择和决策。这些解释为我们深入理解人格特质与职业价值观之间的关系提供了思路。同时，Staw 等的研究指出，对个体青春期阶段的情感评估能够预测一个人在未来长达50年的工作满意度。这表明人格特质在早期就已经对个人的职业态度和价值观产生了长远的影响。

本书中，民宿经营者的人格特质与职业价值观均为自变量，通过对两者的深入探讨，理论上进一步明确人格特质与职业价值观的关系，实践上为民宿经营者的筛选、培训、管理提供一定的思路与借鉴。

2.6.4　人口统计学因素与变量的关系

人口统计特征对个人职业观念的作用受到研究者观察问题视角的影响。不同的研究视角有不同的研究发现。例如，Aldag 等[168] 的研究表明，年龄与职业价值观之间存在正向联系。Bantel 和 Jackson[169] 认为，不同年龄成员经历了不同的社会环境、政治环境、经济环境，而这些环境在塑造态度、认知和价值观方面发挥着重要作用。国内研究者陈蓉泉和马剑虹[170] 指出，员工的年龄是影响其职业价值观的一个因素，尤其是中年员工在思考问题时往往展现出更丰富的视角。尽管目前对于性别、年龄等因素如何具体影响职业价值观尚无统一定论，但可以肯定的是，这些人口统计学特征对职业价值观具有一定的影响。

皮常玲[35] 指出，当对民宿经营者按性别和教育水平进行分类时，工作价值没有显著差异。然而，也有学者认为，个体的价值观在青春期基本是确定的，在生命的后期则保持着相当大的稳定性[104~107]。本书需要进一步探讨人口统计学特征如何具体作用于民宿经营者的职业价值观。

2.6.5 理论模型构建

根据对上述各变量及变量之间关系的探讨，构建本书的理论框架，即"人格特质—职业价值观—经营绩效"理论模型，如图 2-2 所示。

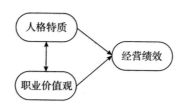

图 2-2 本书的理论框架

2.7 相关理论基础

本书主要研究人格特质、职业价值观与经营绩效的关系。因此，人格特质理论、马斯洛需求层次理论、高阶理论、互动仪式链理论、社会交换理论等显得尤为重要。

2.7.1 人格特质理论

人格理论是指一种探讨人格的结构、形成、发展和动力性的理论。目前的学术研究中，大五人格特质理论占据主流地位。大量研究表明大五人格特质理论在实践情景中具有有效性，对这一理论的研究已成为心理学、管理学、组织行为学或者这些学科相互交叉的领域的热点之一。本书研究的人格特质理论主要有奥尔波特的人格特质理论、卡特尔的人格特质理论、艾森克的人格特质理论和塔佩斯的大五人格特质理论等。

2.7.1.1 奥尔波特人格特质理论

Allport F H 和 Allport G W（1921）[8] 较早地提出了人格特质理论。他们认为，特质是人格的单元，1937 年 Allport[9] 将特质分为个人特质和共同特质两大类，个人特质是指个体身上独具的特质，并将个人特质细分为三类，分别是首要特质（Cardinal Traits）、中心特质（Central Traits）和次要特质（Secondary Traits）。共同特质是指在某一社会文化形态下，大多数人或一个群体所具有的相同的特质，借助共同特质可以比较一定文化背景下人与人之间的差别。奥尔波特[9]认为人格特质真实存在于个体之中，并且会随着情境发生改变并决定了个体的行为。尽管奥尔波特[9]的研究不尽完善，但是他开创性地提出了人格特质，一定程度上奠定了开展人格特质研究的基础。

2.7.1.2 卡特尔人格特质理论

美国心理学家卡特尔最早采用因素分析法研究人格特质，他编制的"16种人格因素问卷"（Sixteen Personality Factor Questionaire，16PF）已在世界范围内得到了广泛的应用。卡特尔从4500个用来描述人类行为的词语中选出171个人格特质的名词，通过实验研究法，将这171个名词用于身边人的测评，并从测评结果中，采用聚类与因子分析获得了16种人格特质，分别为聪慧性、独立性、敢为性、恒心性、试验性、乐群性、自律性、敏感性、幻想性、稳定性、忧虑性、恃强性、世故性、兴奋性、疑心性和紧张性。

2.7.1.3 艾森克人格特质理论

艾森克提出的"三因素模型"是人格的现代特质理论。他采用因子分析法提出了人格特质的三因素模型。三个因素包括：外向性指的是内向、外向两个方面；神经质指情绪稳定性与不稳定性两方面；精神质指的是自私、冷漠、孤独、怪异和好冲动等。在上述三个因素中的不同程度表现构成了千姿百态的人格特质。艾森克依据这一模型编制了艾森克人格问卷，在人格评价中得到了广泛的应用。

2.7.1.4 塔佩斯大五人格特质理论

塔佩斯采用词汇学方法对卡特尔人格特质的变量进行再分析，认为卡特尔提出的16种人格特质可以概括为五个人格因素，用来解释工作行为、情绪变化、人际关系等，称为大五人格理论。大五人格指是指开放性、尽责性、外向性、亲和性和神经质。大五人格因素测定量表是目前应用最广泛的人格测定量表之一。本书将采用大五人格因素测定量表对河南省民宿经营者的人格特质进行问卷调研。

大五人格特质理论在民宿经营者研究中的应用，有助于深入了解经营者的性格特点和行为模式，预测他们在民宿经营中的表现和决策方式，从而为民宿业的发展提供有针对性的建议和指导。例如，可以针对不同类型的人格特质进行培训和指导，以提高民宿经营者的综合素质和经营能力。同时，也可以根据经营者的人格特质优化民宿的经营策略和服务方式，从而提升客户满意度和忠诚度。

2.7.2 马斯洛需求层次理论

马斯洛需求层次理论是美国心理学家马斯洛于1943年提出的经典理论，旨在深入剖析人类需求的内在结构。该理论将人的需求从低到高划分为五个层次，依次为生理需求、安全需求、社交需求、尊重需求和自我实现需求。这五个层次的需求逐级递进，构成了人类动机的核心内容。第一层次的生理需求作为最基础、最原始的需求，涵盖食物、水分、空气、睡眠和性等基本的生存要素。这些需求的满足是人类生存的前提。第二层次的安全需求是在生理需求得到一定满足后产生的，它涉及人身安全、家庭安全、财产保障、生活稳定，以及健康和工作职位的保障等方面。人们渴望在一个安全、稳定的环境中生活，以规避潜在的风险和威胁。第三层次的社交需求是在前两个层次需求逐步得到满足的基础上，人们开始追求的高层次需求，即与他人建立深厚的情感联系，寻求归属感和爱的满足。这包括友谊、家庭、爱情及社交活动等方面的需求。第四层次的尊重需求则体现了个体对自我价值和他人认可的渴望，包括自尊、他尊，以及对地位和威望的追求。满足尊重需求有助于提升个体的自信心和自我价值感。第五层次的自我实现需求是指个体追求实现自己的理想和抱负，发挥自身的最大潜能。这是人类需求的最高境界，代表着个人成长和发展的最高目标。

值得注意的是，这五个层次的需求并非完全按照固定的顺序排列，不同个体在不同情境下可能对某一层次的需求更为迫切。同时，各层次的需求之间存在一定的重叠和相互依赖关系，低层次需求的满足有助于激发更高层次的需求。此外，马斯洛需求层次理论在现代行为科学中占据重要地位，它不仅是管理心理学的重要理论支柱之一，也为理解人类动机和行为提供了有力的工具。

综上所述，马斯洛需求层次理论为民宿的研究提供了一个新颖且深入的视角。民宿与传统酒店标准化经营的不同之处在于，一方面，民宿经营者在提供住宿产品时，不仅要付出体力劳动与脑力劳动，还要通过优势人格特质与职业价值观表达出的情感价值满足住客更高层次的精神需要；另一方面，职业价值观的追求也以马斯洛需求层次理论为基础，当民宿经营者具有一定的经济实力后，职业价值观将在一定程度上发生变化。因此，马斯洛需求层次理论是本书研究的重要理论基础之一。

2.7.3　高阶理论

高阶理论以人的有限理性为基石，将高层管理者的特征、战略选择及组织绩效纳入高阶理论的研究框架中，特别强调人口统计学特征对管理者认知模式与组织绩效的影响。

高阶理论由 Hambrick 和 Mason[108] 于 1984 年首次提出，经过多年的丰富和发展，该理论已经得到了众多实证研究的验证，并在战略理论界和实践领域赢得了广泛认同。高阶理论的核心观点在于，组织的战略选择和绩效不仅受到经济技术因素的影响，更受到高层管理者不完全理性认知与意识形态的深刻影响。换言之，组织的行为与绩效是高层管理者特征的反映，可以通过人口统计学数据有效预测组织的战略绩效。

从高层管理者（如 CEO）的角度来看，其行动深受个人特征的影响，这些个人特征包括经验、价值观等。理解一个组织为何采取特定的战略行动，关键在于深入探究该组织高层管理者的个性特征。实证研究表明，了解企业管理者的个性特征对于把握企业战略至关重要。Gupta[109] 发现，企业优秀增长型业务战略与其 CEO 丰富的市场销售经验和对不确定性的高容忍度紧密相关；优秀成熟型业务战略则与 CEO 丰富的财务会计经验及对不确定性的低容忍度相关。

从高层管理者团队（Top Management Team，TMT）的角度来看，高层管理者团队的综合特征对预测组织的结果比单个高层管理者更为有效。一方面，尽管许多企业的高层管理者拥有较大权力，但战略制定是一个复杂且动态的过程，单个高层管理者很难全面把握对企业有利的信息。CEO 倾向于与其他高层管理者分享权力和任务，形成决策团队。另一方面，团队决策往往能提高战略决策的质量，因为团队成员的人口统计学特征各异，他们的行为融合有助于信息交换、合作与组织协同，进而改善组织绩效。特别是在面对新生事物时，这种效果尤为显著。相关研究还表明[110]，在保留高层管理者个体人口统计学特征的同时，将 TMT 特征纳入模型，可显著提升模型的解释力。

高阶理论认为，年龄、任期、职能背景、教育、社会经济根源和财务地位等人口统计学变量，尽管略显模糊，却能有效代表高层管理者或高层管理者团队的认知基础和价值观。这种方法得到了多项研究的支持。高阶理论强调可观察的管理者特征变量，而非难以测量的心理因素变量，这对于理论发展而言具有重要的意义。人口统计学变量不仅易于获取，而且管理者通常更愿意配合相关数据的收集。此外，一些具有强大解释力的人口统计学变量，如任期和职能背景，很难找到相应的心理因素变量来替代。尽管这些人口统计学指标可能不如心理指标全面和精确，但它们与组织结果（如战略选择和绩效）之间的显著关系已在众多实证研究中得到证实。

因此，本书对民宿经营者的研究以高阶理论为基础，对民宿经营者的问卷设计从人口统计学因素出发，在数据分析时，注重探讨人口统计学因素对人格特质、职业价值观与经营绩效关系的研究。

2.7.4 互动仪式链理论

当代美国著名社会学家兰德尔·柯林斯（Collins）在《互动仪式链》一书中正式提出了互动仪式链理论，认为互动总是发生在一定的情况下，互动仪式的中心是一个过程，参与者发展一个共同的焦点，并据此感受彼此身体的微观节奏和情绪[111]。

柯林斯指出，每个人在社会中呈现的独特形象是通过与社会中他人的互动而逐渐形成的，包括人类社会活动中的对话、互动和其他活动。每种互动都会产生特定的情绪和影响，或积极，或消极。当这种行为是积极时，个体会积极采取行动，在互动中投入热情；当这种行为是消极时，个体会减少主动活动，保持被动。柯林斯认为，情感能量是互动的真正驱动力，所以互动仪式链理论更关注互动仪式所产生的情感能量。柯林斯指出，人们权衡他们必须支付的时间、能量、文化资本和其他资源，然后选择最大化情感收益的仪式（花费尽可能少的情感能量，最大化他们的产出）。互动仪式强调情感能量的支付和奖励，当个体在互动仪式中通过支付情感能量获得积极的情感奖励时，个体在互动仪式中变得更加活跃。相反，当过多的情感能量输入不能获得情感收益时，个体会转向其他情感能量回报高的仪式中。

依据互动仪式链理论，民宿经营者与民宿住客之间的主客关系互动是一个互动仪式的过程。本书运用互动仪式链理论尝试解释研究结果，主客在互动过程中，民宿经营者的优势人格特质是一种积极的互动，能否与住客有良好的互动是民宿经营绩效差异性的重要原因之一。

2.7.5　社会交换理论

社会交换理论是社会学领域的经典理论，自 20 世纪 60 年代起便备受瞩目，其核心在于揭示社会行为体如何通过多样的交换形式，实现有价值资源的流转与互动[112]。这一理论深刻剖析了社会交往中的报酬与代价，社会交换理论明确指出，那些能为我们带来丰厚报酬的个体，往往对我们具有较大的吸引力。同时，人们在社会交往中，总是力求最大化自身的收益。值得注意的是，获取报酬并非单向行为，在获取报酬的同时需要付出相应的成本，这体现了人类社会互帮互助的基本原则。因此，社会交往过程实质上是一种交换过程，彼此在互动中求得平衡与共赢。

社会交换理论认可各种形式的交换资源，包括行动、情感、地位和商品四大类资源。目前，社会交换理论已形成三大理论流派[113]，分别是以霍曼斯为代表的行为主义交换理论流派、以布劳为代表的结构主义交换理论流派和以帝博特为代表的认知交换理论流派。其中，结构主义交换理论的代表人物布劳认为，当别人做出报答性反应时，社会交换行为就会发生，但无报答性反应时，社会交换行为就不会发生，即报酬的可能性大小决定了行动发生的可能性[114]。

在民宿经营这一具体场景中，社会交换理论同样适用。民宿经营者通过投入优势人格特质所表现出的情感劳动（行为资源）收获经营绩效，这无疑是社会交换理论在现实生活中的生动体现。这种行为模式不仅丰富了社会交换理论的内涵，也为理解民宿经营背后的社会互动提供了研究视角。

2.8　小结

首先，本章对民宿、民宿经营者、人格特质、职业价值观、经营绩效等关键概念进行阐释与界定，确定本书的研究边界。如通过对相关文献、行业标准规范的梳理，确定民宿与民宿经营者的概念：将民宿根据国家标准分为"标准"民宿与"非标准"民宿两类。这是本书的重要创新点之一。其中，"标准"民宿是指根据国家连续在 2017 年/2019 年颁布的《旅游民宿基本要求与评价》及 2022 年颁布的《旅游民宿基本要求与等级划分》中，关于"民宿"定义的公共部分，即利用当地闲置资源，民宿主人参与接待，为游客提供体验当地自然、文化与生产生活方式的小型住宿设施［单幢建筑客房数量应不超过 14 间（套）（2017 年版）、经营用客房不超过 4 层，建筑面积不超过 800 平方米（2019 年版）］；民宿经营者（民宿经营管理者）是从事民宿经营管理活动的主体人员，既包括自主经营的民宿业主，也包括从事租赁经营的外来投资者和民宿创业人员等。

　　其次，从民宿经营者人格特质、职业价值观与经营绩效三个变量对研究脉络展开回顾和梳理，寻找以往研究的相对薄弱环节，为本书研究的开展寻找研究机会和研究方向。一是通过对人格特质与职业价值观和经营绩效的文献回顾发现：测评民宿经营者人格特质的量表有待进一步探索与验证；关于民宿职业价值观的结构维度与测评量表开发鲜有研究涉及，有待深入研究；现有研究对民宿经营绩效缺乏重视，相关研究较为缺乏，但也是民宿经营者面临的实际问题，有待进一步探讨。二是通过对先行变量（民宿经营者的人口统计学因素与民宿特点）、人格特质、职业价值观与经营绩效等关键变量之间关系的探索发现：人口统计学因素在人格特质、职业价值观与经营绩效之间存在显著差异；民宿经营者的人格特质对经营绩效存在差异；民宿经营者的职业价值观不同，经营绩效也有差异。

　　最后，对本书的基础理论进行梳理，指出相关理论在本书研究中的应用。一是人格特质理论在民宿经营者研究中的应用有助于更深入地了解经营者的性格特点和行为模式，预测他们在民宿经营中的表现和决策方式，从而为民宿业的发展提供有针对性的建议和指导。二是马斯洛需求层次理论为民宿的研究提供了一个新颖且深入的视角。马斯洛需求层次理论解释了民宿经营者在提供住宿产品时，不仅要付出体力劳动与脑力劳动，还要通过优势人格特质与职业价值观表达出的情感价值满足住客更高层次的精神需要。同时，职业价值观的追求也以马斯洛需求层次理论为基础，当民宿经营者具有一定的经济实力后，职业价值观将在一定程度上发生变化。因此，马斯洛需求层次理论是本书的重要理论基础之一。三是高阶理论认为，年龄、任期、职能背景、教育、社会经济根源和财务地位等人口统计学变量，尽管略显模糊，却能有效代表高层管理者或高层管理者团队的认知基础和价值观，本书对民宿经营者的研究以高阶理论为基础，对民宿经营者的问卷设计从人口统计学因素出发，在数据分析时，注重探讨人口统计学因素对人格特征、职业价值观与经营绩效关系的研究。四是民宿经营者与民宿住客之间主客关系互动是一个互动仪式的过程。本书运用互动仪式链理论尝试解释研究结果，主客在互动过程中，民宿经营者的优势人格特质是一种积极的互动，良好的互动是民宿经营绩效差异性的重要原因之一。五是社会交换理论可以用于分析民宿经营者通过投入优势人格特质所表现出的情感劳动（行为资源）与获得经营绩效的关系，这无疑是社会交换理论在现实生活中的生动体现。这种行为模式不仅丰富了社会交换理论的内涵，也为理解民宿经营背后的社会互动提供了研究视角。

3 河南省民宿的发展现状与存在的主要问题

民宿的概念与界定已经在上文中进行了详细的阐释，即"标准"民宿。但"民宿"一词在实践中的内涵却较为宽泛。在携程、艺龙、美团等住客常用的民宿预订平台上，"民宿"包括了"标准民宿"和实践中的"非标准"民宿，即不符合《旅游民宿基本要求与等级划分》（GB/T 41648-2022）标准的住宿实体。由于"非标准"民宿在发展现状、空间分布、存在的问题等与"标准"民宿有高度的一致性，而学术界对其关注较少。因此，本部分研究的河南省民宿包括了"非标准"民宿的范畴。

3.1 河南省民宿的发展现状

河南省民宿的发展不仅与资源基础、区位交通、市场需求密不可分，更与政策的支持和推动密切相关。目前，河南省民宿产业正以快速的增长态势持续发力，呈现了迅猛的发展势头。

3.1.1 河南省民宿发展的优势条件

3.1.1.1 旅游资源基础

河南省作为中国中部地区的重要省份之一，近年来在旅游民宿领域得到了较大的发展。这一成就的取得，离不开河南省丰富的自然环境和人文资源的有力支撑。以下将从河南省的自然地理条件和历史文化资源两个方面，阐述其为河南省民宿业的发展提供的独特优势和广阔空间。

首先，河南省的自然地理条件为民宿业的发展提供了得天独厚的外部环境。河南地处中国的中部，是华北平原与秦岭山脉的过渡带，地形多样，既有广阔的平原，又有连绵的山脉。这种地形的多样性为民宿业的发展提供了丰富的自然景观资源。大别山、伏牛山、太行山等山脉的壮丽景色，以及黄河的波澜壮阔，不仅为游客提供了观赏自然美景的机会，也为民宿业提供了独特的地理优势。这些山水资源不仅风景优美，而且具有独特的生态价值，吸引了大量热爱自然和追求健康生活的游客。民宿经营者可以依托这些自然资源，开发各种与自然亲密接触的民宿体验项目，如山林漫步、生态观光、农事体验等，为游客提供了多样化的旅游与住宿体验。

其次，河南省丰富的历史文化遗产为民宿业的发展提供了深厚的文化底蕴。河南是中华文明的重要发源地之一，历史悠久，文化灿烂。河南的文化资源丰富多彩，独具魅力。这些文化资源不仅为游客提供了了解中国传统文化的窗口，也为民宿业增添了独特的文化体验。游客在民宿中不仅能够享受到舒适的住宿环境，还能够感受到中原文化的深厚底蕴。民宿业主可以结合当地的文化特色，设计出具有地方特色的民宿产品和服务，如提供传统手工艺品制作体验、举办地方戏曲表演、设置中医药养生项目等，使民宿成为传播和体验中原文化的重要场所。

最后，河南省的自然和文化资源还为民宿业的选址建设与创新发展提供了广阔的空间。一方面，自然与文化资源丰富往往具有较强的旅游吸引力，为民宿提供良好的市场环境与客源基础；另一方面，民宿经营者可以依托这些资源创新旅游产品和服务项目，如结合当地的自然景观和生态资源，开发生态、运动等新型民宿体验项目，结合当地的历史文化资源，开发文化体验、健康养生等特色民宿项目。这些创新的民宿产品和服务项目不仅能够吸引更多的游客，也能够提升河南省民宿业的竞争力和市场影响力。

3.1.1.2 区位交通优势

河南作为"中原"的核心，地理上承东启西、连南接北，是国家重要的交通枢纽之一。地理位置的优越使得河南成为连接东部沿海经济发达地区与西部资源丰富地区的桥梁，以及南北经济文化交流的纽带。近年来，河南在交通运输网络建设方面取得了显著成就，这些成就对于促进民宿业的发展具有重要意义。

首先，河南省的交通运输网络具有显著的便利性。河南省地理位置优越，位于中国的中部地区，是南北、东西交通的重要枢纽。近年来，河南省政府高度重视交通运输网络的建设和完善，省内的交通条件得到了极大的改善。新郑国际机场作为国际航空枢纽，不仅连接了国内外的主要城市，还为河南省带来了大量的国际游客，极大地促进了旅游业和民宿业的发展。铁路方面，郑州作为全国"米"字形高铁交通轴的中心，河南省与周边省市的交通联系更加紧密，为游客提供了快速、便捷的出行方式。公路网络更是四通八达，高速公路通车里程居全国前列，为自驾游客提供了极大的便利。

其次，河南对交通运输网络的投入不断加大，为河南省的交通运输网络建设提供了坚实的资金保障。政府不仅在基础设施建设上投入巨资，还在交通规划和管理上进行了深入的研究和改革。这些举措使河南省的交通运输网络更加完善，服务水平不断提高，特别是"村村通"等项目，为民宿业的发展创造了良好的外部条件。

再次，河南省的立体交通体系建设取得了显著成果。航空、铁路、公路、水运等多种交通方式的有机结合，形成了一个高效、便捷的立体交通体系。这个体系不仅覆盖了河南省内的主要城市和旅游景区，还与全国的交通网络实现了无缝对接。游客可以根据自己的需求，选择最适合自己的交通方式，无论是飞机、高铁、汽车还是船只，都能方便快捷地到达目的地。这种立体交通体系的建设，极大地提高了游客的出行效率，也为民宿业的发展提供了有力的支持。

最后，河南省的交通运输网络对民宿业的发展起到了重要的推动作用。便利的交通条件不仅吸引了更多的游客，也为民宿业主提供了更多的经营机会。游客可以更加方便地到达民宿所在地，民宿业主也可以更加快捷地获取信息和服务，提高经营效率。此外，便利的交通条件还有助于民宿业的宣传和推广，从而吸引更多的游客前来体验。

综上所述，河南省的交通运输网络建设为民宿业的发展提供了有力的支持。政府的持续投入、立体交通体系的建设以及便利的交通条件，共同为民宿业的繁荣发展创造了良好的条件。未来，随着交通运输网络的进一步完善和发展，河南省的民宿业有望迎来更加广阔的发展空间。

3.1.1.3 市场需求环境

河南旅游业的良性发展为民宿提供了稳定的客源市场。旅游业的蓬勃发展带来了大量的游客，这些游客在寻找住宿时越来越倾向于选择具有地域特色和个性化服务的民宿。民宿能够满足游客对于深度体验目的地文化和自然景观的需求，提供了一个更加亲切和有特色的住宿环境。因此，旅游业的发展直接带动了民宿市场需求的增加。河南省统计局数据显示，2020年河南省接待游客超过55064.37万人次，旅游总收入达到4812.85亿元，显示出旅游经济的强劲增长态势。同时，2020年末拥有的A级旅游景区数量达到519处，其中4A级以上旅游景区185处，星级酒店406家，旅行社1165家，这些旅游基础条件的建设和完善为民宿行业的发展提供了坚实的支撑。2023年，疫情后的河南省旅游呈现全面复苏和显著增长态势。根据《2023年河南省文化旅游产业发展报告》，河南文化旅游产业在2023年"五一"黄金周之后呈现爆发式增长。河南省文化和旅游厅数据显示，2023年河南省接待游客达到9.95亿人次，旅游收入为9645.6亿元，分别比2022年同期增长了228.2%和305.2%。此外，河南省还谋划建设了重点文化旅游项目147个，总投资达到4516亿元，并集中签约了21个重大文旅项目。这些数据表明，河南省旅游业在2023年取得了亮眼的"成绩单"，为民宿的发展奠定了良好的客源基础。

河南省文旅产业的融合发展提升了旅游消费者的住宿理念与品质追求，为民宿的发展奠定了基础。河南省通过一系列综合媒体平台的运用，有效推广了"老家河南"的文旅品牌，打造了"老家礼物""老家味道""老家客栈"等多个子品牌，形成了多层次、立体化的品牌形象，增强了河南旅游产品的文化内涵；河南省文旅产业注重发展新业态，强调"赏、演、食、宿、购"一体化的沉浸式体验，满足游客对深度参与和文化体验的需求。随着游客在河南旅游消费的品质升级，越来越多的客人追求个性化和品质化的住宿体验。河南省的民宿业通过提供与当地文化和自然景观深度融合的住宿环境，满足游客对于特色化和体验化的需求。这种多元化的民宿服务不仅契合了游客回归自然、体验民俗风情的需求，而且成为了大众深度休闲的重要载体。

3.1.2 河南省民宿发展的政策支持

河南省旅游民宿起步较晚，起初一批个人投资者抱着"诗与远方"的情怀进入这一空白市场，是探索者。在河南省文化和旅游厅领导的全力推动下，河南省多地出台一系列政策推动民宿发展（见表3-1），河南省旅游民宿进入快速发展期。2019年11月29日，河南省人民代表大会通过了《河南省旅游条例》，规定从事民宿旅游经营的，应当遵守国家和本省有关民宿旅游管理的相关规定，依法办理相关证照；城乡居民可以利用拥有所有权或使用权的住宅从事民宿旅游，为旅游者提供休闲度假、游览观光或乡村体验服务。2019 年 12 月 10 日，河南省文化和旅游厅发布了《关于促进乡村民宿发展的指导意见》，旨在加强对乡村民宿资源的调查和乡土文化的保护传承，推进乡村民宿发展"走县进村"活动，以促进乡村民宿的有序健康发展。2020 年 2 月 26 日，河南省旅游协会民宿与精品酒店分会制定了《河南省旅游民宿复工营业防控工作指引》，积极引导民宿企业做好新冠疫情防控工作，确保民宿复工经营前做到防控机制、员工排查、设施物资、内部管理"四个到位"，并制定严格的复工营业方案及应急处置方案。2020 年 5 月 10 日，河南省人民政府办公厅发布了《关于加快乡村旅游发展的意见》，提出了到 2025 年实现全省乡村旅游年接待游客 4 亿人次、年经营总收入达到 3000 亿元的目标。该政策强调从市场需求出发，丰富产品供给，优化乡村旅游环境，打造乡村旅游发展体系，并重点发展乡村旅游示范县（市、区）、生态旅游示范乡（镇）、乡村旅游特色村。2022 年，林州市委、市政府出台了《关于促进旅游民宿高质量发展的实施意见》与《民宿管理办法》等，提出将民宿发展提升为"头等大事"。当地各行业、部门纷纷采取行动，如银行推出"民宿贷"以支持民宿发展，主管部门制定奖励政策，优先安排民宿建设用地指标，探索多证合一以解决办证难题，以及开通旅游公交专线以方便游客出行。2023 年 8 月 15 日，河南省文化和旅游厅公示了 2023 年乡村旅游民宿（第一批）等级评定结果，认定了包括山生有杏、淇心小筑、惠然居等在内的 10 家民宿为五星级乡村旅游民宿，何家大院为四星级乡村旅游民宿，这标志着河南省在旅游民宿质量提升方面取得了实质性进展。

通过这些政策和措施的实施，河南省不仅为旅游民宿业的发展提供了有力的政策支持和规范管理，还通过各种激励措施和基础设施建设，促进了民宿业的高质量发展，为推动乡村旅游和振兴乡村经济做出了积极贡献。

表 3-1　河南省推动旅游及民宿发展相关政策

时间	部门	政策	主要内容
2019 年 11 月 29 日	河南省人民代表大会	《河南省旅游条例》	从事民宿旅游经营的，应当遵守国家和本省有关民宿旅游管理的相关规定，依法办理相关证照；城乡居民可利用拥有所有权或者使用权的住宅从事民宿旅游，为旅游者提供休闲度假、游览观光或乡村体验服务

续表

时间	部门	政策	主要内容
2019 年 12 月 10 日	河南省文化和旅游厅	《关于促进乡村民宿发展的指导意见》	加强对乡村民宿资源的调查和乡土文化的保护传承,推进乡村民宿发展"走县进村"活动
2020 年 2 月 26 日	河南省旅游协会民宿与精品酒店分会	《河南省旅游民宿复工营业防控工作指引》	积极引导民宿企业做好新冠疫情防控工作,确保民宿复工经营前做到防控机制、员工排查、设施物资、内部管理"四个到位";制定一个严格的复工营业方案(含应急处置方案)并开展一次民宿卫生、安全自查自纠自验
2020 年 5 月 10 日	河南省人民政府办公厅	《关于加快乡村旅游发展的意见》	到 2025 年,实现全省乡村旅游年接待游客 4 亿人次,年经营总收入达到 3000 亿元;从市场需求出发,丰富产品供给,优化乡村旅游环境,打造乡村旅游发展体系,重点发展乡村旅游示范县(市、区)、生态旅游示范乡(镇)、乡村旅游特色村
2022 年	林州市委、市政府	《关于促进旅游民宿高质量发展的实施意见》与《民宿管理办法》等	提出把民宿发展当成"头等大事",当地各行业、部门纷纷行动:银行推出"民宿贷",可贷 30 万元至 1000 万元;主管部门制定奖励政策,民宿达到一定标准的最高可奖励 10 万元;优先安排民宿建设用地指标;探索多证合一,破解民宿经营办证难问题;开通 14 条旅游公交专线,让游客出行更加方便
2023 年 8 月 15 日	河南省文化和旅游厅	2023 年乡村旅游民宿(第一批)等级评定结果公示	认定山生有杏、淇心小筑、惠然居、朴居湖畔、阿佤纳·随园、云上森兮、云端西顶、伴山静居、将军泉·养谷、五号山谷 10 家民宿为五星级乡村旅游民宿,何家大院为四星级乡村旅游民宿

资料来源:根据河南省文化和旅游厅官网整理。

 在政策推动下,河南省高度重视旅游民宿业的发展,通过一系列活动和措施推动了民宿业的快速成长。2017 年 11 月,河南精品民宿开始受到广泛关注。随后,郑州市文化广电和旅游局于 2018 年 2 月赴巩义考察指导乡村民宿试点建设,同年河南省还召开了旅游民宿等级评定工作会议,并在信阳市举办了旅游民宿和乡村旅游经营单位标准宣贯培训会。2019 年,河南省不仅举办了首届民宿投资大会，还开展了"民宿发展走村"系列活动，引进和培育了大量知名品牌，形成了覆盖广泛、影响力大的民宿发展格局。同年，信阳民宿在河南省生态旅游招商会上大放异彩，河南省旅游协会民宿与精品酒店分会也在济源成立。2020 年，河南省民宿工作推进会在济源召开，进一步加强了民宿业的管理和服务。2021~2023 年，安阳市、鹤壁市、林州市等地也相继召开了旅游民宿发展工作推进会和培训会，河南省文旅文创发展大会也在此期间举办，进一步推动了民宿业的全面发展。这些活动和措施共同促进了河南省民宿业的健康成长和品质化提升，为地方经济和文化旅游的发展做出了积极贡献。具体举措如表3-2 所示。

表 3-2　近年来河南省推动旅游及民宿发展举措

时间	内容
2017 年 11 月 1 日	河南精品民宿备受追捧，地方特产走向全国
2018 年 2 月 24 日	郑州市旅游局赴巩义考察指导乡村民宿试点建设
2018 年 9 月 18 日	河南省旅游民宿等级评定工作会在焦作召开
2018 年 9 月 26 日	信阳市文化广电和旅游局召开全市旅游民宿和乡村旅游经营单位标准宣贯培训会
2019 年 2 月 25 日	三门峡市渑池县首批特色民宿柳庄民宿项目、赵沟古村民宿项目分别举行启动仪式
2019 年 4 月 9 日	河南首届民宿投资大会正式亮相
2019 年 4 月 9 日	"信阳民宿"叫响河南省生态旅游招商暨文化产业项目洽谈会
2019 年 9 月 23 日	河南省文化和旅游厅组织"民宿发展走村"系列活动。从 2018 年开始，邀请全国知名民宿创始人及运营团队、民宿专家、投融资公司负责人等 300 余人次走进 41 县区、100 余个村镇，引进了 160 多家全国知名品牌，培育了 100 多家河南省知名品牌。经历了从谋篇布局到全面推进、品质化提升三个阶段，形成了民宿数量多、知名品牌多、覆盖面广、影响力大、发展潜力大的发展格局
2019 年 9 月 26 日	"河南省旅游协会民宿与精品酒店分会"在济源成立
2019 年 11 月 13~15 日	第五届全国民宿大会暨全国民宿社团第一次联席会议于河南新县成功召开
2019 年 12 月 21 日	在鹤壁淇县召开河南民宿发展座谈会，对评选 40 家民宿为"河南省精品民宿"进行了发布，对全面带动全省民宿加强管理、优化服务、加快推进河南省民宿健康快速发展有着促进作用
2020 年 9 月 21 日	河南省民宿工作推进会在济源召开
2020 年 11 月 28 日	河南省文化和旅游厅携手携程在上海携程总部，邀请上海几十位知名民宿品牌创始人和业主召开"河南民宿发展座谈会"

续表

时间	内容
2021 年 6 月 18 日	安阳市召开旅游民宿发展工作推进会
2022 年 5 月 26 日	鹤壁市举办 2022 年旅游民宿发展培训会
2023 年 1 月 27 日	林州市民宿发展大会召开
2023 年 6 月 25 日	2023 全省文旅文创发展大会

资料来源：根据河南旅游政务网、河南省文化和旅游厅官网整理。

3.1.3 河南省民宿发展的主要成就

3.1.3.1 各类民宿数量增长显著

2022 年 8 月的官方数据显示，截至 2021 年河南省民宿数量为 592 家，28600 多间房间，47000 多张床位，且民宿数量在不断增加。有研究指出，党的十八大以来，河南新增民宿与 2017 年相比，增长 17 倍[1, 115]，王梦茵[170] 通过高德地图 POI 数据搜索黄河流域河南段的九个地市的民宿，发现截至 2021 年 2 月底，河南九地市一共有 1554 家民宿。需要指出的是，学者们在网络中获取的数据包括了"标准"民宿与"非标准"民宿两种类型。

关于河南民宿的数量，河南省文化和旅游厅的官方统计数据与高德地图、百度地图及携程、艺龙与美团等平台的数据长期存在不一致的情况。原因有以下几个方面：第一，由于民宿的规模较小，缺乏省级的官方统计口径。第二，民宿的迭代与更新较快，特别是在新冠疫情期间，不少民宿退出了市场。第三，业界、管理者与学界对民宿的定义、内涵、边界的不同认识导致民宿的数量差异较大。例如，携程、艺龙、美团等平台提供的民宿的数据与学者们基于网络平台的数据爬取均指名字带有"民宿"二字的住宿单位，经常包括了"农家乐""民居客栈""小型酒店"等，与《旅游民宿基本要求与评价》要求的民宿标准有较大差异。第四，河南省文化和旅游厅对民宿的管理仅限于星级民宿（个别的高端民宿、精品民宿）。

2023 年 7 月，本书通过百度 POI 爬取河南省 18 个地市的民宿数量，共获取河南省民宿地理空间数据 1579 条，对酒店、宾馆等不符合民宿定义的对象进行剔除，并删除多家重复上传的民宿名称，最终获得河南省民宿有效数为 1439 家。2024 年 4 月，通过去哪儿网爬取民宿数据，已激增至 7193 家。

综上所述，河南省民宿的数量在市场的催生下，呈现出显著的增长趋势，这一增长反映了河南省民宿业的蓬勃发展，随着政府的持续支持和市场需求的不断扩大，预计河南民宿业将继续保持增长势头。

3.1.3.2 高端、精品民宿初具规模

近年来，河南省文化和旅游厅等相关部门制定规划，为加快推进乡村民宿的发展，着力打造了一批有地域特色、地方风情、家乡情怀的精品民宿，推动河南各地民宿如火如荼地发展，成为河南省旅游的新动能。

自 2018 年起河南省本着"民宿发展争最快"的目标，其战略定位在将民宿发展作为乡村旅游与全域旅游协同发展的核心引擎，积极引入国内知名品牌公司，并持续开展"民宿发展走县进村"的系列活动。历经多年的不懈努力，成功打造出一系列具有地方特色的精品民宿品牌。2019 年 4 月，河南省首届国际民宿投资大会签约生态旅游项目 27 个、金额达 447.72 亿元，精品民宿项目共计44 个、金额达 49.45 亿元，涉及 44 个村。2021 年中国民宿发展大会上，95 个河南文旅品牌的现场签约，总金额高达 530.1 亿元。其中，重大旅游合同签约项目达 37 个，签约金额 406.32 亿元；民宿签约项目 58 个，签约金额 123.78 亿元。签约项目涵盖了旅游度假区、精品民宿、古镇古街、乡村旅游、文旅融合等多个领域，充分展现了河南文旅产业的广阔前景与巨大潜力。[174]

2023 年，河南省文化和旅游厅关于 2023 年乡村旅游民宿（第一批）等级评定结果公示，认定山生有杏、淇心小筑、惠然居、朴居湖畔、阿佤纳·随园、云上森兮、云端西顶、伴山静居、将军泉·养谷、五号山谷 10 家民宿为五星级乡村旅游民宿，何家大院为四星级乡村旅游民宿。

目前河南引进全国知名品牌 160 余家，培育全省知名品牌 100 余家，建成精品民宿 100 多家。包括郑州的"禅心居"、洛阳的"云合山间"、信阳的"老家寒舍"、三门峡的"山水隐庐"、焦作的"云上院子"、濮阳的"姜子牙的渡口"、鹤壁的"灵泉妙境·石光院子"、济源的"小有洞天"等。平顶山的"舞钢孤山寨民宿"集群、巩义民宿群落、三门峡的"千层坊—朴素里"、修武县的"裴嫁妆天空民宿"、信阳市的"悬崖酒店"、济源市的"南坪村乡宿"等民宿的建设，不仅提升了河南省的旅游品质，而且带动了资本和人才向乡村会聚，促进了乡村可持续发展。

3.1.3.3 民宿集群式发展态势明显

河南省民宿集群主要集中在河南的"一带一核三山五区"。"一带"指的是黄河文化旅游带；"一核"即郑汴洛国际文化旅游核心板块，涵盖了郑州、开封

和洛阳三座城市，这三座城市历史悠久，文化遗产丰富，是河南省文化旅游的核心区域；"三山"指太行山、伏牛山和大别山，这些地区自然风光秀丽，生态资源丰富，是发展乡村旅游和民宿业的重点区域；"五区"包括天地之中河洛文化旅游区、上古殷商文化旅游区、老庄元典文化旅游区、黄河金三角文化旅游区和丹江卧龙文化旅游区。这些地区是河南旅游民宿的集中区域，民宿获得了较快的发展。太行山区的济源"小有洞天"、焦作的"云上院子"和鹤壁的"灵泉妙境·石光院子"是河南省民宿的典型代表。辉县市目前已有 8 个品牌民宿建成运营，另有 9 个新建品牌民宿，总投资高达 5 亿元，共新增民宿房间 400 间。林州市充分发挥其作为建筑之乡的优势，积极鼓励、引导建筑队长参与民宿发展，形成了独具特色的民宿发展模式，即一村一特色、一家一主题、一栋一风景。石板岩镇 2022 年的民宿投资达到 8 亿元。大别山区的信阳市将"民宿与美食"作为吸引力，出台民宿发展十条措施。伏牛山区的栾川县致力于打造国民休闲高端民宿度假区，目前有高端民宿 271 家，精品民宿 124 家。

3.1.3.4 民宿经营以自主投资为主

河南省民宿投资较小，准入门槛不高。从河南酒店网与《2014—2021 年河南民宿发展报告》的数据可知，超过 1/3 的河南省民宿投资额在 200 万元以内，23.4% 的民宿投资在 200 万~400 万元，这进一步印证了河南省民宿行业的投资门槛相对较低，对于有意进入该行业的投资者来说，不需要巨额的初始资本，这降低了市场准入的难度。具体数据如图 3-1 所示。

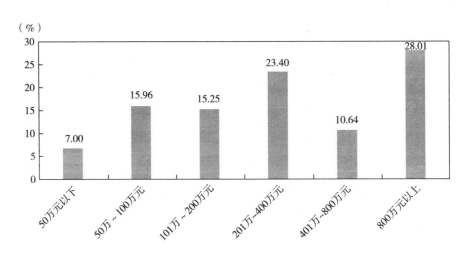

图 3-1　河南省民宿投资金额

据调查，河南省民宿的投资者的资金来源以自有投资为主（见图3-2），占比高达71.99%，这一比例远高于其他资金来源，如向亲友借款、银行贷款等。[①] 这表明在河南省民宿行业中，投资者更倾向于使用个人或家庭的资金进行投资，原因主要有以下三个方面：第一，再次证实了，河南省民宿的投资门槛低，投资者可以独立承担资金的支出；第二，表明民宿投资者对民宿行业信心十足、对风险的自我控制能力强以及对项目运营的完全控制权要求高；第三，表明河南省民宿行业的投资者对外部融资渠道的依赖程度较低。这一定程度上与外部融资的可获得性较低、融资成本较高有关。

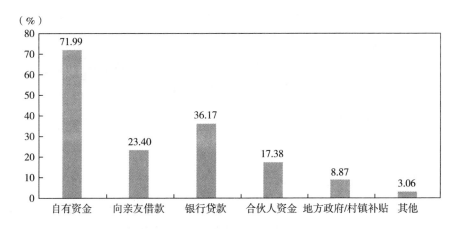

图3-2 河南省民宿资金的主要来源

较低的投资门槛有利于吸引更多的民宿行业创业者和投资者进入河南省民宿市场，促进河南省民宿行业的竞争和创新，但同时也预示着在未来几年，民宿行业的激烈竞争，应考虑如何有效地利用有限的资金，通过精细化管理和创新服务来提高竞争力，实现民宿行业的可持续发展。

3.1.4 河南省民宿发展的带动作用

3.1.4.1 民宿提升了住宿领域的消费层级

河南省各地市通过结合本地特色，创新民宿产品的经营模式，推动了民宿业的高质量发展。以济源市为例，充分结合本土特色，精心策划了一系列涵盖食、

---

① 过聚荣. 中国民宿发展报告（2020~2021）[M]. 北京：社会科学文献出版社，2021：90-116.

住、行、游、购、娱等多元要素的民宿产品。河南省济源市思礼镇"那些年小镇"凭借茶树种植及茶叶相关产业链，不仅提供了茶道文化体验、采茶乐趣和研学之旅，更丰富了乡村旅游的多样性；王屋老街则依托民宿，创新性地推出了夜游、灯光秀及演艺活动，成功吸引了大量游客，形成了民宿引领的多产业联动与融合的新模式，使游客更愿意在此驻足消费。在栾川县重渡沟的乡村民宿建设中，不仅着重于营造优美的休闲环境和景区的人文氛围，更致力于转变群众的经营理念。由过去单纯追求床位数量，转变为追求环境品质和服务特色。通过倡导"有舍才有得"的理念，引导居民认识到游客满意度的重要性，提倡"宁要一人住十天，不要十人住一天"的经营哲学，从而为游客提供更加舒适、独特的休闲空间和个性化服务。

3.1.4.2 民宿提高了文化产品的认知度和消费力

民宿的发展在提升文化产品认知度的基础上，不断增值文化产品的消费力。民宿的发展，不仅构建了乡村旅游的全新文化认知与行动框架，还引入了全新的文化思维模式。在这里，城市与乡村、传统与现代、古老与时尚相互交织，融合为一体，通过民宿这一平台，旅游的文化内涵得以深化，文化表达与旅游转化形式焕然一新，旅游的文化品位和附加值随之大幅提升。以河南省信阳市的新县为例，围绕民宿产业，该县积极推动特色旅游商品的开发和民俗文化活动的展演，将"文旅融合"与"沉浸体验"理念相结合。在民宿集群所在的乡村，常态化地展示和演绎的灯戏、花鼓戏、皮影戏、豫南民歌等非遗项目，为游客提供了丰富的文化体验。同时，结合"信阳菜"品牌打造，挖掘并传承传统美食文化，通过农家厨艺大赛、特色非遗小吃大比武等活动，成功塑造了"大别山将军宴"和"大别山乡宴"两大餐饮品牌，极大地提升了本土美食文化的知名度和影响力。

3.1.4.3 乡村民宿推动了观光农业的消费

乡村民宿的崛起极大地推动了农村观光业的繁荣。村民们积极利用闲置的民房，精心开发并建设了独具特色的民宿。这一举措不仅促进了景区周边乡村的旅游住宿、餐饮、购物及配套设施的完善，更进一步拉动了农副产品、土特产品的销售，为农村经济注入了新的活力。同时，乡村民宿的发展也使得广大游客有机会亲身感受特色农产品的生产全过程，领略迷人的田园自然风光，这不仅有效延长了旅游产业链，也促进了周边观光农业的蓬勃发展以及农村其他产业的兴起。

以河南省南阳市西峡县陈河坡花海果香示范园区为例，该园区依托万亩猕猴桃观光园，成功打造了集休闲观光、垂钓采摘、互动体验于一体的体验式民宿，深受游客喜爱。民宿的发展极大地推动了农产品的销售，如"香菇宴""山珍宴""药膳宴""农家宴"等已成为乡村旅游的美食品牌。此外，各地的农副产品，如西峡县的猕猴桃、香菇等，也成了热销的旅游产品。对于当地村民而言，乡村民宿的发展为他们提供了房屋租赁、经营民宿、服务就业、农副产品销售等多种增收途径。无独有偶，济源市在打造黄河沿岸小浪底乡村旅游带的过程中，也初步形成了体系完善、布局合理、品质优良、百花齐放的乡村民宿发展格局，为当地经济的繁荣做出了积极贡献。

3.1.4.4 民宿促进了文化的保护与传承

民宿并非仅仅是提供食宿的简单场所，其更深层次的价值在于能够激活闲置资产，为旅游产品市场注入新活力，为乡村与社区带来生机，更是对传统文化的有力保护。此外，民宿还能促进当地就业，吸引原住民回流，同时在推动地方经济和生态保护的过程中，实现城乡之间的和谐共生。

以新县的"老家寒舍"为例，这家民宿由一栋两层的小楼和一个充满田园风情的农家小院精心构成，小楼采用斜面房顶，展现了豫南民居的独特韵味。走进室内，古朴典雅的设施让人仿佛穿越到了古老的乡村生活，成为都市人逃离喧嚣、体验宁静乡村生活的理想去处。再看新建的漫居民宿，它坐落于历史悠久的丁李湾古村落，这个村落拥有700多年的历史，白墙黑瓦、精美木雕，每一处都彰显着豫南特色的建筑艺术。漫居民宿以古村落的精美建筑为依托，计划发展成为一个包含50间客房，以及非遗展示、咖啡休闲、文化创意等多功能的民宿集群。它的外观古朴，内部却极尽奢华，非常适合都市白领来此放松身心。这家民宿不仅是新县招商引资的优秀成果，更是民宿发展的典范。南阳市也依托其原生态的古村落资源，进行了一系列的民宿开发。他们对农村的老旧房屋进行了精心的设计和改造，既保留了原有的乡村风情，又丰富了其文化底蕴，成功打造了一批如西峡县的白庙民俗文化村、湾潭农耕文化村等特色民宿村落。游客们可以在这里感受到古村落的神秘与宁静，同时也为古建筑的保护、村落环境的绿化以及民俗文化的传承贡献了自己的一份力量。

3.1.4.5 乡村民宿活跃了大健康消费市场

民宿通过与康养、文化、教育、体育等多产业融合，创新消费模式，丰富宾客体验，推动乡村旅游和民宿经济的多元化发展。为了寻求新的发展动力，不少民宿开始进军康养产业。它们通过向游客展示中药的种植、炮制等过程，不仅让游客深入了解中医药文化，还让他们有机会亲身体验产品的品质和制作流程。这种创新的展示方式不仅推动了中医药保健品的推广，还有效地拉长了乡村旅游的产业链。以修武县为例，该地将乡村美学、特色文化以及农副产品的开发与民宿业巧妙地结合在一起，形成了独特的发展模式。太极养生、特色药膳以及非遗展览等新颖业态的融入，不仅丰富了民宿的服务内容，还极大地提升了游客的住宿体验。同时，这也使得乡村资源在保留其独特乡土气息的基础上，实现了价值的最大化。

另外，一些乡村民宿通过与教育、体育等产业的深度融合，也成功开辟了新的服务消费市场。例如，新县就依托其得天独厚的自然环境和山地资源，将周边的旅游景点与体育健身资源进行了有机结合，打造出了一条集红色教育、休闲度假、户外运动等多功能于一体的特色民宿旅游线路。而香山湖环湖旅游公路更是成为徒步、骑行等户外运动爱好者的新宠，形成了新的消费热潮。值得一提的是，大别山露营公园作为一种新兴的旅游综合体，以房车露营、休闲度假等多元化服务为特色，提供了房车、木屋、集装箱以及民宿等多种住宿选择。这里已经成为一个集吃、住、行、游、购、娱等全方位服务于一体的旅游新地标。

3.2 河南省民宿发展的典型案例

3.2.1 河南省民宿发展的典型案例概述

自 2018 年起，河南省提出了"民宿发展争最快"的目标，近年来河南省民宿在政府支持、行业发展以及企业自身不断地努力下，取得了一定的成绩。截至 2023 年，全国甲级民宿 6 家，乙级民宿 3 家（其中新月文含不在星级民宿汇总中），河南的星级民宿 39 家，如表 3-3 所示。河南省民宿业已进入高质量、高速发展时期，追求高质量发展和提升民宿运营的温度成为主基调。其中，云上院子、灵泉妙境·石光院子等成为河南省民宿的龙头企业。

表 3-3 河南星级民宿情况

五星民宿		四星民宿	
2022 年	2023 年	2022 年	2023 年
中州悦隐·伏羲山会盟山居民宿	山生有杏	响水堂民宿	
青山后民宿	淇心小筑	朴业·溱源洞穴民宿	
慢居十三月	惠然居	云顶琼琚悬崖轻奢民宿	
云合山间民宿☆	朴居湖畔	朱仙镇启封故园·枕水人家	
一家人归墅农家院	阿伍纳·随园	郏县一鸣书居乡村酒店	
灵泉妙境·石光院子☆	云上森兮	院望民宿	
林境三湖民宿△	云端西顶	望舒民宿	
山的礼物·太行秘境乡野度假民宿	伴山静居	别字民宿	
云上院子☆	将军泉·养谷	南湖山居△	
周窑十八坊		莲舍精品民宿	何家大院
姜子牙的渡口			
五朵山蓼花汀民宿☆			
山水隐庐·隐居乡宿	五号山谷		
小有洞天·山居☆		九峰山乌篷雅居船屋	
南坪十八院			
里山明月			
云堡妙境☆			

注：☆为全国甲级民宿；△为全国乙级民宿。

在河南省民宿业追求高质量发展和提升民宿运营的温度成为主基调这一大背景下，河南省的民宿业还在不断创新和发展中。许多民宿开始尝试将文化元素融入服务中，比如开设手工艺体验课程、地方美食品尝活动等，让游客在住宿的同时，也能深入了解当地的文化和风俗。这种文化的融入，不仅丰富了民宿的内涵，也提升了游客的满意度和忠诚度。

这些民宿不仅在设计上别出心裁，融合了现代审美与传统元素，更在服务上精益求精，为游客提供了一种全新的住宿体验。如云上院子的建筑风格独特，环境优美，能够让游客在享受自然风光的同时，感受到家的温馨。而灵泉妙境·石光院子的设计理念更是让人眼前一亮，它将石头的元素巧妙地融入民宿的每一个角落，让游客在体验中感受到了浓厚的自然气息和地方特色。总的来说，河南省民宿业在政府支持、行业发展以及企业自身不断地努力下，已经取得了显著的成绩。不仅领军企业如云上院子、灵泉妙境·石光院子等展现出了强大的竞争力和市场影响力，整个行业也在不断创新和发展中。展望未来，河南省民宿业将继续保持高质量、高速发展的态势，为游客提供更加多元化、个性化的住宿体验。

3.2.2 河南省民宿发展的主要案例

在河南省民宿业追求高质量发展的过程中，云上院子、灵泉妙境·石光院子、慢居十三月、朴业·溙源洞穴、老家寒舍等民宿企业脱颖而出，成为河南省民宿的领军企业。本书将对其进行详细的案例分析。

3.2.2.1 云上院子

云上院子坐落于河南省焦作市修武县金岭坡村，是一家依托太行山的壮丽自然风光和深厚文化底蕴而打造的精品民宿。由创始人彭志华带领的团队，巧妙地将当地废弃的老屋和乡村资源转化为一个集田园种植、文创艺术、住宿和餐饮于一体的综合民宿。这里拥有 26 间客房和 80 多个餐厅餐位。云上院子因其古朴的建筑、美丽的自然环境和贴心的管家服务而受到游客的喜爱，逐渐成为河南省乃至全国的知名乡村旅游民宿品牌。

主要做法：一是挖掘地域特色，塑造独特民宿。云上院子深入挖掘当地的文化和旅游资源，将地域特色融入民宿的建设中，为游客提供丰富多样的服务。同时，结合云台山独特的自然风景，开设农耕文化、瓜果知识和手工艺等研学课程，丰富民宿的文化底蕴，增强其市场竞争力。二是艺术化乡村，传承乡愁。在改造过程中，云上院子大量使用传统工艺和老物件，尽可能保留老建筑的原貌。古老的石墙、层叠的青瓦和千年的古树等，共同营造出一种回归自然的宁静氛围，让游客在这里找到心灵的归宿。三是促进村民增收，推动乡村振兴。云上院子的发展为周边村民提供了大量的就业机会，帮助他们增加收入。民宿的各个岗位，如前台、保洁、厨师和管家等，均由当地村民担任。此外，还有村民向民宿供应蔬菜和蜂蜜等土特产。通过这种方式，云上院子成功盘活了乡村的闲置资源，带动了当地的经济发展和文化传承。四是文旅融合，提升乡村旅游吸引力。云上院子采用"民宿+文创+观光旅游+农业"的创新模式，实现了与乡村休闲、农业观光和人文体验等多元业态的融合发展。这一模式极大地提升了乡村旅游的吸引力，为乡村经济注入了新的活力。

主要的经验启示：一是充分利用地域资源。云上院子深入挖掘并巧妙利用了当地的地域资源和文化特色，这启示我们在发展乡村旅游或民宿时，应重视并充分利用当地独特的自然和文化资源，打造具有地方特色的旅游产品。二是保持原汁原味的乡村风情。云上院子在改造过程中力求最大程度保持老建筑原有面貌的还原，这种对原始风情的尊重和保留，使得游客能够体验到真正的乡村风情。因此，在发展乡村旅游时，应尽可能保持乡村的原汁原味，避免过度商业化和同质化。三是注重品质和服务。云上院子以其个性化的管家式服务和古朴的建筑风格受到游客的青睐。这强调了在乡村旅游发展中，除了特色和资源外，还需要注重服务质量和游客体验，提升整体品质。四是文旅融合与创新。云上院子通过文旅融合和创新，实现了多元业态的发展，提升了乡村旅游的吸引力和竞争力。这告诉我们，在乡村旅游发展中，应注重文化与旅游的深度融合，通过创新模式和业态，满足游客多样化的需求。五是社区参与和共赢。云上院子的成功也离不开当地村民的参与和支持。通过提供就业机会和购买村民的土特产品，民宿与村民建立了紧密的利益共同体。这启示我们，在发展乡村旅游时，应积极引导当地社区参与，实现旅游发展与社区利益的共赢。

3.2.2.2 灵泉妙境·石光院子

灵泉妙境民宿集群坐落于鹤壁市淇县灵山办事处凉水泉村，占地面积5.23平方千米。该区域地理位置优越，距离淇县县城（商卫古都朝歌）15千米、范辉高速公路出口5千米、鹤壁东站20千米，交通便捷。凉水泉村不仅交通便利，而且环境优美，凉水泉村得名于村中两股四季流淌不息的泉水——"不老泉"和"五龙泉"，这两股泉水具有凉爽甘甜、明目养颜的特点；凉水泉村旅游资源丰富，是一个历史悠久的传统古村落，文化积淀深厚。村内有70多座建于清末民初依山而建、错落有致的灰瓦石墙民居，为灵泉妙境民宿集群提供了得天独厚的自然条件。

项目背景与规划：自2017年起，河南中旅集团依托古灵山景区，发挥专业优势，对凉水泉村进行整村旅游开发，总投资1.8亿元，打造高端民宿酒店工程。项目规划了石光院子、花田木屋、悬崖竹屋、多堡屋星空果岭、朴门农场等多种风格的民宿酒店，并配备了丰富的服务设施，形成了一个集吃、住、行、游、购、娱为一体的高端民宿酒店度假区。

主要做法：一是创新发展模式，实施旅游产业帮扶。河南中旅集团采取"一条旅游主线，五种利益联结"的产业帮扶模式，对凉水泉村进行资产托管，整村旅游开发。通过整体租赁民宅、流转土地林地、提供就业机会、群众投劳务工、农特产品销售等方式，与需帮扶农户建立紧密的利益联结机制，实现了其增收。

二是打造高端民宿集群，提升民宿品质。在民宿集群的建设过程中，河南中旅集团注重高端品质的打造，从民宿设计、装修风格到服务设施，都力求精致与舒适。同时，通过引入管家式服务、课程式休闲体验项目等，为游客提供全方位的高端体验。三是坚持绿色、自然、养生、健康的餐饮理念。在餐饮方面，灵泉妙境民宿集群坚持绿色、自然、养生、健康的餐饮理念，所有菜品都经过专业厨师的实地研究考察，结合当地传统做法，选用纯天然蔬菜和当地养殖的禽类作为食材，确保游客吃得健康、吃得放心。四是注重游客体验，营造静谧舒适的休闲环境。灵泉妙境民宿集群注重游客的体验感受，所有房间不配备电话、电视和Wi-Fi网络，让游客远离城市的喧嚣，享受静谧舒适的休闲环境。同时，通过提供丰富的休闲体验项目和贴心的管家式服务，让游客真正慢下来、闲下来，享受高端舒适的民宿体验。

主要的经验启示：一是高端品质是提升民宿竞争力的核心。在民宿市场竞争日益激烈的今天，高端品质成为提升竞争力的核心。灵泉妙境民宿集群通过打造高端民宿集群、提供高品质的服务和餐饮等方式，吸引了大量高端游客前来体验消费，提高了旅游市场的竞争力。二是绿色健康是旅游发展的必然趋势。随着人们生活水平的提高和健康意识的增强，绿色健康成为旅游发展的必然趋势。灵泉妙境民宿集群在餐饮方面坚持绿色、自然、养生、健康的理念，不仅满足了游客的健康需求，也符合了时代发展的潮流。三是注重游客体验是提升旅游满意度的关键。灵泉妙境民宿集群注重游客的体验感受，通过提供丰富的休闲体验项目和贴心的管家式服务等方式，让游客真正感受到高端舒适的民宿体验，从而提高了游客的满意度和忠诚度。四是创新发展模式是产业帮扶的关键。灵泉妙境民宿集群的成功实践表明，创新发展模式是产业帮扶的关键。通过采取"一条旅游主线，五种利益联结"的产业帮扶模式，不仅实现了需要帮扶户的增收，而且推动了整个村庄的经济发展。这为其他地区的产业帮扶提供了有益的借鉴和启示。

特别需要指出的是，河南中旅集团以灵泉妙境·石光院子为试点，通过五种方式成为"民宿+帮扶"的典范。其具体做法是：一是整体租赁民宅，获得财产性收入。河南中旅集团按照不同的房屋价格对全村的石头房子进行了整体租赁，村集体每年增收33万元。二是流转土地林地，获得流转性收入。河南中旅集团将土地和林地进行流转，每年户均获得收入1.1万元。三是"三员三小"就业，获得工资性收入。群众通过服务员、公司雇员、群众演员、小客栈、小商铺、小餐饮,每户年均增收 1.5 万元。四是群众投劳务工,获得务工性收入。自河南中旅集团开发建设以来,村里的群众都参与景区开发建设,人均日收入 120~200元。五是农特产品销售,获得经营性收入。群众通过经营山核桃、山小米、大红袍花椒等农产品,每户年均增收 1000 元以上。

3.2.2.3 慢居十三月

"慢居十三月"民宿位于河南省洛阳市栾川县谭头镇拨云岭村,是一个具有传统特色的省级传统村落。该民宿被群山环绕,海拔约 630 米,占地面积 4000平方米,建筑面积约 1200 平方米,提供 15 间以《诗经》命名、各具特色的客房,每间客房均享有美丽的山景。民宿的设计注重自然和谐与传统文化的融合,旨在为游客提供一个远离都市喧嚣、体验慢生活的宁静空间。

项目开发背景:随着现代都市生活节奏的加快,人们对于逃离都市喧嚣、寻求心灵宁静的自然回归体验有着日益增长的需求。"慢居十三月"民宿项目正是基于这一市场需求,提供了一个远离城市、亲近自然的高品质休闲度假空间,满足了游客对慢生活的追求。民宿主人将个人的生活理念和对高品质生活的追求融入"慢居十三月"的建设之中,注重为游客提供个性化和定制化的服务体验。民宿的每一间客房都有其独特的设计和故事,为游客提供了一个温馨、舒适的居住环境。

主要做法:一是自然体验与文化融合。民宿的选址在自然环境优美的拨云岭村,民宿利用其得天独厚的自然环境,提供亲近自然的独特体验。客房设计注重景观引入,通过精心设计的客房和公共空间,借助自然景观优势,让住客能够最大程度地享受自然美景;"慢居十三月"民宿的设计和运营深入挖掘和融合了中国传统文化,特别是《诗经》元素,每个房间的命名都与《诗经》相关,体现了深厚的文化底蕴。二是品牌建设与高品质服务。通过讲述民宿主人的故事和民宿的设计理念,塑造了民宿独特的品牌形象。同时,民宿在硬件设施上采用了星级酒店的标准,如金可儿床垫、科勒卫浴等,确保了住客的舒适体验,服务上也注重细节,提供个性化和贴心的服务,提升民宿品质和口碑。三是社区参与模式创新。民宿的发展与当地社区紧密相关,通过提供就业机会、采购当地产品等方式,促进了当地经济的发展。同时,民宿的建设和运营也尊重并保护了当地的文化和环境,实现了与社区的和谐共生。民宿主人不断探索和实践,如提供"民宿+"模式,结合农事体验、户外运动等,丰富民宿业态,满足了不同游客的需求,提升了民宿的吸引力和竞争力。

主要的经验启示：一是文化特色的深度挖掘。民宿成功的关键在于其对文化特色的深度挖掘和现代诠释。这不仅能够为游客提供独特的文化体验，也能够提升民宿的文化价值和市场竞争力。对于其他民宿来说，挖掘和利用当地的文化资源，打造具有特色的产品和服务，是提升吸引力和竞争力的重要途径。二是自然环境的尊重与利用。民宿的发展需要尊重和保护自然环境。通过精心设计，将自然景观融入民宿体验中，不仅能够为游客提供宁静的休闲体验，也体现了民宿对生态保护的重视。这对于推动乡村旅游的可持续发展具有重要意义。三是高品质的民宿服务。高品质服务是民宿获得好评和回头客的关键。无论是硬件设施还是软性服务，都需要达到一定的标准，以确保住客的舒适体验。这对于提升民宿的品质和口碑，建立良好的市场形象至关重要。四是品牌故事的塑造。通过故事化的营销方式，塑造独特的品牌个性，能够更好地吸引游客的注意，建立起情感联系。这对于提升民宿的知名度和忠诚度，建立良好的市场形象具有重要作用。五是业态创新与多元化发展的重要性。民宿的发展需要不断创新和尝试新的业态，以满足不同游客的需求。通过结合当地的特色和资源，开发新的产品和服务，可以提升民宿的吸引力和竞争力，实现可持续发展。六是社区协同发展的必要性。民宿的建设和运营应与当地社区协同，实现共赢。通过提供就业机会、采购当地产品等方式，促进当地经济的发展，同时也保护和尊重当地的文化和环境。这种协同发展模式，对于推动乡村旅游的可持续发展具有重要意义。

3.2.2.4　朴业·溱源洞穴

溱源洞穴民宿集群位于河南省新密市曲梁镇牛角湾村，项目地处老村庄废弃的沟壑内，沟壑总长约 3000 米，占地面积约 200 亩。该项目总投资 3000 万元，旨在以河南传统建筑文化及溱河的爱情文化为主题，打造一个集高端洞穴民宿、乡村旅游、文化传承于一体的乡村度假旅游目的地。

民宿开发的背景：随着都市生活节奏的加快，人们对回归自然、体验乡村生活的需求日益增加。溱源洞穴民宿集群项目正是基于这一市场需求，结合当地丰富的自然环境和人文资源，利用废弃的沟壑和闲置房屋进行改造和重建，打造的具有河南特色的乡村度假胜地。

溱源洞穴项目特色：一是文化传承。项目以河南传统建筑文化为核心，通过修复和重建窑洞、石屋等传统建筑，传承和发扬中原地区的建筑文化。同时，结合溱河的爱情文化，打造浪漫窑洞主题民宿，为游客提供独特的文化体验。二是生态环保。项目所在地生态环境良好，沟壑、丛林等自然景观丰富。在开发过程中，注重保护当地生态环境，确保开发与保护并重。三是多元化产品。除了高端洞穴民宿外，项目还涵盖了洞穴餐厅、石屋老院子民宿、多功能会议室、洞穴影院、洞穴酒吧、洞穴酒窖等多元化产品，满足不同游客的需求。

溱源洞穴市场前景：溱源洞穴民宿集群以其独特的主题定位和产品特色，吸引了众多游客前来体验，市场反响良好。项目运营后，客户覆盖多个省市，包括湖北、重庆、广东、江苏、上海、浙江、安徽、陕西、山西、北京等地，展现出强大的市场吸引力。特别是同样可以建造窑洞的陕西、山西两省的政府及投资主体多次来考察、学习、交流合作。

主要做法：一是修复与重建。项目首先对废弃的沟壑和闲置房屋进行修复和重建工作，在保留原有乡村建筑特色的前提下，对窑洞、石屋等传统建筑进行改造和升级，确保建筑的安全性和舒适性。同时，结合现代设计理念和技术手段，提升建筑的品质和档次。二是招商与合作。项目积极寻求与河南民间手工艺艺术家及艺术专业的大学毕业生等人才的合作，租用村民闲置房屋建立工作室、培养当地村民新技能等方式，吸引人才到乡村创业发展。这不仅为乡村带来了新的产业和发展动力，还为乡村注入了新的活力和创造力。三是文化植入。项目以《诗经》中的浪漫爱情故事为主题文化植入到民宿体验中，让游客在体验传统建筑文化的同时也能感受到深厚的文化底蕴。同时，项目还结合当地特色文化和民俗活动开展丰富多彩的文化活动，如诗歌朗诵、民俗表演等，让游客在乡村度假中收获更多的文化体验和感悟。

主要的经验启示：一是注重文化传承与保护。在乡村旅游开发中注重文化传承与保护是至关重要的。溱源洞穴民宿集群项目通过修复和重建传统建筑、植入文化元素等方式传承和发扬了中原地区的建筑文化和爱情文化，为游客提供了独特的文化体验。这启示我们在乡村旅游开发中要注重挖掘和保护当地的文化资源，让游客在体验乡村风光的同时也能感受到深厚的文化底蕴。二是注重生态环保与可持续发展。乡村旅游开发要注重生态环保和可持续发展。溱源洞穴民宿集群项目在开发过程中注重保护当地生态环境，确保开发与保护并重。这启示我们在乡村旅游开发中要重视生态环境保护工作，合理利用资源避免过度开发对生态环境造成破坏；同时要注重可持续发展理念的贯彻落实促进乡村旅游业健康稳定发展。三是多元化产品开发与服务创新。多元化产品开发与服务创新是提升乡村旅游竞争力的关键所在。溱源洞穴民宿集群项目通过开发高端洞穴民宿、洞穴餐厅等多元化产品以及提供个性化服务等方式满足了不同游客的需求，提升了项目的吸引力和竞争力。

3.2.2.5 老家寒舍

"老家寒舍"位于河南省信阳市新县田铺大塆，是一座具有400余年历史的古村落。该民宿由韩光莹创立，是田铺大塆的第一家民宿。村落房屋始建于明末清初，为典型的豫南民居，融合了中原文化、楚文化与徽派文化的特点。2014年，田铺大塆成功入选中国第三批传统村落名录，并成为河南省美丽乡村建设试点项目。村落在改造中注重保护原貌，房屋很少推倒重建，基本是修旧如旧。"老家寒舍"民宿的建筑风格和经营理念深受游客喜爱，成为当地的一个旅游亮点。

主要做法：一是保护性开发。田铺大塆在发展乡村旅游时，采取了保护性开发策略，避免了大规模的拆除重建，而是通过修旧如旧的方式，保留了村落的原始风貌和历史文脉。这种做法不仅保护了文化遗产，也增加了旅游的吸引力，让游客能够在游览中体验到纯正的乡村文化和历史韵味。二是依托红色文化资源。田铺大塆利用其丰富的红色文化资源，如刘邓大军南下的临时指挥所遗址，作为旅游吸引物，发展红色旅游。通过红色教育和体验活动，游客可以了解革命历史，增强了旅游的教育意义和情感共鸣。三是创客小镇模式。田铺大塆以"乡村创客"为主题，鼓励村民和外来创业者在村里开设各具特色的小店，如手绣鞋垫、竹编、土特产品等，形成了一个充满活力的"创客小镇"。这种模式不仅带动了当地经济的发展，也丰富了旅游体验，吸引了更多的游客。四是民宿合作社。韩光莹带动村民成立了民宿合作社，通过统一管理、共同营销，提升了民宿的服务质量和运营效率。合作社模式促进了资源共享和风险分散，增强了民宿的整体竞争力。五是线上线下结合。"老家寒舍"通过与旅行网站的合作，将民宿推广到线上，拓宽了客源。同时，通过线下的口碑传播和服务，保证了游客的体验质量，实现了线上线下的良性互动。

主要的经验启示：一是利用当地特色资源，保护与发展并重。依托当地独特的文化和自然资源，可以形成乡村旅游的差异化竞争优势。田铺大塆的红色文化和绿色生态资源就是其吸引游客的重要因素，通过合理规划和科学管理，可以在保护文化遗产的同时实现经济发展。二是创新经营与营销模式。合作社等模式可以提高乡村旅游的组织化、规模化水平，增强市场竞争力。同时，创新的经营模式也能激发村民的创业热情，带动地方经济发展，同时利用互联网平台进行宣传和预订，可以有效扩大乡村旅游的知名度和客源量，线上营销与线下服务的结合，为老家寒舍提供了稳定的客源市场。三是注重服务质量。高质量的服务是旅游业发展的根本。通过提供高标准的住宿、餐饮、导游等服务，可以提升游客的满意度和忠诚度，形成良好的口碑效应。四是政府支持的作用。政府在乡村旅游发展中扮演着重要角色。通过提供资金支持、政策引导和基础设施建设，政府可以为乡村旅游的发展创造良好的外部环境。

通过上述做法与经验启示可以发现，民宿的发展需要综合考虑文化保护、资源利用、经营创新、服务提升等多方面因素。在政府、社区、市场与企业多方的共同努力下，才能为民宿的发展提供良好的发展环境，从而促进民宿的健康发展。

3.3 河南省民宿发展存在的主要问题

河南省民宿经营存在的问题具有很强的代表性。地域方面，河南作为中部，特别是黄河流域的代表省份之一，其民宿发展面临的问题一定程度上也是周边省份面临的问题；范畴方面，本部分对河南省民宿问题的研究涵盖了"标准"民宿与"非标准"民宿两个层面。"标准"民宿面临的问题一定程度上也是"非标准"民宿面临的问题，如基础设施的完善、民宿经营者的遴选与经营绩效的提升等。

3.3.1 基础设施相对薄弱制约民宿的发展

基础设施在乡村民宿的经营中占据非常重要的地位。基础设施主要指道路交通、电力电信、给排水等。道路交通方面，目前河南实现了"村村通"，乡村民宿在交通方面的问题较少。

根据实地走访，部分乡村民宿经营者表示，制约民宿发展的关键基础设施是电力电信与给排水。电力电信方面，主要表现在电力的供给上，特别是在夏季的用电高峰期，民宿由于客房、厨房的用电量大，往往容易出现跳闸、断电的情况，严重影响顾客的体验。

给排水问题是民宿经营者反映最多的问题。在实地走访中发现河南信阳市鸡公山上的部分民宿没有正规的排污渠道，直接把生活垃圾和污水倒入山涧或沟壑，严重影响了周边的视觉环境，给住客带来极不舒适的体验。同时，河南新密市一家乡村的民宿经营者反映，该民宿面临的主要问题之一是污水排放。在该民宿建设初期，民宿建设了污水处理系统，但是由于夏季雨水量大，偶尔面临要自行处理污水的问题，往往需要请专业人员将污水抽走，在此过程中，会对民宿的经营产生一定的不良影响，如空气污染等，影响民宿客人的体验感。随着河南省政府对乡村基础设施建设的重视，将各家各户原有的独立化粪池改良为统一的污水处理池，但目前面临更大的问题是，这个污水处理池仅仅有存储功能，没有处理功能，导致在丰水期，污水涌上地面、涌入沟壑甚至是河道，对周边环境造成极大的破坏，严重影响了民宿的经营环境，甚至出现了民宿客人因此退房的情况。

通过信阳、新密等案例可知，河南省民宿发展在基础设施建设方面仍有提升的空间，尽管依托政府现有的道路交通体系（河南"村村通"工程）解决了民宿客人进不来的问题，但民宿作为一种高品质的生活追求，要提供给客人与城市生活一样舒适的硬件，需要政府、民宿经营者在基础设施的建设上给予更多的重视和更细节的落地，从根本上解决目前乡村基础设施中存在的各项问题，不仅为民宿的发展铺平道路，更为乡村振兴奠定基础。

3.3.2 进入门槛低导致民宿市场竞争激烈

目前，河南的民宿准入门槛较低，导致了大量"非标准"民宿的出现，这类民宿虽然冠以"民宿"的名称，但不具备"标准"民宿的经营理念和条件。在未来的经营中将出现由"跟风"投入带来的诸多问题。

第一，住客量逐渐低于经营的门槛人口。各地的民宿在旅游旺季时常常一房难求，促使许多希望进入旅游行业的创业者开设民宿，加上民宿初始投资相对较小、管理相对简单、行业监管相对宽松等，民宿经营者往往利用自有或租赁的房产，通过简单的装修和布置，挂上"民宿"的门头，就开始接待游客。这种低门槛的吸引力使得大量新的民宿不断涌现，各地的民宿如雨后春笋般大量涌现，迅速增加了市场的供应量。河南携程网的负责人表示，截至2024年3月，河南的民宿在平台上的库存量与流量不匹配（河南民宿在平台上的客房存量，与每日的订单量不匹配）。"往年平台上的民宿客房量少，但订单较多，今年民宿数量上涨、客房量激增，但民宿的订单依然和往年相当。"由此可见，河南省民宿在数量增长的同时，没有相应的订单增长，那么民宿的盈利状况堪忧。此时，尚且在旅游旺季，到了淡季，民宿的经营势必将面临生死存亡的问题。

第二，"非标准"民宿经营者的同质化竞争严重。同质化竞争的根源在于民宿经营者对市场需求和消费者心理把握不足，以及对自身定位和特色的不明确。许多民宿追求短期利益，忽视了长期品牌建设和文化内涵的打造。由于缺乏明确的市场定位，一些民宿在竞争中缺乏方向感。不少民宿经营者在没有任何可行性分析的基础上，盲目地凭着一腔热情，在考察了周边几家民宿后就匆匆投资几十万元，开设民宿，由于产品定位不明确，无法准确把握目标客户群体的需求，许多民宿在装修风格、服务内容上缺乏创新，导致市场上的民宿产品趋于同质化。这种同质化竞争使得民宿难以形成自身的特色和品牌，难以在激烈的市场竞争中脱颖而出。

第三，淡季出现价格战。随着越来越多的民宿开业，市场上的供应量迅速增加。尤其是在旅游热门地区，民宿的数量甚至出现了过剩的现象。这直接导致了市场竞争的加剧，民宿之间为了吸引游客，不得不在价格、服务、设施等方面进行激烈的竞争。在供应量过剩的情况下，价格战成为民宿之间竞争的常见手段。为了吸引更多的游客，一些民宿通过降低价格来增加自身的竞争力。然而，长期的低价竞争不仅会压缩民宿的利润空间，还可能导致服务质量的下降，最终影响整个行业的健康发展。

第四，激烈的市场竞争增加了民宿经营风险。一方面，由于市场供应量的增加，游客的选择也更多，这使得民宿的客源更加不稳定；另一方面，价格战和同质化竞争可能导致民宿的收入下降，增加民宿的经营压力。

3.3.3 经营绩效有待提升

民宿的价格直接关系到民宿的经营绩效。据调研，"标准"民宿的价格多在600元以上/天，"非标准"民宿的价格在200~300元/天，市内的"民宿"价格则低于200元/天。在激烈的市场竞争中，民宿如何在保证服务质量的同时，提高效率和降低成本，在竞争中保持自身的特色和品牌价值，提高经营绩效、实现民宿长期发展成了民宿经营者需要考虑的现实问题。但目前，影响河南省民宿的经营绩效的因素主要表现在以下几个方面：

第一，"非标准"民宿的市场定位不准确。不少"非标准"民宿，特别是从"农家乐""城市公寓"通过更换"民宿"门头而摇身一变成为"民宿"的经营主体，在"转型"过程中，缺乏明确的市场定位。它们往往试图以低价格吸引所有类型的游客，而没有专注于某一特定的客户群体。这种模糊的市场定位导致民宿在装修设计、服务提供等方面缺乏针对性，难以形成独特的品牌特色和竞争优势，从而影响经营绩效。

第二，成本控制不当是影响民宿经营绩效的重要因素。河南省民宿目前仍处于自发式经营阶段。在经营过程中，由于缺乏科学的成本管理意识和手段，导致成本过高。例如，采购成本、人力成本、运营成本等方面的控制不当，都会直接影响到民宿的盈利能力。此外，对于能源消耗、物资损耗等方面的管理不善，也会造成不必要的浪费，进一步降低经营绩效。

第三，缺乏专业化的管理与运营。河南省民宿数量的快速增长带来了激烈的市场竞争，但许多民宿在经营管理上仍然缺乏专业化和标准化。没有统一的服务标准和操作流程，导致服务质量不稳定，难以形成品牌效应。同时，缺乏专业化的管理团队和培训体系，也使得民宿在应对市场变化和提升服务质量方面显得力不从心。

第四，河南省民宿服务质量参差不齐。民宿的服务质量直接影响到游客的住宿体验和口碑。然而，由于民宿经营者的素质和管理水平不一，服务质量往往参差不齐。一些民宿在服务细节上做得不太到位，如房间清洁度不够、接待态度冷淡、对游客需求响应不及时等，这些都会影响游客的满意度和回头率，进而影响到民宿的经营绩效。

第五，部分民宿的营销手段单一。在当今信息化的社会，有效的营销手段对于提升民宿的知名度和吸引力至关重要。然而，许多民宿的营销手段仍然停留在传统的口口相传或者简单的网络平台推广上，缺乏创新性和多样性。这种单一的营销方式限制了民宿的市场影响力，降低了客房出租率，从而影响了经营绩效。

3.3.4 经营者缺乏科学的遴选与引导

民宿经营主体日趋多元化，在进入民宿行业前期，缺乏关于"适应性"的筛选、"合格性"的培训与"价值观"的引导。

民宿经营者面临主体多元化且经营者教育水平和专业背景复杂的问题。一方面，河南省民宿的资金来源包括了个体经营者、民营资本与外资等，导致了民宿经营主体的混乱，在缺乏民宿主理人的情况下，容易存在多头管理等问题。另一方面，河南省的民宿经营者文化层次、受教育程度、专业背景都极为复杂。河南省是农业大省，农民的受教育程度往往不高。而河南省的民宿，特别是乡村民宿往往集中在山区与城市周边的农村地区，因此，利用自己闲置房屋改造的民宿经营者，其受教育程度往往不高，甚至不存在"酒店"等住宿业经验的行业背景，夫妻双方在农闲时间，对自己的房屋进行简单的装修，便可进行民宿经营。

第一，关于"适应性"的筛选。民宿作为旅游住宿的一种形式，其特色在于提供与酒店不同的、更加接近当地生活的体验。这就要求民宿的经营者和管理者必须具备一定的适应性，能够灵活应对不同游客的需求和变化的市场环境。然而，目前很多民宿在前期缺乏这种筛选机制，导致一些不具备足够适应性的人员进入行业，影响了民宿的服务质量和市场竞争力。因此，建立科学的筛选机制，选拔具备良好适应性的从业人员，是民宿行业健康发展的基础。

第二，关于"合格性"的培训。民宿业是一个涉及服务、管理、安全等多个方面的综合性行业，要求从业人员具备专业的知识和技能。然而，目前很多民宿在前期缺乏对从业人员的系统培训，导致他们在工作中出现各种问题，如服务不到位、管理混乱、存在安全隐患等。这不仅影响了游客的满意度，也制约了民宿行业的发展。因此，加强从业人员的合格性培训，提高他们的专业素养和综合能力，是提升民宿服务质量和竞争力的关键。

第三，关于"价值观"的引导。民宿作为旅游住宿的一种形式，其核心价值观应该包括诚信、服务、创新等方面。然而，在实际操作中，一些民宿的经营者和管理者往往忽视了这些价值观，只追求短期的经济利益，忽视了长期的品牌建设和口碑积累。这不仅损害了游客的利益，也影响了整个行业的形象。因此，加强对从业人员的价值观引导，培养他们的诚信意识、服务意识和创新精神，是塑造民宿行业良好形象和推动行业持续发展的重要保障。

不仅仅是河南省民宿行业在前期发展中存在"适应性"筛选、"合格性"培训和"价值观"引导等问题，这也是全国民宿经营者存在的共性问题，特别是在中部及黄河流域，表现更为突出。只有通过科学的筛选机制、系统的培训计划和正确的价值观引导，才能培养出具备专业素养和良好价值观的从业人员，推动民宿行业的健康发展。同时，政府和相关部门也应加强对民宿行业的监管和扶持力度，为行业的持续发展创造良好的环境。

3.3.5 缺乏科学规划与专业化管理

民宿缺乏科学规划和专业化管理是当前制约民宿经营绩效的重要因素。随着旅游业的飞速发展，民宿作为一种新型的住宿方式，越来越受到游客的青睐。然而，在民宿业蓬勃发展的同时，也暴露出一些问题，其中最为突出的就是民宿缺乏科学规划和专业化管理。这两个问题的存在严重影响了民宿业的健康发展。

在规划方面，民宿的发展速度远远超过了相关规划的制定速度。很多地区的民宿是基于当地的自然风光和人文特色而发展起来的，但在发展过程中，往往缺乏对整个行业的长远规划和布局。此外，部分民宿经营者对市场需求和竞争态势缺乏深入了解，导致盲目投资和开发。缺乏科学规划会导致民宿分布不均，部分地区民宿过于集中，造成资源浪费和恶性竞争，而部分地区则民宿资源匮乏，无法满足游客需求。此外，没有规划指导的民宿开发，往往容易破坏当地生态环境和文化遗产，对旅游业可持续发展构成威胁。

在专业化管理方面，民宿业作为一个新兴产业，不少经营者都是转行而来，缺乏酒店管理和服务方面的专业知识。同时，由于民宿经营规模相对较小，很多民宿没有足够的资金去聘请专业的管理团队，导致管理水平参差不齐。因此，缺乏专业化管理会直接影响民宿的服务质量。服务质量不高会降低游客的满意度，进而影响民宿的口碑和回头率。此外，管理不善还可能导致安全隐患，给游客和民宿自身带来安全风险。

3.4　小结

近年来，河南省民宿业发展迅速，凭借其独特的文化体验和个性化服务，逐渐成为旅游业的新兴力量。然而，在快速发展的同时，也暴露出一些问题。本章对河南省民宿的发展现状进行了梳理，并针对存在的问题进行深入分析。

河南省民宿业在近年来呈现出蓬勃的发展态势。得益于丰富的自然和人文资源，以及优越的区位交通条件，河南省民宿业在旅游市场中占据了一席之地。同时，河南省政府也出台了一系列政策，鼓励和支持民宿业的发展，为其提供了良好的政策环境。目前，河南省民宿数量快速增长，集群式发展态势明显，且以自主投资为主，对河南旅游经济的发展形成了强有力的拉动态势，主要表现在住宿领域的消费升级、民宿提升了文化产品的认知度与消费力、推动了观光农业的消费、促进了文化的保护与传承及大健康市场的消费等。

为了进一步阐述河南省民宿发展的现状，本部分选取了有代表性的民宿作为典型案例进行分析，如云上院子、灵泉妙境·石光院子、慢居十三月、朴业·溱源洞穴与老家寒舍五个典型代表案例，分别从基本情况、主要做法与经验启示三个方面进行了总结与论述。

然而，在河南省民宿业的发展过程中，也存在一些问题。首先，基础设施的不完善制约了乡村民宿的发展，如电力供给不稳定、给排水设施不完善等。其次，低门槛导致民宿市场竞争激烈，大量"非标准"民宿涌入市场，同质化竞争和价格战频发。此外，市场定位不准确、成本控制不当、缺乏专业化的管理与运营等问题制约了民宿经营绩效的提升。同时，经营者缺乏科学地遴选与引导，以及整个行业缺乏科学规划与专业化管理也是目前存在的问题。通过对现状、案例与问题的审视，有助于聚焦民宿发展的研究问题，为后续的研究提供思路与方向。

4 河南省民宿的空间分布特征与影响因素

　　随着乡村振兴战略的实施与旅游业高质量发展的转型升级，民宿在乡村产业中的地位日益提高，成为引领乡村旅游业发展的重要抓手。河南利用厚重的文化底蕴和丰富的自然资源，在政府的高度重视和大力支持下，依托其区位优势、人口红利等，河南省民宿取得了良好的发展成果。

　　河南省民宿存在起步晚、底子薄、选址盲目、资源转化不足等问题。本书利用 ArcGIS 空间分析法探讨河南省民宿产业发展过程中的空间分布规律、空间集聚特征以及影响民宿的因素等关键问题，旨在提出河南省民宿空间分布的规划策略，以期为河南省民宿产业的空间规划提供一定的借鉴与思路。在此基础上，进一步解析导致其空间分异的影响因素，以期有助于实现民宿与各类资源间的合理配置，促进民宿的转型升级与优化布局，推动民宿行业的高质量发展。

　　对河南省民宿空间分布特征的研究具有不容忽视的理论意义与现实意义。一是理论价值方面，目前国内对民宿的概念以及相关住宿的类型和辨析还处于模糊阶段，大多数的研究以城市或城市群为研究范围，对民宿的空间格局进行研究，并且从交通通达性以及旅游资源等外部因素分析对民宿分布的影响，研究角度较为单一。本部分则是基于省域背景，从省域尺度进行民宿空间分布和集聚研究，对民宿的空间分布特征规律进行总结，丰富了民宿的研究内容，具有一定的理论价值。二是现实价值方面，目前河南省民宿的发展呈现自发性、缺乏行业引导，民宿的质量良莠不齐。本部分通过对河南省民宿空间分布特征的研究，为河南省民宿科学化与规范化的选址提供参考，从影响民宿发展因素的角度提出优化民宿布局的相关对策，推动河南省旅游与民宿产业的良性发展，也为中西部地区特别是黄河流域民宿的高质量发展提供参考与借鉴。

4.1 数据来源与处理

4.1.1 民宿数据来源及处理

根据民宿经营与管理的相关政策，各大线上平台对符合要求的民宿进行信息整理并上传至旅游线上平台，因此从相关民宿预订平台上获取得到的信息具有较强的真实性、可靠性。本书选择去哪儿网（www.qunar.com）使用网络爬虫技术进行民宿数据的获取。去哪儿网可以为用户提供搜索服务。针对民宿这类不同于酒店的旅游服务设施，去哪儿网专门设置了"民宿客栈"类别，相比于其他线上预订平台，去哪儿网所提供的民宿信息包括名称、经纬度、经营时间、客房数量、联系电话等，数据更加精准、全面。

截至 2024 年 4 月，本书共获取河南省民宿地理空间数据 7279 条。对所获取数据进行逐条甄别，对酒店、宾馆等不符合民宿定义的对象进行剔除，此外，在数据上出现多家重复上传的民宿名称，需要进行整理删除。将筛选后的民宿数据导入 ArcGIS 并与河南省行政边界进行叠合，删除地理位置超出研究范围的民宿，最终获得河南省民宿有效数据 7193 条。

4.1.2 其他数据来源与处理

本书所涉及的其他数据主要包括河南省民宿的数量、位置等，以及自然地理条件、区域经济条件、旅游发展状况与社会发展条件等。其中民宿数据使用网络爬虫技术对百度地图进行民宿 POI 信息的爬取；自然地理条件、区域经济条件、旅游发展状况与社会发展条件主要来自河南省文化和旅游厅的官方网站及《河南统计年鉴》等官方数据。

4.2 空间分布特征分析工具

为丰富民宿空间分布的研究方法，本书将洛伦兹曲线、基尼系数等定量研究方法引入民宿空间分布的研究中。同时通过相关性分析法对河南省民宿空间分布的影响因素进行分析。

4.2.1 洛伦兹曲线

洛伦兹曲线通常用于反映地理要素的空间分布集中化程度。本部分将采用洛伦兹曲线衡量河南省各地市民宿空间分布的集中程度。首先，将河南省各地市的民宿数量按照从大到小的顺序进行排列，计算出各地市民宿数量占河南省总量的比重，并计算累计比重。其次，以各地市民宿分布点数从大到小的顺序为横坐标，以各地市民宿分布点数累计比重为纵坐标做成曲线图，即洛伦兹曲线。

4.2.2 基尼系数

基尼系数通常用于衡量一个地区某项资源分配的均衡度，本部分通过计算基尼系数来对比民宿在不同区域分布的差异性，以求发现其空间分布的变化规律。计算公式如式（4-1）所示：

$$\text{Geni} = \frac{-\sum_{i=1}^{N} P_i \ln P_i}{\ln N} \tag{4-1}$$

$$C = 1 - \text{Geni} \tag{4-2}$$

式（4-1）中：P_i 为区域民宿数量在全省民宿数量中所占百分比；N 为河南省地市个数。通常情况下，基尼系数值位于 0~1，当基尼系数值为 0 时，表明各区域民宿点分布数量相等，即分布均衡；当基尼系数值为 1 时，表明民宿点分布集中于某一区域内，空间分布极不均衡；当 0<Geni<0.2 时，表明民宿点分布呈现绝对均衡；当 0.2<Geni<0.3 时，表明民宿点分布呈现比较均衡；当 0.3<Geni<0.4 时，表明民宿点分布呈现相对合理；当 0.4<Geni<0.5 时，表明民宿点分布较不均衡，差距较大；当 Geni≥0.5 时，表明民宿点分布极不均衡，差距悬

殊。C 为民宿的区域均衡度。

4.2.3 最邻近指数

使用 ArcGIS 中的平均最邻近工具可测量每个点状要素的质心与其最邻近要素的质心位置之间的距离，计算得到所有最邻近距离的平均值，将其与随机分布模式下理论上最邻近距离进行比较，即得到最邻近指数 R。计算公式如式（4-3）所示：

$$R = \frac{D_O}{D_E} = \frac{\frac{1}{n}\sum_{i=1}^{n} d_i}{0.5\sqrt{\frac{A}{n}}} \tag{4-3}$$

式（4-3）中，D_O 为实际最邻近距离，D_E 为随机模式下理论最邻近距离，d_i 为第 i 个民宿与最邻近要素之间的距离，A 为河南省总面积 16.7 万平方千米，n 为河南省民宿数量。最邻近指数可以用于判断点状要素在空间中的分布类型。当 $R=1$ 时，说明要素在空间中的分布类型为随机分布；当 $R<1$ 时，说明要素在空间中呈现集聚（凝聚）分布；反之，说明为离散分布。

4.3 河南省民宿的空间分布特征

4.3.1 民宿空间分布概况

民宿行业的发展需要依托当地的社会经济发展条件，由于河南省各地市旅游业发展水平、社会文化底蕴、旅游资源禀赋等方面存在较大的差异性，导致民宿点在各区县内分布数量相差较大。本部分通过 ArcGIS 从统计特征角度来描述河南省民宿点数量的空间分布特征，了解民宿分布的差异性。

结果显示：一方面，河南省各地市的民宿数量存在显著差异。主要表现为，豫北的太行山区、豫西南的伏牛山区以及豫南的桐柏—大别山区较为集中。这一现象主要归因于这些地区的自然风光和生态环境。山区通常拥有丰富的自然资源和独特的地理优势，旅游景点多且集中，吸引了大量游客，为民宿的发展提供良好的市场环境与客源基础。另一方面，河南省的民宿在地市的市区也表现出较高的集中度，尤其是在洛阳、郑州、开封、南阳、安阳、新乡、焦作等地。这一现象与这些城市的历史文化背景和经济发展水平有关。这些地区拥有丰富的文化遗产和旅游资源，如郑州的少林寺、洛阳的龙门石窟、开封的清明上河园等，吸引了大量的国内外游客。

市区内的民宿通常位于旅游热点附近，便于游客参观和体验当地的历史文化。此外，这些城市的经济发展水平较高，基础设施完善，能够为民宿业的发展提供良好的外部条件，如便捷的交通、完善的服务设施等，从而吸引更多的投资者和经营者进入民宿市场。

4.3.2 空间分布集中程度

通过河南省民宿的区域分布（见表4-1）绘制河南省民宿空间分布的洛伦兹曲线图（见图4-1）可知，洛伦兹曲线呈上凸趋势，表明河南省民宿的空间分布较为集中，且主要集中在郑州市、洛阳市、焦作市、新乡市、开封市、南阳市、安阳市等，而鹤壁市、濮阳市、漯河市与济源示范区等区域的民宿空间分布较少。

表4-1　河南省各地市民宿区域分布

城市	民宿数量（家）	比重（%）	累计比重（%）
郑州	1892	26.30	26.30
洛阳	1802	25.05	51.36
焦作	463	6.44	57.79
新乡	399	5.55	63.34
开封	375	5.21	68.55
南阳	335	4.66	73.21
安阳	296	4.12	77.33
商丘	222	3.09	80.41
平顶山	197	2.74	83.15
信阳	191	2.66	85.81
驻马店	190	2.64	88.45
许昌	187	2.60	91.05
周口	161	2.24	93.29
三门峡	143	1.99	95.27
漯河	101	1.40	96.68
济源示范区	94	1.31	97.98
濮阳	92	1.28	99.26
鹤壁	53	0.74	100.00
总计	7193		

为进一步探析河南省民宿的空间分布态势，通过绘制民宿空间分布的洛伦兹曲线以进行直观地了解。其绘制过程为：首先，计算各地市民宿数量的区位熵，即河南省的18个地市的民宿数量在全省民宿总数量中所占比重，并将其按照所占比例的顺序进行排列。其次，将18个地市的民宿区位熵作为曲线的横坐标，将民宿数量占河南省民宿总数量的累计比重作为曲线的纵坐标，即形成河南省民宿空间分布的洛伦兹曲线（见图4-1）。从图4-1中可以发现，洛伦兹曲线总体呈上凸的特征，曲线在洛阳之后增速明显减缓，郑州市与洛阳市两地民宿数量占到民宿总数的一半以上，进一步说明河南省民宿数量空间分布的集中度较高。

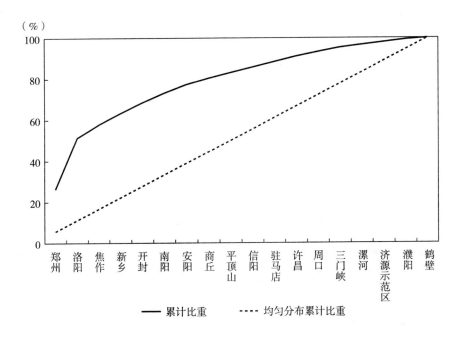

图4-1 河南省各地市民宿空间分布的洛伦兹曲线

4.3.3 空间分布均衡程度

通过对河南省及不同区域的民宿空间分布进行基尼系数计算得到结果如表4-2所示，其中河南省民宿分布的基尼系数为0.532，均衡度为0.468，说明河南省各地市之间民宿分布极不均衡。

具体到省内的区域来看，豫南（信阳、南阳、驻马店）地区民宿空间分布的基尼系数为 0.135，均衡度（0.865）最高，在五个片区里最高，说明民宿在豫南的空间分布相对较为均衡；豫东（开封、商丘、周口）地区民宿空间分布的基尼系数为 0.188，均衡度（0.812）在五个片区里排名第二，说明民宿在豫东的空间分布较为合理；豫北（焦作、新乡、安阳、濮阳、鹤壁、济源示范区）的基尼系数为 0.379，虽然在 0.4 以下，但十分接近不均衡值 0.4；豫中（平顶山、郑州、许昌、漯河）和豫西（洛阳、三门峡）的基尼系数均大于 0.4，说明豫中与豫西的民宿分布较不均衡，差距较大。纵观河南省范围内的民宿，其基尼系数大于 0.5，说明河南省内民宿的分布极不均衡，差距悬殊。

表4-2　河南省不同区域民宿分布基尼系数

区域	Gini 系数	C（均衡度）
河南省	0.532	0.468
豫东	0.188	0.812
豫中	0.566	0.434
豫北	0.379	0.621
豫南	0.135	0.865
豫西	0.426	0.574

4.3.4　空间分布离散程度

通过 ArcGIS 软件分别计算河南省 18 个地市民宿的最邻近指数，得到结果如图 4-2 所示。其中 p 值结果均为 0，通过了 1% 的显著性检验，最邻近指数 $R=0.374460$，z 得分为 -45.395866。

河南省各地市的民宿空间分布的最邻近指数均远小于 1，表明河南省民宿在空间上总体呈集聚分布类型。民宿的空间上的集聚，更容易形成规模效应，有利于资源的合理利用与分配。

结合上文对空间分布集中程度与均衡度的分析，发现在豫中、豫西与豫北，更适合通过规模效应形成民宿的空间集聚，具体的包括郑州、洛阳、焦作、新乡四个城市。

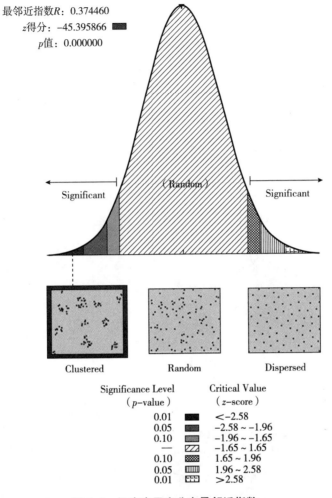

最邻近指数*R*: 0.374460
*z*得分: -45.395866
*p*值: 0.000000

图4-2　河南省民宿分布最邻近指数

注: 最邻近指数 *R* 为 0.374460, *p* 值为 0.000000, *z* 得分为-45.395866, 则随机产生此聚类模式的可能性小于 1%。

4.4　河南省民宿空间分布的影响因素

影响民宿空间分布的因素有很多, 经济水平、政策环境、客源潜力、资源禀赋、交通条件、旅游宣传、区域品牌效应等都对民宿的空间分布都有不同程度的影响，通过上文的研究发现河南省不同地市的民宿分布具有显著的差异化特征。本部分采用相关分析法，采用 SPSS 统计学软件计算各指标间的相关性系数 r，当 $p<0.05$ 时，r 值越大，相关性越高。

4.4.1 变量选取及说明

民宿作为一种旅游住宿业态，不同研究地域的经济、社会、文化、生态等方面的众多因素对民宿空间分布的影响存在差异性，并且不同的区域对于民宿空间分布的影响因素和影响强度也不同。当前国内相关研究已从自然和人文两个角度对民宿分布做了探讨分析，研究方法多采用定性的分析方法和一些简单的定量分析方法。本部分根据研究区域的自身特征与条件选取代表性强、易获取、可量化、实用性强的指标进行分析研究（见表4-3）。

4.4.1.1 自然地理条件

民宿属于旅游住宿业态，自然地理条件和资源禀赋必然对民宿的布局产生重要影响，本部分自然地理条件方面主要选取果园种植面积、林业生产、气温、降水量四个指标。拥有宜人的温度、适度的降水，更适合民宿的选址布局以及民宿的经营发展，在气候条件较差的区域通常不能够形成规模性的民宿及其他旅游业态，如夏季炎热、冬季寒冷的大部分北方区域以及西北沙漠地区、青藏高原等条件恶劣的区域，通常旅游经营的时间有限，不利于旅游业的长远发展；森林覆盖率是区域内生态环境好坏的最直接表征，民宿业态相比于其他普通住宿业态，整体服务更加趋向于高端化，消费者渴望对于日常城市生活的转换，更加追求清新的空气、干净的水体、绿色的生态环境，生态环境的好坏是游客出行选择的重要参考项，同时也是影响游客住宿体验及进行再次消费的重要因素。自然地理条件始终是民宿等旅游业态选址布局首要的考虑因素，并在民宿的发展过程中发挥着至关重要的作用。

4.4.1.2 旅游发展条件

旅游发展条件对于民宿布局的影响不容置疑。本部分主要选取 A 级旅游景区数量、住宿餐饮营业额、文化及相关产业营业收入、旅游总收入四个指标。民宿业态最初多是基于景点周边的普通住宿业态发展而来。景区能够为区域内民宿发展带来巨大的竞争优势，可成为民宿特色体验的天然配套，景区资源越丰富意味着客流量会越大，随之带来的是庞大的住宿需求，越优质的景观资源越能够带动民宿的集聚。住宿餐饮营业额代表一个地区的接待水平，文化及相关产业的营业收入代表当地的旅游吸引力，旅游总收入代表当地的旅游发展状况与旅游消费水平。

4.4.1.3 区域经济条件

区域经济条件是民宿行业在内的旅游业发展的基础要素，其不仅影响民宿发展建设，也决定民宿市场需求的大小。本部分主要选取地区生产总值、第一产业产值、第三产业产值、居民家庭人均可支配收支。民宿等旅游业的发展与区域经济发展具有相互促进的作用，良好的区域经济发展条件能够为旅游产业的发展提供支撑，旅游业的发展也能够进一步带动区域经济的发展。良好的区域经济发展水平意味着城乡居民的收入水平也较高，居民拥有更高的可支配收入，生活消费需求更加多元化，能够更好地刺激旅游消费，促进民宿等旅游新业态的发展。区域经济发展能够保证地方政府的财政收入，政府有能力推动当地旅游基础服务设施和服务配套设施的建设，并且拥有足够的资金投入到旅游行业发展过程中，实施更多的旅游开发项目和宣传推广活动，有助于提升民宿等旅游业的核心竞争力。同时，区域经济的发展水平影响到城市或者地区的知名度，高知名度能够增加旅游吸引力，带来更多的客流量。此外，经济发展条件好的区域产业结构更加合理，发达的服务行业能够为民宿业态提供良好的营商环境，而较高的农业发展水平能够为乡村民宿的发展提供坚实的基础。

4.4.1.4 社会发展条件

社会发展相关条件是影响民宿经营成败的关键要素，本部分社会发展条件方面选取了常住人口、城镇常住人口、等级公路、学校密度四个指标。人口的数量和结构对民宿发展有重要影响，地区常住人口的多少决定着民宿潜在市场规模的大小，区域内能否形成具有规模效应的民宿发展集群，稳定的客流量是一个重要的前提条件，客源市场的大小制约着民宿行业的区位选择。城镇化过程是拉动社会经济消费、投资增长的一个非常重要的引擎，能够间接地推动旅游业态的发展，城镇化发展进程较快的地区城镇人口所占比例更高，生活节奏更快，面临诸多生活压力及城市病问题的困扰，对于度假休闲的需求更加强烈。交通便利程度是民宿发展的重要外部驱动因素，区域的可进入性是旅游业态发展的关键，交通条件不仅影响着民宿的开发利用，还会影响到民宿旅游质量，直接关系到游客的旅游体验感受，同时道路的安全性和舒适性及沿途服务设施是游客出行前通常要考虑的因素，因此交通是民宿旅游活动的重要组成部分，民宿业态的健康发展需要有便捷的交通基础条件做后盾。学校周边的经济通常在地区经济发展中占据重要地位。青年对于住宿业态的需求更倾向于体验感、参与感的民宿产品，从而推动了民宿业态的发展。特别是高校周边不仅聚集了大量的民宿业态，而且在形式和主题类型上也更加细化。

表4-3 河南省民宿空间分布的影响因素

类别	名称	编码	释义
自变量	民宿数量	Y	各地市民宿数量
自然地理条件	果园种植面积	X1	各地市果园种植面积
	林业生产	X2	各地市林业生产
	气温	X3	各地市气温
	降水量	X4	各地市降水量
旅游发展条件	住宿餐饮营业额	X5	各地市住宿餐饮营业额
	文化及相关产业营业收入	X6	各地市文化及相关产业营业收入
	旅游总收入	X7	各地市旅游总收入
	A级旅游景区数量	X8	各地市A级旅游景区
区域经济条件	GDP	X9	各地市GDP
	第一产业产值	X10	各地市第一产业
	第三产业产值	X11	各地市第三产业
	居民家庭人均可支配收支	X12	各地市居民家庭人均可支配收支
社会发展条件	常住人口	X13	各地市常住人口
	城镇常住人口	X14	各地市城镇常住人口
	等级公路	X15	各地市等级公路
	学校密度	X16	各地市学校密度

4.4.2 影响因素结果分析

从表4-4可知，采用相关分析法研究民宿数量分别与果园种植面积、林业生产、气温、降水量、GDP、第一产业产值、第三产业产值、居民家庭人均可支配收支、住宿餐饮营业额、文化及相关产业营业收入、旅游总收入、A级旅游景区数量、常住人口、城镇常住人口、等级公路、学校密度共16项之间的相关关系，根据Pearson相关系数判断相关关系的强弱。具体分析如下：

自然地理条件维度。民宿数量和果园种植面积之间的相关系数值为0.106，接近于 0，并且 p 值为 0.675>0.05，说明民宿数量和果园种植面积之间并没有相关关系。民宿数量和林业生产之间的相关系数值为-0.039，接近于 0，并且 p 值为 0.877>0.05，说明民宿数量和林业生产之间并没有相关关系。民宿数量和气温之间的相关系数值为-0.016，接近于 0，并且 p 值为 0.951>0.05，说明民宿数量和气温之间并没有相关关系。民宿数量和降水量之间的相关系数值为-0.328，接近于 0，并且 p 值为 0.184>0.05，说明民宿数量和降水量之间并没有相关关系。

区域经济条件维度。民宿数量和 GDP 之间的相关系数值为 0.847，并且呈现出 0.01 水平的显著性，说明民宿数量和 GDP 之间有着显著的正相关关系。民宿数量和第一产业产值之间的相关系数值为-0.093，接近于 0，并且 p 值为 0.713>0.05，说明民宿数量和第一产业之间并没有相关关系。民宿数量和第三产业产值之间的相关系数值为 0.852，并且呈现出 0.01 水平的显著性，说明民宿数量和第三产业产值之间有着显著的正相关关系。民宿数量和居民家庭人均可支配收支之间的相关系数值为 0.608，并且呈现出 0.01 水平的显著性，说明民宿数量和各地市居民家庭人均收支之间有着显著的正相关关系。

旅游发展条件维度。民宿数量和住宿餐饮营业额之间的相关系数值为 0.752，并且呈现出 0.01 水平的显著性，说明民宿数量和住宿餐饮营业额之间有着显著的正相关关系。民宿数量和文化及相关产业营业收入之间的相关系数值为 0.722，并且呈现出 0.01 水平的显著性，说明民宿数量和文化及相关产业营业收入之间有着显著的正相关关系。民宿数量和旅游总收入之间的相关系数值为 0.743，并且呈现出 0.01 水平的显著性，说明民宿数量和旅游总收入之间有着显著的正相关关系。民宿数量和 A 级旅游景区数量之间的相关系数值为 0.479，并且呈现出 0.05 水平的显著性，说明民宿数量和 A 级旅游景区数量之间有着显著的正相关关系。

社会发展条件维度。民宿数量和常住人口之间的相关系数值为 0.406，接近于 0，并且 p 值为 0.094>0.05，说明民宿数量和常住人口之间并没有相关关系。民宿数量和城镇常住人口之间的相关系数值为 0.607，并且呈现出 0.01 水平的显著性，说明民宿数量和城镇常住人口之间有着显著的正相关关系。民宿数量和等级公路之间的相关系数值为 0.136，接近于 0，并且 p 值为 0.590>0.05，说明民宿数量和等级公路之间并没有相关关系。民宿数量和学校密度之间的相关系数值为 0.639，并且呈现出 0.01 水平的显著性，说明民宿数量和学校密度之间有着显著的正相关关系。

综上所述，影响民宿分布的主要因素包括 GDP、第三产业产值、居民家庭人均可支配收支、住宿餐饮营业额、文化及相关产业营业收入、旅游总收入、A 级旅游景区数量、城镇常住人口以及学校密度。这些因素与民宿数量呈现出显著的正相关关系，表明它们可能是推动民宿发展和分布的关键因素。而果园种植面积、林业生产、气温、降水量、第一产业、常住人口、等级公路与民宿数量之间的相关性不显著，表明这些因素可能对民宿分布的影响较小或者没有直接影响。

表 4-4　河南省民宿空间分布影响因素相关性分析

影响因素	与民宿分布的相关系数
果园种植面积	0.106
林业生产	−0.039
气温	−0.016
降水量	−0.328
GDP	0.847 **
第一产业产值	−0.093
第三产业产值	0.852 **
居民家庭人均可支配收支	0.608 **
住宿餐饮营业额	0.752 **
文化及相关产业营业收入	0.722 **
旅游总收入	0.743 **
A 级旅游景区数量	0.479 *
常住人口	0.406
城镇常住人口	0.607 **
等级公路	0.136
学校密度	0.639 **

注：* 表示 $p<0.05$；** 表示 $p<0.01$。

4.5　基于影响因素的民宿空间布局优化的思考

当前河南省民宿发展呈现出多元化、个性化的发展趋势，在市场需求持续增长的情况下，民宿行业仍然具有良好的发展空间和前景。根据上文研究结果可知，河南省民宿空间分布区域差异性极大，存在区域发展不平衡的客观矛盾，缺乏科学统一的规划，严重影响到河南省民宿行业的整体发展进程。民宿作为新型旅游住宿业态，在不同区域内存在差异化的市场发展情况，其空间布局也受到不同作用强度的多种因素影响。本部分立足于前文研究结果，针对所存在的问题尝试提出具有可行性的政策建议及改进措施，以求合理利用和配置各地旅游资源，推动各地市的民宿业态的均衡有序发展，实现民宿发展与经济发展两者的合理匹配。

4.5.1　空间布局优化原则

民宿的布局优化过程应该充分结合民宿的行业特性，综合考虑区域空间资源的合理利用和持续发展。在对民宿的发展布局优化研究时应遵循以下几点：

4.5.1.1　区域均衡，统筹发展原则

目前，河南省民宿在区域之间、城乡之间分布极不平衡。郑州、洛阳的经济社会发展条件相对优越，城镇化水平较高，拥有密集的常住人口和完善的基础服务设施，民宿发展进程较快。但部分城市如许昌、周口、驻马店、濮阳、三门峡、鹤壁、济源和漯河，由于旅游目的地资源不足，民宿发展进程较慢。在民宿空间布局优化过程中应当侧重对豫中等地民宿建设的引导，促进豫中各地市民宿的均衡发展。

4.5.1.2　位置优越，旅游吸引原则

民宿旅游住宿业态的性质，使其对于道路交通的便利性、游客流量、旅游环境等方面有较高的要求。民宿布局的首要考虑因素是旅游发展条件。成熟的景点与配套设施能够保证稳定的客流量与稳定的住宿需求，同时依托良好的生态环境与人文资源等能够有效增加周边民宿的竞争力。区域内的风景名胜、文化娱乐、体育活动等因素的规模与数量对民宿的布局选址很有参考价值。其次，潜在的客

源市场也对民宿布局产生重要的影响，区域内中心城市有稳定的消费群体，并且该群体具有可观的消费能力，民宿的布局应当考虑与中心城市的距离，最好位于中心城市与景点之间。此外，交通通达性决定民宿旅游的可进入性，道路的便利性与安全性是消费者在出行时考虑的基本要素。

4.5.1.3 突出特色，因地制宜原则

民宿区别于其他住宿业态最明显的特点就是个性化服务，当前民宿发展有盲目扩张的势头，同质化现象严重，主题不突出、特色不明显，普遍缺乏独有的经营理念与特色体验。应当结合河南省各地市地域特点以及民宿的多元化特点，对消费群体进行细分，明确市场定位。依据资源特色分别建设山地民宿、温泉民宿、农园民宿、运动民宿、传统建筑民宿、艺术文化民宿等；依据外观风格分别建设唐、宋、明、清等中国传统民居民宿等；依据功能及体验主题特色分别建设工艺体验民宿、民俗体验民宿、自然风光民宿、名人文化民宿等；依据所处地域的不同统筹发展城市型民宿、近郊型民宿、乡村型民宿。民宿的建设应当充分考虑当地的资源禀赋和经济社会条件，以此来确定民宿的性质、民宿等级、民宿规模与民宿结构，选择具有自身特点的经营理念和市场定位。

4.5.1.4 可持续发展原则

民宿建设必须坚持可持续发展原则。在优化河南省民宿布局时，秉承可持续发展的理念，既要确保使用合理、技术达标、经济绿色，也要保证环境的安全与卫生。自然资源是旅游业不可或缺的基石，民宿的发展必须妥善平衡自然环境与社会经济的关系。不能因盲目追逐经济利益而忽视对生态环境资源的保护。在推进河南省民宿布局优化的过程中，应坚守实现社会经济效益与生态保护效益的双赢原则。另外，民宿的发展要想保持长久的活力，必须厚植历史文脉，同时注重专业、个性、创意以及特色的融入。良好的自然环境与深厚的文化积淀是民宿行业高质量发展的必要条件。

4.5.2 民宿空间布局优化的思路

4.5.2.1 编制民宿发展专项规划，做好民宿发展顶层设计

围绕民宿业态发展需求，完善相关规划的编制工作，以社会经济发展规划和国土空间规划统筹民宿建设整体发展。一是由河南省自然资源厅、文化和旅游厅等有关部门，共同编制《河南省民宿旅游发展规划》，并将该规划纳入社会经济规划和国土空间规划的专项规划。充分挖掘、整合河南省内的旅游景区、名胜古

迹、历史文化名村、传统村落、特色街区等特色旅游资源，形成目标明确、布局合理、定位科学、特色鲜明的民宿发展规划，实现省内民宿行业的差异化布局和发展。二是加快区域产业规划和土地利用规划编制，合理布局民宿用地。协调民宿规划与国土空间规划、土地利用规划，确保民宿用地规模与范围符合规划要求，划定民宿发展的重点建设区、适度建设区和禁止建设区，有效避开永久基本农田、饮水保护区、地质灾害易发区以及自然生态保护区等红线底线，科学规划全省范围内的民宿布局，充分发挥民宿在促进旅游业特色发展、带动民众创业就业、带活乡村经济、推动乡村发展及城乡要素流动的作用。

4.5.2.2 加强政策驱动，引领民宿合理布局

当前河南省缺乏民宿相关的政策、法律法规以及管理办法，民宿市场有待规范。河南省应当进行充足的民宿市场调研，充分了解当前民宿行业发展现状和市场发展需求，从培育民宿供给主体、引导民宿登记备案、优化民宿服务、加强民宿实名管理等方面着手，明确民宿行业准入标准、监管办法以及行业服务规范等。同时，结合区域内经济社会条件、自然资源、历史文化资源等条件，在不同区域出台有针对性的政策措施进行行业布局引导，尤其加强对乡村地区民宿发展与建设的政策引导和资金扶持。此外，加大监管力度，建立由市商务局牵头、公安、规划资源、税务、城市管理、市场监管、司法、文旅等多部门联合监管体制，制定民宿行业规范管理文件，搭建全市统一的网络服务监管平台，加大对违法违规行为的处罚力度，定期研究民宿发展过程中存在的突出问题，有针对性地开展监督管理，有效控制民宿行业的无序发展。加强对民宿行业的管理规范，有利于民宿行业的专业化、规模化发展。

4.5.2.3 构建民宿等级体系，打造区域品牌

民宿等级的划分可以对应不同消费需求层次的游客，使其能够直观地了解民宿的设施、服务情况，方便游客有目的地选择适合自己的民宿。当前，河南省民宿整体发展水平较低，缺乏知名的区域民宿品牌，经营效益有待提高，城市地区的民宿多是小区住宅的简单改造，乡村地区的住宿业态也以较低层次的农家乐为主，服务质量、设施设备等软硬件有待进一步完善。

河南应当依据民宿的地理位置、环境氛围的优劣、设施设备的齐全程度、服务水准的高度等来制定民宿等级评定标准，充分参考不同区域的旅游资源禀赋、主要消费群体类型、经济发展水平等条件，在条件优越的区域布局高等级的精品民宿，打造具有地域特色的民宿品牌，带动本地民宿行业的发展，形成多个具有

影响力的民宿集群，进而丰富河南旅游产业结构。

4.5.2.4　发展类型多样的民宿，完善民宿空间布局结构

目前，河南省在民宿数量快速增长的同时已暴露诸多问题，如"非标准"民宿产品的不重视民宿设计，甚至重模仿轻创意，主题不突出，特色不明显，民宿经营者普遍缺乏经营理念，民宿同质化现象严重。面对已经趋于饱和的住宿市场，民宿业态应该找准自身区别于一般住宿业的目标市场定位，建立自己的核心竞争优势。具体来讲，以政府引导为主，创新民宿的运营发展模式，通过"政企合作""村企合作""政村企合作"等模式进行民宿群落建设，深入挖掘本地的自然人文特色，多样化地开发民宿产品，构建适合不同消费群体的民宿产业体系，尤其要加强对于豫北、豫西、豫南乡村民宿的发展布局，分区域打造自然生态型、文化体验型、休闲游憩型、美食体验型、养老养生型、体育健身型的民宿主题，在河南省范围内形成各具特色的民宿集群，拓宽游客的民宿消费选择区间。

4.6　小结

首先，本部分采用爬虫软件，爬取去哪儿网"民宿客栈"一栏的民宿数据，包括河南各地市的民宿数量、名字、经纬度、价格、联系电话等信息，并将信息导入到 ArcGIS 软件进行处理，得出河南省民宿的空间分布图。通过分布图可以看出，河南省的民宿在豫北的太行山区、豫西南的伏牛山区以及豫南的桐柏—大别山区较为集中，同时发现，河南省的民宿在各地市的市区也表现出较高的集中度。

其次，采用洛伦兹曲线、基尼系数与最邻近指数法对河南省民宿的空间分布集中程度、空间分布均衡程度与空间分布离散程度进行分析，研究表明在空间集中程度上，河南省民宿的空间分布较为集中，且主要集中在洛阳市、郑州市、开封市、南阳市、新乡市、安阳市与焦作市等，而漯河、济源、鹤壁和濮阳市等区域的民宿空间分布较少；在空间分布均衡度上，河南省全省范围的民宿空间分布极不均衡。尽管豫东与豫南民宿分布相对均衡，但豫中、豫西与豫北的民宿分布较不均衡、差距较大；从空间分布离散程度看，河南省民宿在空间上总体呈集聚

分布。民宿的空间上的集聚，更容易形成规模效应，有利于资源的合理利用与分配。

再次，对影响民宿空间分布的因素进行了量化研究。选取自然地理条件、旅游发展条件、区域经济条件、社会发展条件四个维度 16 个指标作为自变量，以民宿数量为因变量，进行相关分析，发现影响民宿分布的主要因素包括 GDP、第三产业产值、居民家庭人均可支配收支、住宿餐饮营业额、文化及相关产业营业收入、旅游总收入、A 级旅游景区数量、城镇化率以及学校密度。这些因素与民宿数量呈现出显著的正相关关系，表明它们可能是推动民宿发展和分布的关键因素。

最后，提出了优化民宿空间布局的原则与思路。在坚持区域均衡、统筹发展，突出特色、因地制宜与可持续发展的原则下，民宿空间优化布局的思路包括编制民宿发展专项规划，做好民宿发展的顶层设计；加强政策驱动，引领民宿合理布局；构建民宿等级体系，打造区域品牌；以及发展多类型民宿，完善民宿的空间布局结构。

5 国内外民宿的发展历程与未来走向

国外民宿的起源早于国内。英国的民宿起源于 20 世纪初,英国的农家为了增加收入开始经营乡村民宿,当时这样的民宿虽然数量并不多,且仅提供住宿和简单早餐的家庭式招待,但成为世界民宿的雏形。法国最早的乡村民宿——"乡居"出现在 1951 年,之后法国政府成立了民宿联合会,对民宿的建设与经营提供指导与支持。日本民宿(minshuku)从 1960 年开始逐渐发展起来,同时期,中国台湾民宿因景区的发展和住宿设施的欠缺而诞生。

通过对国内外发展较早的民宿在成长历程、发展现状方面的分析,有助于判断河南省民宿的发展阶段,为未来的发展方向提供指引,同时,为下一步的发展策略提供思路,对河南省民宿的高质量发展具有一定的借鉴与参考价值。

5.1 国外民宿的发展历程

20 世纪是全球民宿的重要发展期。值得注意的是,国外的民宿发展先于国内。第二次世界大战结束后,特别是 1960 年前后,国外的民宿发展迎来了高峰,成为重要的历史节点,在民宿的发展历程中具有里程碑式的意义。

5.1.1 英国民宿

英国民宿的发展历程,可追溯到古罗马帝国统治不列颠的时期,那时英国人便开始为旅行的官兵提供"廉价而又愉快"的住宿场所,这一举措为之后"民宿"的形成奠定了基础。随着时间的推移,这种住宿方式逐渐扩散至欧洲大陆,尤其是法国和德国等地。

在英国，很长一段时间内，民宿主要由各地的修道院运营，为旅行者提供便捷的住宿服务。进入 20 世纪，随着经济大萧条的冲击，许多英国家庭为增加收入，开始将家中多余的房间用于接待游客，从而推动了乡村民宿的规模化发展。而"B&B"的经营模式，真正在英国普及是在第二次世界大战之后，当时滞留在英国的外国士兵需要住所，从而客观上促进了民宿行业的发展。

20 世纪 60 年代初期，英国西南部与中部人口较稀疏的农村地区，农家开始以"B&B"的经营方式，提供现代意义上的乡村民宿服务。这些民宿以其家庭式的招待和温馨的环境，吸引了众多游客。这些民宿虽规模较小，但服务周到，深受游客喜爱。同时，英国政府于 1968 年颁布的《乡村法》（Countryside Act）强调了对农业历史遗产的保护，这也为英国农村保留了丰富的观光游憩步道系统，为民宿行业的发展提供了法律保障，进一步促进了民宿行业的发展。

20 世纪 70 年代后期，英国民宿行业迎来了新的发展机遇。此时，民宿的经营范围开始扩大，不再局限于提供住宿和早餐的简单服务，而是增加了露营地、度假平房等多种服务形式。此外，民宿行业还采用了集体营销的方式，联合当地的农家组成自治会，共同推动民宿的发展。1983 年，农场假日协会（Farm Holiday Bureau）的成立标志着英国民宿行业进入了规范化、专业化的新时代。该协会对民宿的质量进行了分级评定，并为成员提供信息和服务支持，有力地促进了民宿行业的健康发展。

进入 21 世纪，英国乡村民宿总体发展迅猛，特别是莎士比亚家乡的科茨沃尔德等地，已成为乡村民宿的集聚区，吸引了大量国内外游客前来体验。据统计，截至 2017 年 8 月，英国民宿数量已达到约 25000 家，提供的床位数量占全国住宿服务行业的 1/5，每年为英国经济贡献约 20 亿英镑。[175]

英国民宿行业的发展历程充分展现了其适应时代变迁、不断创新的精神。从最初为罗马帝国官兵提供住所的简陋民宿，到现代化、专业化的民宿，英国民宿行业始终以满足游客需求为核心，不断优化服务质量，提升游客体验。同时，英国政府也通过制定相关法律法规、加强监管等措施，确保了民宿行业的健康、有序发展。值得一提的是，英国民宿行业的发展不仅为当地经济带来了巨大的推动力，还为游客提供了独特的旅游体验。相比于传统的酒店住宿，英国民宿更具家庭氛围和人情味，让游客能够深入感受当地的文化和生活方式。此外，英国民宿还通过采用环保材料、节约能源等措施注重环保和可持续发展。这些措施的实施，不仅提升了民宿行业的整体服务水平，也进一步增强了游客的住宿体验。

5.1.2　法国民宿

法国民宿的发展历史悠久，其起源可以追溯到 19 世纪末，当时法国农村地区的居民开始将闲置房屋提供给旅行者，作为住宿的选择。这一做法不仅为旅行者提供了便利，也为当地居民带来了额外的收入。随着时间的推移，民宿逐渐成为法国旅游文化的一部分，并在 20 世纪初随着旅游业的兴起而迅速发展。

进入 20 世纪，民宿开始扩展到城市，一些具有特色的城市房屋也开始提供民宿服务，吸引了更多寻求个性化住宿体验的旅行者。法国民宿的形态日益多元化，从依托农庄而建的乡村民宿到位于城市中心的复古阁楼，再到文艺复兴时期的古堡，民宿成为体验法国文化的重要窗口。

1951 年，法国出现了最早的"乡居"民宿。法国政府对民宿的经营规模、安全规范及食品标准进行了严格管理，并成立了民宿联盟对民宿的经营、建设进行指导和支持。政府还鼓励民宿保持古农庄原始、独特的建筑风貌，以确保游客能够体验到纯正的法式农村氛围。为了支持民宿业的发展，法国政府向民宿相关联盟（协会）的会员提供多种形式的资金补助，并对乡村建筑整修给予补贴，特别是对于那些在定居地经营民宿业超过十年的都市人，这些举措推动法国民宿业开始向规范化和专业化方向发展。

在之后的发展中，法国民宿在规范化与专业化发展的基础上，呈现出多元化的发展趋势。民宿不仅提供传统的居住和饮食功能，还逐渐融入了养生 SPA、瑜伽等新兴产业。民宿的类型也从传统的乡村别墅和农舍扩展到了现代化的公寓和奢华别墅，地域风格丰富多彩，满足了不同游客的需求。

目前，法国的民宿已进入成熟发展期。巴黎作为世界"民宿之都"，2017 年通过 Airbnb 平台在巴黎预订住宿的游客达到了 170 万人次，巴黎民宿的总数超过了 10 万家。法国民宿认证机构"法国度假屋"的研究表明，蓬勃发展的民宿业对经济、社会和文化都具有重要的意义。民宿不仅为当地创造了经济收入，还为当地提供了大量的就业机会。"法国度假屋"认证的 6 万家民宿每年为法国直接或间接创造了 20 亿欧元的营业额，其中 13 亿欧元均来自游客住宿期间的消费。此外，民宿业主为改善服务，投资进行房屋修缮，既保护和修复了历史文化遗迹，又优化了居住环境。法国民宿的发展还推动了乡村的发展。据统计，82% 的"法国度假屋"认证民宿位于乡村地区，为乡村地区经济的发展增添了动力。民宿业的发展还带动了当地相关产业链的发展，如农产品销售、旅游服务等，促进了农村经济的多元化发展。随着共享住宿模式的流行，法国城市中也出现了越来越多的小型短租民宿。为了避免民宿扰民，法国民宿业已形成行业自觉，许多民宿将禁止噪声扰民的法规列为内部规定，并在装修时采用隔音效果好的材料，以提升游客的住宿体验。

总体来看，法国民宿业的发展历程是一个从自发到自觉、从无序到规范、从单一到多元的过程。法国民宿不仅为游客提供了独特的住宿体验，还促进了当地经济的发展，推动了文化的传承，成为法国旅游业的重要组成部分。未来，随着旅游市场的发展和消费者需求的多样化，法国民宿业仍将保持良好的发展势头，并在提升旅游服务质量、促进乡村建筑保护、活跃共享经济等方面发挥更大的作用。

5.1.3 日本民宿

日本民宿的起源可追溯到20世纪20年代末，最早出现在日本滑雪胜地白马山麓。当时，当地的农民们开始为登山、滑雪爱好者提供向导和住宿服务，这便是日本民宿的雏形。这种原始的民宿形态，凭借其独特的乡村风情和人性化的服务，迅速赢得了游客的喜爱。

随着"二战"的爆发，日本民宿业陷入了沉寂。战时体制的制约和观光客的锐减，使得民宿业一度陷入停滞。直到20世纪50年代，随着日本经济的复苏和人们生活水平的提高，民宿业才开始逐渐复苏。这一时期的民宿业，虽然规模有限，但为后续的快速发展奠定了基础。

20世纪60年代，日本经济进入高速发展期，民众的消费能力大幅提升，休闲旅游成为越来越多人的选择。民宿业借此东风，从北海道的宗谷湾到冲绳的久米岛，迅速遍布全国。这一时期的民宿业，数量大幅增加。据日本昭文社出版的《全国民宿》（1997）记载，当时的日本民宿达到2万家。此时的日本民宿不仅数量多，而且服务质量也显著提升，为游客提供了更加舒适、便捷的住宿体验。

20世纪90年代后，随着日本泡沫经济的破灭和经济持续衰退，民宿业也面临着前所未有的挑战。许多民宿因经营不善而倒闭，整个行业陷入低迷。面对这一困境，日本政府开始寻求解决之道。

进入21世纪后，日本民宿业迎来了复兴的曙光。2003年，日本政府提出了"观光立国"政策，鼓励外国游客入境旅游，为民宿业带来了新的发展机遇。随着经济的回温和"观光立国"政策的深入推进，外国游客数量大幅增加，民宿业也再次焕发生机。为了规范民宿市场，保障游客权益，日本政府于 2018 年实施了《住宅宿泊事业法》，标志着日本民宿经营正式合法化。该法的实施不仅有助于解决民宿对周围居民和环境的影响问题，也为民宿业的健康发展提供了法律保障。

日本民宿有下列三处值得借鉴的地方：一是分类经营。日本的民宿业分为洋式民宿（pension）和和式民宿（minsuku）两大类。洋式民宿多位于东京大田区和大阪市的指定区域，通常由白领阶层经营，全年无休，提供便捷舒适的住宿体验。入住此类民宿，游客需至少预订 3 天 2 晚的行程，同时，房间面积也需满足 25 平方米以上的标准，确保舒适度与空间感并存。而和式民宿有多种经营形式，如公营、农民经营、农协经营以及公私合营的第三部门经营等形式。和式民宿既可以作为主业经营，也可作为副业兼营。二是规范管理。日本民宿注重法律治理、安全风险防控及环境保护，为游客营造安全、健康、和谐的住宿环境。三是性价比。日本民宿的价格通常较为亲民。游客可以在享受高品质住宿体验的同时，不必承担过高的经济压力。日本民宿的建筑风格多为传统木造，内部布局则以榻榻米和通铺为主，充满了浓郁的日本风情。许多民宿还提供早餐和晚餐服务，游客在享受传统日式美食的同时，民宿主人还会热情地为游客提供导游服务，分享当地的文化与风景，让游客的旅行更加丰富多彩，感受家的温暖。

5.2　国内民宿的发展历程

5.2.1　中国台湾民宿

20 世纪 80 年代初是中国台湾民宿产业的起始发展期。当时，随着旅游业的逐渐兴起，特别是在垦丁公园等热门旅游目的地，游客数量激增，而传统的住宿设施供不应求。面对这一状况，当地居民开始将自家闲置房屋改造成民宿，为游客提供临时住宿。这一创新举措不仅解决了游客的住宿问题，也为当地居民带来了额外的经济收益。随后，民宿经营模式在中国台湾各地逐渐推广开来，尤其是在阿里山、台北县瑞芳镇、南投县产茶区和澎湖、宜兰等地。在起始发展阶段，民宿的经营模式较为简单，主要满足游客的基本住宿需求。然而，由于缺乏统一的管理规范和行业标准，民宿的服务质量参差不齐，市场秩序相对混乱。

进入 21 世纪，中国台湾的民宿业进入快速发展阶段。随着中国台湾双休日制度的实施和人们生活水平的提高，民众对休闲旅游的需求日益增长。这为民宿产业的发展提供了广阔的市场空间。为了规范市场秩序，提升民宿服务质量，中国台湾于 2001 年颁布了《民宿管理办法》，明确了民宿的经营标准和管理要求。这一政策的出台，标志着中国台湾民宿产业正式进入快速发展阶段。在这一阶段，民宿数量迅速增加，服务质量也显著提升。民宿经营者开始注重个性化、特色化服务，以满足不同游客的需求。同时，政府也加大了对民宿产业的扶持力度，通过财政补贴、税收优惠等措施鼓励民宿产业的发展。此外，中国台湾农业部门还积极推动传统农业向观光农业转型，进一步促进了民宿产业与农业、旅游业的融合发展。

经过近十年的快速发展，目前，中国台湾民宿产业已经逐渐成熟。在这一阶段，民宿不仅成为乡村旅游的重要载体，还成为传承地方文化、展示地方特色的重要平台。民宿经营者更加注重创意和美学元素的融入，将民宿打造成为集住宿、餐饮、娱乐、休闲为一体的综合体验场所。在成熟发展阶段，中国台湾民宿产业呈现出以下几个特点：一是主题化、特色化趋势明显，民宿类型更加多样化；二是服务质量持续提升，民宿经营者更加注重游客体验；三是与旅游业、农业等其他产业的融合程度加深，形成了多元化的产业链；四是政府对民宿产业的扶持力度持续加大，政策环境不断优化。

展望未来，中国台湾民宿产业有着广阔的发展前景和巨大的市场潜力。随着全球旅游业的复苏和消费者对个性化、特色化服务的需求不断增加，民宿产业将迎来更多的发展机遇。然而，与此同时，民宿产业也面临着一些挑战。例如，如何在保持个性化的同时实现规模化发展；如何应对激烈的市场竞争；如何提升服务质量以满足日益增长的游客需求等。未来在保持特色和优势的基础上，民宿产业需要不断创新和提升服务质量以适应市场的变化和发展趋势，同时政府和社会各界也需要共同努力为民宿产业的健康发展提供良好的环境和支持。

5.2.2 中国大陆民宿

20 世纪 80 年代，"农家乐"的兴起标志着中国大陆民宿进入发展的初始阶段。中国大陆民宿的起源可以追溯到古代的客栈，但现代意义上的民宿则起源于 20 世纪 80 年代的"农家乐"。1986 年，中国四川郫县的"徐家大院"作为中国第一家农家乐，标志着民宿业的萌芽。这一时期的民宿以提供基本的餐饮和住宿服务为主，满足了游客对乡村生活体验的需求。

21世纪初至2015年，在政策与市场的双重驱动下，中国大陆民宿进入了快速发展期。进入21世纪，个人旅游需求的增长使得民宿作为一种个性化住宿方式受到关注。2010年，民宿形式得到更多关注，民宿市场开始进入快速发展期。随着旅游度假需求的增长，民宿开始向品牌化和高端化方向发展。这一时期，民宿不再局限于基本的住宿服务，而是开始提供更加精致和高品位的体验。企业投资的增加，推动了民宿产业的商业化和产业化，形成了具有特色的精品民宿。

2015年后，在线平台的兴起，民宿进入共享发展阶段。共享经济的兴起为民宿业带来了新的机遇。在线短租平台如途家、Airbnb等成为民宿预订的重要渠道，极大地促进了民宿业的发展。这一时期，民宿数量迅速增长，民宿行业开始探索多种经营模式，包括独立经营型、集体经营型、连锁酒店型和专业托管模式等。这些模式的探索和实践，使得民宿业更加贴合市场需求，提升了整体竞争力。

2020年后，受新冠疫情冲击，民宿行业进入洗牌与转型期。2020年新冠疫情对民宿业造成了巨大冲击，但也促使行业进行洗牌。在这一过程中，自有物业和品牌连锁民宿显示出更强的抗风险能力，而单体小规模民宿面临更大的挑战。

近年来，在政策引导与行业自律的背景下，大陆民宿进入规范化发展阶段。政府开始出台相关政策，推动民宿向规范化、专业化、品质化和特色化方向发展。2022年7月，文化和旅游部等10部门联合印发《关于促进乡村民宿高质量发展的指导意见》，进一步加强引导、放宽准入、完善政策、优化环境，推动形成高质量产业链条和高水平供需动态平衡。2020年，《乡村民宿服务质量规范》实施，规定了乡村民宿的基本要求和设施设备标准。文化和旅游部连续两次公布并实施了《旅游民宿基本要求与评价》及2022年实施了《旅游民宿基本要求与等级划分》，引导民宿发展进入规范化、标准化时代。

尽管部分学者认为，目前中国大陆的民宿仍处于初级阶段[116]。但展望未来，中国大陆民宿业将继续朝着规范化、品质化方向发展。民宿经营者需要关注服务品质、文化内涵和可持续发展，以满足游客对个性化和高品质住宿体验的需求。同时，民宿业也需要与当地文化、旅游和农业等产业相结合，形成互动共赢的格局，为推动地方经济发展和乡村振兴做出更大贡献。

5.3 国内外民宿的发展趋势

未来，乡村民宿将向专业化、生活化、个性化、集聚化、品质化、国际化方向发展。

5.3.1 专业化的经营理念

民宿行业的专业化是提升服务质量和运营效率的关键。目前的民宿经营中，民宿主人既是经营管理者，也是服务提供者，容易因个人的不稳定因素影响住客的体验。因此，民宿业需要逐渐摆脱传统的家庭式经营模式，向专业化方向发展。未来的民宿不仅需要专业的服务、管理和运营，更需要有专业的经营团队。这包括特许经营、委托代理、战略联盟等合作方式，不仅仅局限于民宿主人本身的服务与管理。

因此，通过专业的培训提升民宿主人和工作人员的服务技能与理念，推动民宿行业在服务与管理方面的专业化发展，是未来民宿发展的必由之路。同时专业化的服务与管理可以帮助民宿更好地满足游客需求，提升民宿的服务质量和游客整体的旅游体验，从而推动民宿行业的健康发展。其中，特许经营委托代理、战略联盟、民宿管家、民宿主理人等管理模式将在民宿领域占据重要地位。

5.3.2 生活化的深度体验

民宿作为旅游住宿的一种形式，正在回归其本质——生活。生活化的民宿不仅是提供住宿服务，更是提供一种生活体验。不仅体验当地优美的自然风光，还能通过民宿的设计使住客体验当地居民的生产生活方式、乡村艺术文化与人文风俗习惯。

因此，民宿的生活化要将民宿主人的生活方式、审美趣味和文化态度融入民宿的运营中，使游客能够体验到当地的生活方式和文化特色。这要求民宿主人具备一定的文化素养和艺术修养，能够将民宿打造成为展示当地文化的窗口。未来的民宿将更加注重主题风格、文化体验以及特色服务，以民宿主人的个性化审美和生活态度吸引游客。民宿不再仅仅是提供住宿的空间，更是传递文化、分享生活的平台。

5.3.3 个性化的服务创新

个性化是民宿吸引游客的核心资源。未来民宿将根据游客的具体需求，提供更加精准和个性化的服务。个性化服务的核心在于将本地文化特色与民宿主人的个人品位相结合，为游客提供独一无二的体验。民宿主人作为本地文化的传承者和传播者，通过展示个人的艺术收藏、手工艺品、家庭故事等，使民宿不仅是一个住宿的场所，更是一个文化体验的空间。例如，民宿主人可以组织游客参与当地的传统节日庆典、手工艺制作、传统美食烹饪等活动，让游客在体验中感受本地文化的魅力。

针对不同消费群体的需求，民宿应开发主题化和定制化的旅游产品。例如，针对户外运动爱好者，可以提供滑雪、登山、滑翔等探险体验；针对寻求心灵宁静的游客，可以提供禅修、瑜伽、冥想等主题体验；针对家庭游客，可以设计亲子互动游戏、儿童教育活动等。通过精准的市场定位和产品开发，民宿能够满足游客的个性化需求，提升游客的满意度和忠诚度。

民宿服务不再仅仅是供给方的单向推送，而是要让游客参与到服务设计和体验中来。通过建立游客反馈机制，收集游客的意见和建议，民宿可以不断优化服务内容，提升服务质量。同时，民宿可以利用社交媒体、在线社区等平台，鼓励游客分享自己的住宿体验和旅行故事，形成良好的口碑传播。此外，民宿还可以与游客合作，共同开发新的旅游产品和服务，如邀请游客参与民宿的装饰设计、活动策划等，提高游客的参与感和归属感。

5.3.4 集聚化的品牌优势

集聚化是民宿发展的大势所趋。民宿的集聚化绝非仅仅是产品的标准化复制与简单集合，而是各具特色的民宿间相互补充与多元要素的有机融合。由于单体民宿常受限于规模，难以塑造出具有广泛影响力的品牌。然而，在当前市场竞争加剧的背景下，个体农户和民宿投资者往往难以面面俱到地应对生产、管理及营销等诸多挑战。正因如此，集群内的成员开始寻求彼此间的协同合作，以共同提升整个民宿集聚区的市场竞争力，实现共赢。

民宿的集聚化发展将原本分散的单体民宿得以连线成片，形成一个统一的民宿聚集区。这种规模效应不仅使得乡村民宿在地理空间上形成了一种紧密的联合体。更重要的是，在品牌塑造上形成了一个强有力的整体形象。通过整体包装和推广，这种集聚效应强化了民宿品牌的知名度和影响力，使得游客在提及某一地区时，自然而然地联想到该地区的民宿聚集区，进而增强了游客的认知度和忠诚度。

民宿的集聚还促进了资源共享和优势互补。在集聚区内，各家民宿可以共享基础设施、旅游资源、市场信息等，这不仅降低了运营成本，还提高了资源的利用率。同时，不同的民宿之间可以形成优势互补，有的民宿擅长自然景观，有的则注重文化氛围，通过合作与联盟，这些民宿能够相互借鉴、共同进步，从而提升整个集聚区的品牌集聚效应。

5.3.5 多元化的产业链升级

多元化发展与跨界融合是民宿发展的新趋势。民宿通过与不同行业的融合，拓展产业链，提升附加值。如民宿与农业融合，开发农事体验、农产品销售等；与体育产业融合，开发徒步、骑行、滑雪等体育旅游项目；与健康产业融合，开发养生、水疗、瑜伽等健康旅游产品。跨界融合使民宿从单一的住宿业态，转变为综合性的旅游服务提供商。

同时，民宿通过与上下游产业链的联动，如交通、餐饮、购物等，形成了完整的旅游生态圈。未来的民宿发展将依托多元化的产业链，形成一个不依附于旅游景区，具有独立吸引力的综合体。

5.3.6 国际化的视野拓展

民宿的国际化发展趋势是民宿产业全球化的必然结果。通过打造国际化精品民宿、融合本土文化与国际化服务、进行国际市场营销和品牌建设，民宿不仅能提升自身的国际竞争力，还将为国际游客提供更加丰富和多元化的旅游选择，推动国际旅游市场的发展。

通过民宿整合资源，高起点规划和高标准推进，打造一批具有国际水准的精品民宿。硬件设施方面，如舒适的住宿条件、现代化的便利设施；软件服务方面，如多语言服务、国际标准的餐饮体验等。精品民宿往往位于风景秀丽的地区，结合当地文化特色，为国际游客提供独一无二的住宿体验。通过网络宣传和国际旅游平台的合作，这些民宿能够在全球范围内提升知名度，吸引外国游客。

民宿经营者利用国际旅游展会、在线旅游平台、社交媒体等渠道，进行积极的国际市场营销。通过参与国际旅游展览，民宿可以直接与国际旅行社、旅游信息平台以及潜在的外国游客接触，展示自身的特色服务和优势。此外，民宿还通过建立国际化的品牌形象，如设计具有国际性的 Logo、宣传材料等，提升自身的国际知名度。通过网络口碑的传播和国际旅游媒体的报道，民宿能够吸引更多国际游客的关注。

5.4　小　结

本章探讨了国内外民宿的发展历程与未来走向，通过对具体国家和地区民宿发展的详细剖析，揭示了民宿行业的演变规律、现状及未来趋势。

在国外民宿的发展历程方面，本章以英国、法国和日本的民宿发展作为典型代表，分别阐释从民宿起源到作为一种独特的住宿方式受到广泛关注的发展历程。英国的民宿起源于 20 世纪初，经历了从以修道院为载体的运营到以家庭为载体的住宿单体及现代化、专业化服务的转变，政府支持与法律保障为民宿行业的健康发展提供了坚实基础。法国民宿则以其丰富的形态和多元化的发展趋势著称，在"乡居"民宿的基础上，经过政府与行业协会的专业指导，民宿成为体验法国文化的重要窗口，政府通过资金补助和建筑整修支持，推动了法国民宿业的规范化和专业化发展。日本民宿在经历了二战后的沉寂，于 20 世纪 60 年代迎来复兴，随着"观光立国"政策的实施，民宿业再次焕发生机，并通过法律治理和规范管理，保障了游客的权益。

目前国内民宿的发展也呈现出蓬勃的态势。中国台湾民宿在 20 世纪 80 年代初起步，以解决游客住宿问题为出发点成为乡村旅游的重要载体。随着游客休闲旅游需求的增长，中国台湾民宿产业进入了快速发展阶段，呈现出主题化、特色化等特点，特别是在创意和美学元素的融入下，目前中国台湾民宿已发展成为地方文化传承的平台。大陆民宿则起源于 20 世纪 80 年代的"农家乐"，经历了从提供基本餐饮住宿服务到品牌化、高端化发展的转变。近年来，随着在线平台的兴起和政策的引导，大陆民宿进入共享发展阶段和规范化发展阶段，民宿数量迅速增长，部分民宿开始注重服务品质、文化内涵和可持续发展。

未来，国内外民宿行业将呈现出专业化的经营理念、生活化的深度体验、个性化的服务创新、集聚化的品牌优势、多元化的产业链升级以及国际化的视野拓展等发展趋势。民宿经营者需要不断提升服务品质和民宿的文化内涵，以满足游客对个性化和高品质住宿体验的需求。此外，需要政府、行业协会等社会各界力量的共同努力，为民宿行业的健康发展提供良好的政策环境和社会支持。

6 国内外民宿的区域特色与成功经验

通过对国内外民宿行业的区域特色及主流做法的深入研究，从设计理念、开发策略到运营管理等诸多层面，吸取了宝贵的经验。本部分的探讨建立在对国内外民宿特色全面认识的基础之上，旨在更精准地洞察区域差异与市场环境，从而为民宿行业的蓬勃发展注入新的活力。通过深刻剖析全球民宿领域的成功案例，期望能为河南省的民宿行业带来持续的创新动力，并推动其实现更高质量的发展。

6.1 国内外民宿的区域特色

民宿的地域特色即根据空间区域的自然资源、人文历史、建筑特色和地理位置等不同而形成的具有自己区域特色风格的乡村民宿类型，这里主要把它分成国际和国内两大类。国际上主要按大洲来划分，分为欧洲民宿、美洲民宿、大洋洲民宿、非洲民宿和亚洲民宿。国内主要根据南北方来划分，将民宿分为南方民宿和北方民宿。

6.1.1 五大洲民宿的主要特点

6.1.1.1 欧洲民宿

欧洲民宿的起源可以追溯到 20 世纪初，当时的民宿主要是指为旅行者提供基本住宿和餐饮服务的家庭旅馆。"二战"后，随着欧洲经济的复苏和旅游业的发展，民宿开始在乡村地区流行，成为体验当地生活和文化的方式。

欧洲民宿提供的服务内容通常包括基本的住宿、早餐以及一些额外的个性化服务。许多民宿注重提供地道的当地美食，包括家庭式早餐和地方特色菜肴。此外，民宿还可能提供旅游咨询、活动预订（如徒步、骑行、烹饪课程）和文化体验等。

欧洲民宿的经营模式多样，从家庭自营的小规模民宿到专业管理的连锁品牌。许多民宿由当地居民利用自己的住宅改造而成，强调家庭式的温馨和个性化服务。也有部分民宿采用合作经营或特许经营模式，通过统一的品牌和标准提供服务。家庭经营的民宿通常更注重个性化和亲切的服务，而规模化民宿则可能在设施和服务上更加标准化和专业化。在互联网时代，许多欧洲民宿也通过在线平台进行预订和管理，提高了经营的效率和便捷性。

代表性国家与主要做法：

英国作为民宿的发源地，英国的民宿以其传统和经典著称。许多民宿都位于风景优美的乡村或海滨小镇，提供舒适的住宿环境和地道的英式早餐。此外，英国民宿还经常与当地的文化活动和景点相结合，为游客提供丰富的旅游体验。

法国民宿以其浪漫和精致的风格而受到游客喜爱。在法国，民宿经营者通常需要获得官方认证，并遵守严格的质量标准和服务规范。此外，法国民宿还经常提供美食和葡萄酒品鉴等特色服务。

德国的民宿以其实用和舒适为特点。许多民宿都提供自助厨房和洗衣设施等以满足游客的长期住宿需求。同时，德国民宿也注重环保和可持续发展，采用节能设备和可再生能源等环保措施。

地域特色：①乡村体验：许多欧洲民宿位于风景如画的乡村，提供与自然亲密接触的机会，如农耕体验、徒步旅行等。②历史建筑：一些民宿位于历史悠久的城堡、修道院或传统住宅中，为游客提供了独特的历史体验。③文化融合：欧洲民宿常常是文化交流的平台，民宿主人会分享当地的艺术、音乐、传统节日等文化元素。

6.1.1.2 美洲民宿

美洲民宿在 19 世纪末至 20 世纪初随着旅游业的兴起而出现，起源于早期形式的家庭旅馆，而现代意义上，特别是作为旅游住宿的替代形式的民宿，是在 20 世纪中后期随着背包旅行和自驾游的普及而逐渐流行起来的。

美洲民宿提供的服务内容从基本的住宿和早餐到全面的度假体验不等。许多民宿注重提供个性化服务，如私人厨师、定制旅游行程和当地体验活动（如农场参观、野生动植物观察等）。此外，一些民宿还提供瑜伽、冥想、艺术工作室等特色体验。

美洲民宿的经营模式多样化，包括家庭自营、专业管理公司运营以及基于共享经济模式的在线平台预订（如 Airbnb）。家庭自营的民宿强调提供温馨、个性化的住宿体验，而专业管理的民宿则可能提供更标准化的服务和设施。

代表性国家与主要做法：

美国：美国的民宿行业非常发达，特别是在乡村和国家公园附近。美国的民宿从简单的家庭旅馆到豪华的乡村庄园不等，许多民宿提供独特的主题体验，如西部牧场体验、海滩度假屋等。

加拿大：加拿大的民宿以其自然风光为特色，如滑雪度假村附近的民宿、海滨小屋等。加拿大民宿注重生态旅游和户外活动，如皮划艇、徒步和观鲸。

墨西哥：墨西哥的民宿多集中在旅游热点，如坎昆、普拉亚德尔卡门等。这些民宿通常提供热情的服务和丰富的文化体验，如墨西哥烹饪课程、当地节日庆祝等。

地域特色：①自然体验：美洲民宿常常位于国家公园、海滩或山区，强调与自然环境的亲密接触和户外活动。②文化融合：美洲是一个文化大熔炉，民宿常常融合了原住民文化、欧洲殖民历史以及其他移民文化的特色。③个性化设计：许多美洲民宿由独特的建筑改造，如灯塔、树屋、老火车站等，提供独一无二的住宿体验。

6.1.1.3 大洋洲民宿

大洋洲民宿的现代概念起源于 20 世纪中后期，与全球民宿业的兴起同步。在澳大利亚和新西兰，民宿最初是作为农场住宿（farmstay）的形式出现，为游客提供了一种体验乡村生活的方式。

大洋洲民宿提供的服务内容通常包括舒适的住宿、早餐以及与当地文化和自然环境相关的各种活动。这些活动包括农场体验、海滩探险、野生动植物观察、徒步旅行、水上运动等。此外，一些民宿还提供烹饪课程、艺术展览和葡萄酒品鉴等文化体验。乡村民宿的服务项目往往结合自身发达的畜牧业与优质的自然环境，如阳光、沙滩等，形成了以农场生活体验和休闲农业观光为主体的乡村民宿服务项目。

大洋洲的民宿经营模式多样，从家庭自营的小规模民宿到专业管理的连锁品牌都有。家庭自营民宿强调个性化服务和家庭氛围，而专业管理的民宿则可能提供更标准化的服务和设施。此外，还有一些民宿通过在线平台（如 Airbnb）进行预订，这种模式在澳大利亚和新西兰非常流行。

代表性国家与主要做法：

澳大利亚：澳大利亚的民宿以其多样性和高质量的服务而闻名。从热带雨林的生态小屋到海滨别墅，澳大利亚的民宿提供了丰富的选择。澳大利亚的民宿业主通常会提供有关当地旅游信息和活动建议，增加游客的体验感。

新西兰：新西兰的民宿，尤其是"B&B"，以其温馨和好客而著称。许多民宿位于风景如画的地区，如皇后镇、霍比屯附近，提供独特的中土世界体验。新西兰民宿还强调可持续性，许多民宿采用环保措施，如太阳能热水系统、有机食品等。

地域特色：①自然美景：大洋洲民宿常常位于国家公园、海滩或乡村地区，强调与自然环境的亲密接触。②土著文化：澳大利亚和新西兰的民宿常常融入当地土著文化元素，如毛利文化，提供文化表演和传统美食体验。③农庄体验：农场住宿是大洋洲民宿的重要组成部分，游客可以参与农场日常活动，体验乡村生活。

6.1.1.4 非洲民宿

非洲民宿产生于20世纪中叶，随着非洲成为生态旅游和探险旅游的热门目的地，民宿开始作为体验当地文化和自然的一种方式而兴起。

非洲民宿的服务内容通常围绕其狂野的自然生态和文化体验展开。除了提供基本的住宿和餐饮服务外，许多民宿还提供野生动物观赏、徒步探险、文化体验活动、导游服务等。一些民宿还结合了当地的手工艺品制作、传统音乐和舞蹈表演等文化元素。

非洲民宿的经营模式多样，包括家庭自营、社区合作、小企业运营、公私合营以及国际品牌管理等。家庭自营的民宿强调个性化和家庭氛围，而社区合作模式则侧重于促进当地经济发展和文化遗产保护。国际品牌管理的民宿则提供更为标准化和专业化的服务。

代表性国家与主要做法：

南非：南非是非洲民宿发展的先驱之一，特别是在开普敦、德班等城市及其周边地区。南非的民宿以其高品质的服务和设施而闻名，同时也提供葡萄酒庄园体验、野生动物观赏等特色活动。

肯尼亚：肯尼亚的民宿多集中在自然保护区和国家公园附近，如马赛马拉国家保护区。民宿提供亲近自然的住宿体验，游客可以参与野生动物观察、马赛文化体验活动等。

摩洛哥：摩洛哥的民宿，尤其是传统庭院式住宅（riad），在旅游城市如马拉喀什、菲斯等地非常受欢迎。这些民宿以其独特的建筑风格和文化氛围吸引游客。

地域特色：①自然体验：非洲民宿常常位于自然保护区、国家公园或风景秀丽的乡村，强调人与大自然的亲密接触和生态旅游。②文化融合：非洲民宿融合了当地的部落文化、殖民历史和现代元素，为游客提供了深入了解非洲多样性的机会。③社区参与：许多非洲民宿通过与当地社区的合作，支持社区发展项目，如教育、卫生和手工艺培训，促进了当地经济和文化的可持续发展。

6.1.1.5 亚洲民宿

亚洲民宿主要发展于 20 世纪中叶，起源是当地居民利用闲置的住房，结合当地人文和自然景观，提供给游客具有当地特色的住宿场所。

亚洲民宿的服务内容通常围绕其独特的文化特色和自然景观展开。除了提供基本的住宿和餐饮服务外，许多民宿还提供文化体验活动、娱乐服务设施等。一些民宿还结合了当地的手工艺品制作、传统音乐和舞蹈表演等文化元素。

亚洲民宿的经营模式包括四种类型，城市短租的轻资产高效模式、主题文化沉浸模式、乡村共生社区模式、品牌跨界的高端定制模式。

代表性国家与主要做法：

日本：日本的民宿，以其传统的日式住宿体验而闻名。日本民宿提供和式客房、温泉浴场、传统料理等，强调文化体验和极致服务。

地域特色：①文化多样性：亚洲民宿融合了各国丰富的文化特色，从日本的茶道、韩国的韩屋体验到印度的宫殿住宿，为游客提供了深入了解亚洲多样性的机会。②自然景观：许多亚洲民宿位于风景秀丽的地区，如山区、海滩或乡村，强调与大自然的亲密接触和生态旅游。③社区参与：亚洲许多地区的民宿通过与当地社区的合作，支持当地手工艺、农业和文化活动，促进了当地经济和文化的可持续发展。

6.1.2 国内南北方民宿的典型做法

中国的民宿，深受地域文化的影响，其特色鲜明且多元化，大致可以按照南北两大区域进行划分。以"秦岭—淮河"一线为界，南方的江苏、安徽、湖南等省，其民宿多融入了细腻的水乡文化和温润的气候特点。这些地区的民宿往往以精致的木结构、青砖黛瓦为特色，透出温婉与恬静，仿佛让人置身于江南水乡的诗意画卷中。

相较之下，北方的河南、山东、山西、北京等地，民宿风格则显得更为粗犷与豪放。受干燥的气候和辽阔的地形影响，这些地区的民宿多采用厚重的砖石材质，注重实用与保暖。东北地区的民宿更是以抵御严寒为设计重点，为游客在寒冷的冬季提供温暖的避风港。

这种南北的鲜明对比，不仅体现在民宿的建筑风格上，更源于区域截然不同的气候条件。南方的湿润与多雨，使得民宿在设计时需兼顾通风与防潮；而北方的干燥与寒冷，则促使民宿在构造上更偏向于保温与实用。这些差异，不仅塑造了各具特色的民宿风格，也使得每一个民宿都成为展示当地文化的一个重要窗口。

6.1.2.1 北方民宿

北方民宿在干燥的气候条件下，特别注重采光设计，利用自然光照提升居住的舒适度，并巧妙地通过建筑的阴影和轮廓来展现其独特的美学特征。这种设计不仅满足了居住的实用性，也赋予了民宿以艺术性和美感。

在造型与立面设计上，北方民宿倾向于展现一种厚重而朴实的风格。这种风格体现在对建筑材料的选择上，砖和石料的广泛使用不仅与当地的气候条件相适应，也反映了北方建筑的坚固与耐久性。砖石材料的使用，不仅在视觉上给人以稳重感，也在文化上承载了北方地区的传统与历史。

北方民宿在庭院设计上，更注重展现四季变化的自然美。通过植物的合理搭配和季节性的变换，民宿庭院成为体验北方四季变换的绝佳场所。这种设计巧妙地将自然景观融入民宿文化之中，增强了游客的体验感。

北方乡村民宿的设计与运营，既体现了对传统建筑文化的尊重与传承，也展现了对现代旅游需求的深刻理解和创新。通过对建筑风格、主题定位的精心打造，北方民宿不仅为游客提供了一个温馨的休憩之所，更为推广和体验中国北方文化提供了一个重要窗口。北方民宿的典型做法如表6-1所示。

表6-1 北方民宿的典型代表与具体做法

民宿名称	位置	具体做法
渔·坞民宿	吉林省通化市集安	由乡村农家院民居改造，以当地的渔文化为主题，展现东北韵味与吉林风情
漠河拾叶知悠民宿	黑龙江漠河市	利用东北的森林资源，设计具有漠河乡土味道，体现东北的森林文化与黑龙江的地方风情
康家坪民宿	山西省临汾市	兼具北方窑洞文化与山西古民居特色，展现华北与中原文化和山西地方特色
稻梦星空木屋民宿	内蒙古扎赉特旗	木屋的位置和名称按照北斗七星来排布命名，展现中国北方广阔草原、蒙古敖包与牧民文化
天成尕那美朵民宿	甘南迭部县	提供藏式风情与现代结合的住宿、餐饮等服务，展现西北文化与甘肃地方特色
霍城半生民宿	新疆伊犁霍城县	依托薰衣草花海的资源优势，体现薰衣草文化与边疆民族特色的魅力
云上院子	河南省焦作市	客房依山而建、抱林而居，名字来自周边的村庄之名。建筑材料为当地的石头，展现了太行山区的建设特色与中原文化

资料来源：笔者整理。

6.1.2.2 南方民宿

南方乡村民宿在设计上充分考虑了该地区湿润的气候特点，将通风作为其核心设计要素。为了适应这种需求，南方民宿广泛采用半室外空间的设计手法，如宽敞的露台、檐廊和开放式庭院，这些设计不仅增强了空气流通，也为游客提供了与自然亲近的机会。此外，南方民宿在立面设计上追求清新通透的效果，通常选用浅色系涂料，结合木结构或仿木结构的建筑元素，以及钢结构的现代设计，营造出一种轻盈而温馨的氛围。

南方民宿的另一显著特色是对水景的巧妙运用。无论是宁静的湖面、蜿蜒的小溪，还是涓涓的小河，乃至点缀其间的池塘，水的元素都被精心融入民宿的整体设计之中，增添了一份灵动与宁静。在绿化植被方面，南方民宿倾向于使用丰富的花卉种类，不仅美化了环境，也体现了南方地区植物多样性的特色，为游客提供了一个充满生机的绿色空间。

南方民宿的建筑风格往往与其自然环境和文化背景紧密相连。例如，江南地区的民宿以其精致的园林设计和水乡特色著称，而岭南地区的民宿则可能融合了东南亚季风气候的特点，展现出更为开放和多元的建筑风格。主题定位上，常常围绕当地的自然景观、民族文化和历史遗产进行深度挖掘，为游客提供了一个深入了解和体验当地文化的平台，如民宿以田园风光为主题，提供农耕文化体验；依托古镇、古村落，打造具有历史韵味的住宿环境。这些主题定位不仅丰富了南方民宿的文化内涵，也提升了游客的住宿体验。南方民宿的典型做法如表6-2所示。

表6-2　南方民宿的典型代表与具体做法

民宿名称	位置	具体做法
安吉文驿阁民宿	浙江省湖州市安吉县	把驿站文化和马文化作为民宿的灵魂，体现了浙江西部山区民宿主人热情好客以及山城人家的独特历史文化和风光韵味
安若民宿	安徽歙县	营造江南悠闲氛围的轻奢设计风格，充分体现出华东区域特色和安徽民宿特有的徽派文化
鼓浪屿民宿	福建厦门	"鼓浪屿民宿"是集体商标，利用临海优势，充分体现出华东区域海洋文化韵味和"万国建筑博览"风格的地方特色
白马温泉民宿	广东省惠东县	利用温泉与临海的资源优势，展现岭南文化和广东地方特色
归心民宿	云南大理	复古的建筑有1/3伸进了洱海里，将苍山、洱海与渔民的原生态美景引入室内，营造西南地区独特的环境氛围与大理民族特色
桂林民宿	广西桂林	桂林民宿是民宿品牌的代表，依托阳朔与龙脊梯田，打造出满足不同顾客需求的民宿体系
海口民宿	海南海口	民宿集群，借助海岛的气候特点、区域特色、自然环境精准定位民宿，展现海岛文化与自然风光
南岸民宿	重庆南岸区	民宿集群，对老旧农家房屋进行艺术化与个性化的升级改造，形成了"文创+民宿"的住宿产品，展现了西南自然风光与重庆文化底蕴

资料来源：笔者整理。

6.2 民宿经营的成功经验

6.2.1 民宿开发的成功经验

民宿开发的核心在于巧妙地整合丰富的自然资源、深厚的人文历史以及独特的民用建筑，通过精心地定位、设计和建造，给游客提供温馨的精致住宿空间。从宏观视角出发，民宿的发展策略应聚焦于自然资源的保护和乡土文化的传承，并融入生态保护与文化创新的双重理念，以此对自然与人文资源进行创新性的重组与设计，进而打造出具有独特魅力和品牌价值的住宿体验。

在民宿开发的实施细节上，需细致考量并精准执行产品定位、选址策略、建筑风格、文化整合以及环境建设等关键步骤。这些步骤相互关联，共同构成了民宿开发的整体框架。民宿的开发不仅要与美丽乡村的建设、生态文明的推进、乡村文化的保护以及乡村振兴的实施紧密结合，而且要深入挖掘并利用乡村的特有资源，积极推广低碳环保的生活方式。整个开发过程应以旅游资源为基石，休闲旅游为主导，休闲商业为辅助，以及高品质服务为保障，形成一个综合性的开发模式，旨在为游客带来一次难忘且充满文化体验的住宿之旅。

6.2.1.1 民宿的产品定位

随着民宿数量的激增，新的民宿如何从众多民宿中脱颖而出，成为消费者心中的首选，这就需要精准地进行定位。定位不仅关乎民宿的发展方向，更是决定其市场竞争力的关键。民宿在定位之初，应坚持"人无我有，人有我优，人优我特，人特我专"的定位理念，在"空白定位""差异化定位""个性化定位"上做文章，尽量在民宿建设之初即赢得目标市场。具体做法可以参考以下几个方面：

第一，整体产品定位。在整体产品定位前应考虑产品定位的原则。通过独特的自然环境、文化特色或特色服务突出民宿的独特卖点；基于市场需求和目标客户群体的偏好；考虑长期发展，确保资源的可持续利用；通过与竞争对手的差异化来吸引客户的差异性等。具体的实施步骤包括：在了解目标市场的需求、客户偏好和竞争对手情况的基础上完成市场调研；对民宿自身拥有的资源，包括自然环境、文化背景、地理位置等进行资源评估；基于调研和资源评估，构思民宿的独特定位；设计民宿的空间布局、服务项目和体验活动，以符合定位；围绕定位构建品牌故事和形象；通过营销活动推广民宿的定位，吸引目标客户。例如"裸心谷"创建前，莫干山当地尚无高端休闲度假旅游民宿，"裸心谷"瞄准这一空白，将民宿定位为高端洋家民宿，获得良好的市场效益。

第二，目标客户定位。目标客户定位的原则需要注意五个方面：一是明确性，清晰定义目标客户群体的特征和需求；二是可达到性，选择可以实际接触和服务的客户群体；三是价值性，定位的客户群体应具有相应的消费能力和价值；四是独特性，选择与民宿特色和优势相匹配的客户群体；五是可持续性，选择能够带来长期价值和持续需求的客户群体。在此基础上通过五种方法找到目标客户：一是人口统计学定位，根据年龄、性别、收入水平、教育背景等人口统计学特征来定位；二是心理图像法，创建理想客户的详细心理图像，包括生活方式、价值观和消费习惯；三是行为分析法，分析客户的行为模式，包括购买习惯、旅游偏好等；四是需求满足法，确定民宿能够满足的特定需求，并以此吸引相应的客户群体；五是差异化定位，通过提供独特的体验或服务，吸引特定的客户群体。例如，位于上海与苏州交界处的"原舍·阅水"，精准地将目标客户群体定位为"向往江南水乡意韵、田园生活的人群，希望远离城市喧嚣，寻求心灵平静"。这体现了明确性和独特性原则和心理图像定位法。"裸心谷"的目标客户定位于个人及家庭旅游者和商务会议旅游者，特别是注重品质、对价格关注较低的高级白领或企业高层，以及需要体现高端形象的商业客户。这体现了价值性和可持续性原则，使用了人口统计学定位和需求满足法。

第三，民宿的形象定位。形象定位时需要考虑三个原则：一是定位的一致性，形象定位应与民宿的核心价值和民宿的经营理念保持一致；二是定位的独特性，形象定位应具有独特性，能够突出民宿的个性和特色，避免过度商业化；三是定位的文化性与体验性，形象定位应融入当地文化元素，反映地域特色，增强顾客的参与感和满意度。例如，位于江西省凤凰沟景区的"凤凰茶居"就是形象定位的典范。该民宿深度挖掘当地的茶文化，通过房间装修、设计和摆设体现茶文化，同时创造特定体验"菜单"，如观茶海、观制茶、观采茶、住茶乡成为民宿的核心产品，塑造了以茶文化为主题的独特形象。

6.2.1.2 民宿的选址布局

当民宿完成了产品定位、目标客户定位与形象定位后，下一个将面临的核心问题则是选址。著名的酒店业大师曾做出过这样的论断："酒店成功的因素有三个，位置、位置、还是位置。"对于民宿而言，这个论断同样有效且重要。选择好的位置，是民宿成功的一半。如何为民宿选择合适的位置呢？在民宿开发之初，要特别注意以下五个方面：

第一，优越的地理位置。选址对于民宿的成功至关重要，理想的地点包括城市近郊、风景名胜周边、工商业繁荣区域或乡村旅游热点。自驾车到达的心理距离宜控制在 2 小时以内，便捷的交通条件尤为关键。大城市近郊的 1~2 小时出游圈内，往往交通便利且基础设施完善，相较于偏远山区的难以抵达，更具优势。当然，若某地区拥有出色的区域性乡村民宿产品，便能奠定良好的客源基础，进而利用交通的便利性吸引更多游客。

第二，得天独厚的自然环境。在选择民宿开发地点时，秀美的山水环境是不可或缺的因素。依山傍水、自然资源丰富且风貌保存完好的地方，稍加改造即能吸引城市居民前来体验。显然，优美的自然景观是吸引游客的首要因素，而这些游客也为民宿带来了稳定的客源。

第三，深厚的文化底蕴。一个地区的文化积淀对于民宿的可持续发展及吸引高端客源具有重要意义。无论是村落文化还是古镇文化，都能为民宿增添独特的魅力。乡村民宿不仅具有投资价值，更承载着人们对理想生活状态的向往。对于追求这种生活方式的消费群体而言，文化吸引力是他们选择民宿的重要因素。同时，这种文化吸引力还能吸引志同道合的人前来投资民宿，从而形成民宿集群。

第四，独特的建筑特色。无论是利用自有房屋还是租赁、新建民宿，都需要考虑房屋的特点。民宿规模虽小，但在设计和布局上需灵活多变。同时，在给水、排水、强弱电、消防及污染处理等方面均需细致考虑，以打造舒适宜居的住宿环境，吸引游客驻足。

第五，稳定的政策条件。在选择民宿位置时，必须深入了解当地政府的立场和相关法规，如农村土地流转政策、精细化土地供应政策以及政府补贴政策等。这些因素虽然难以预测，但对民宿的运营影响深远。作为一种新兴的住宿形态，乡村民宿在很多地方的法律地位尚不明确，而且各地政府的态度也各异，这直接影响到办理相关证照的难易程度。当地政府部门的沟通也至关重要，需要确保得到各级行政机构和当地居民的全力支持。此外，当地的民风也是一个不容忽视的因素。在签订租赁合同时，必须明确土地性质和房屋所有权，以预防可能出现的法律纠纷。

值得庆幸的是，现在政府普遍较为支持民宿行业，不仅在政策上给予倾斜，而且在资源和资金上提供帮助。同时，政府还会根据地方特色进行引导，利用当地独特的环境资源来吸引民宿业的发展。

6.2.1.3　民宿的建筑设计

民宿的建筑设计，应当着重凸显其独特的乡野风情和文化底蕴，以明显区别于钢筋混凝土的都市风貌。民宿所散发的乡土气息、民俗习惯以及深厚的文化特征，为人们提供了心灵的慰藉，成为现代人追寻自然、放松身心的精神家园。游客选择民宿，往往是因为他们渴望在快节奏、高压力的都市生活中寻找一丝宁静与真实。因此，在进行民宿景观和建筑的设计时，应当秉持体验本土文化的理念，充分运用具有乡村特色的材料、装饰、器具以及活动，来展现民宿的独特魅力。这样的设计，旨在为游客提供一种在都市旅游中难以获得的原生态体验，从而吸引游客驻足民宿体验，并沉醉于民宿的独特韵味中。

具体而言，在乡村民宿的建筑设计过程中，需要关注以下几个方面：

首先，民宿的文化主题设计至关重要。文化是民宿的灵魂，确定鲜明的文化主题是民宿设计的基石，将贯穿于整个设计的始终。例如，云南的民宿不仅采用当地少数民族的传统建筑风格，在民宿内部装饰上，仍以民族特色为主，提供民族服饰试穿、手工艺品制作等体验活动，甚至在服务上，也提供民族音乐表演等民族特色项目，让游客感受云南的多元文化。

其次，休闲空间的设计也不容忽视。如何科学地打造轻松惬意的休闲空间，是设计中的关键环节。位于安徽省合肥市的乡束花园民宿，以特产小龙虾为主题的客房"虾洞"通过灯光、客房布局与龙虾模型等营造出"龙虾洞"的氛围，打造休闲惬意的"龙虾"空间，客房推出后受到住客的一致好评。

最后，需要关注民宿的整体环境设计。民宿的设计不仅仅是设计一栋房子，更是要营造一个与众不同的生态环境，充分展现乡村的风土人情和自然风貌。因此，需要有与之相匹配的设计主题、风格和亮点。以乡束花园民宿为例，借鉴了小合院式的传统江淮民居风格，设置了中庭盆景园、东侧休闲花园、后院菜园三处院落以营造与众不同的环境氛围，来满足市民对乡村生活空间的需求。在乡束花园民宿中，游客可以参与和体验乡村庭院的生活，栽花种菜、拔草修枝，这些园艺和农事体验活动吸引了大批客人。

6.2.1.4　民宿的文化融入

文化是民宿的灵魂，对于民宿的开发与运营具有至关重要的作用。通过融入所在地独有的文化，可以为民宿注入"灵魂"，全面提升民宿的附加值，这样的做法不仅能够盘活沉睡的文化资源，激活各类文化资源，还能促进文化的繁荣与发展。民宿作为一种住宿空间，通过文化的融入，变得可观、可赏、可体验、可融入，为游客提供独特的住宿体验。文化融入民宿的做法主要有以下几个方面：

第一，文化的传播与展示。首先，民宿作为展示地域文化的窗口，通过其设计和运营，可以有效地保存并传播当地的文化元素，如建筑风格、装饰艺术、传统手工艺、历史习俗和饮食文化等。在乡村民宿的发展中，传承文化本真性是至关重要的。这不仅涉及对传统建筑、手工艺、习俗等物质和非物质文化遗产的保护，也关乎于对这些文化遗产内涵的理解和尊重。通过民宿这一平台，游客能够直接体验到未经过度商业化处理的、原汁原味的乡土文化，从而加深对地方文化的认识和尊重。其次，乡村民宿的发展为物质文化资源的活化与展示提供了新的机遇。居民房屋、建筑景观、装饰用品等，不再仅仅是静态的展示品，而是成为民宿经营的一部分，为游客提供了亲身体验和参与的机会。这种活化利用不仅为乡村带来了经济收益，更重要的是，它使得这些文化资源得以在现代社会中继续生存和发展，而不是仅仅作为历史的遗迹被保存。最后，民宿在构建文化标识体系中扮演着重要角色。通过民宿的地理空间结构、聚落形态、要素布局等，可以向游客展示乡村的自然风光、社会结构和生活方式。同时，民宿所呈现的风俗、风物等乡土景观符号，也是文化标识体系的重要组成部分。这些文化标识不仅有助于游客更深入地了解和体验乡村文化，也有助于乡村居民增强对自己文化的认同感和自豪感。

第二，文化的构建与创新。首先，要深入挖掘并阐释文化内涵。乡村传统文化是一个地区历史和民俗的积淀，具有独特的地域特色和历史价值。民宿作为传承这些文化的载体，需要先深入挖掘和阐释这些文化背后的故事和价值，从而在保护中实现传承。其次，民宿的文化构建需要与现代的审美与工艺结合。传统文化并非僵化不变，它需要与现代审美和工艺手法相融合，以适应现代消费者的需求。在民宿的设计和运营中，可以通过引入现代设计理念，结合传统工艺，对地方文化进行再创造和表达，使之既保留传统韵味，又符合现代审美。最后，创新是文化发展的重要动力。乡村民宿基于传统风貌的基础上创新引进新材料、新技术进行创意改造、拓展，创新设置现代功能空间，并在民宿营销文本中设计、展示能生动、形象反映地方文化的符号，通过吸收外来优秀文化，从游客的需求对歌曲舞蹈、技艺表演等进行改良、优化乡村文化产品供给，提高文化产品质量以满足游客文化体验需求。

第三，文化的认同与传承。民宿的发展是实现文化认同与传承的重要手段。通过激发文化产业的活力、促进文化主体意识的觉醒、鼓励文化传承与创新的参与，以及提供丰富的文化体验，民宿不仅为游客带来了独特的旅游体验，也为当地文化的保护、传承和创新做出了重要贡献。这要求民宿经营者不仅要有商业头脑，更要有文化意识和责任感，以确保民宿的可持续发展与文化的繁荣昌盛相得益彰。

民宿的发展与文化的传承紧密相连，它不仅是一种商业模式，更是文化传承和推广的重要途径。通过入住民宿，游客可以更深入地了解和体验当地的文化，从而增强对这些文化价值的认同和尊重。民宿业的发展为文化创意娱乐、民俗表演和文化艺术研究等产业注入了新的活力。这些活动不仅丰富了游客的体验，也为当地居民提供了展示和传播自己文化的机会，同时也带动了相关产业的发展。民宿的运营促使地方居民在接待服务中加深对本土文化的认识和反思，这种觉醒有助于居民发现和重视自己文化的独特价值。这种文化自信是文化传承和创新的重要基础。民宿鼓励居民主动参与到文化传承与创新的过程中，这不仅包括穿着地方服饰、讲述地方方言，还包括修复传统建筑、学习传统技艺等。这种参与感和责任感对于文化的持续发展至关重要。民宿提供了一个平台，让游客能够亲身体验和感受地方文化，这种体验远比书本上的知识更加深刻和直观。通过这种体验，游客可以更好地理解地方文化，从而促进文化的传承和发展。

第四，文化的植入与定位。民宿产品开发的核心在于其文化特色，这要求开发者深入挖掘和利用当地的文化资源，将其转化为具有吸引力的旅游产品和服务。为了确保文化产品供给能够满足游客的多元需求，必须进行有针对性的市场调研分析。这包括对目标客源的精准定位，如价格敏感度、年龄偏好、性别特点和职业需求等。通过细分市场，可以更有针对性地设计和提供服务，满足不同游客群体的特定需求。民宿的设计应构建一个综合性的设计体系，以乡土为根，以文化为魂，以设计为脉。这要求设计师不仅要有良好的审美和创新能力，还要对当地的文化有深刻的理解和尊重。同时，设计应结合体验设计和服务设计的理念，创造出既美观又实用的空间，提升游客的整体体验。在民宿的开发和运营中，应将用户体验放在中心位置。这意味着所有的服务和产品设计都应以游客的需求为导向，提供个性化和差异化的体验。无论是住宿环境的营造，还是文化活动的组织，都应注重游客的参与感和满意度，让他们在体验中感受到文化的魅力和价值。

6.2.1.5 民宿的环境营造

民宿与其所处环境之间存在着一种独特而紧密的共生关系。优美的自然环境是民宿得以茁壮成长的土壤，而精心打造的民宿又能以其独特的魅力点缀和美化所处的环境。在推进民宿的建设过程中，不仅要精心营造舒适宜人的大、小环境，更要在这一过程中融入和完善民宿的各项功能，实现环境与功能的和谐统一。这种将环境美化与民宿功能完善相辅相成的做法，不仅展现了民宿建设的智慧，也彰显了人与自然和谐共生的旅游发展理念。

第一，民宿建筑组群与周围环境的有机融合。首先，重视建筑与环境的有机融合。民宿建筑组群不仅仅是独立的住宿单元，它们与周边的自然环境、文化背景和社会结构共同构成了一个完整的生态系统。因此，民宿的设计和开发应当充分考虑与周围环境的和谐融合，尊重并利用原有的自然景观和文化特色，创造出既舒适又具有地域特色的住宿产品。其次，在开发民宿的过程中，开发者要合理地解决保护传统村落与追求商业利益之间的矛盾。一方面，民宿的发展可以为传统村落带来经济收益，有助于其保护和传承；另一方面，过度的商业开发可能会破坏原有的文化和生态环境。因此，找到两者之间的平衡点至关重要，需要在保护的基础上进行合理利用，确保传统村落的可持续发展。最后，生态环境保护是民宿开发中不可忽视的一环。然而，现实中一些民宿项目为了追求短期利益，忽视了对生态环境的保护，导致了环境污染和基础设施的缺失。这种做法不仅损害了当地的自然环境，也影响了民宿的长期发展。因此，民宿开发者应当采取可持续的开发策略，如使用环保材料、优化能源利用、加强废物管理等，以减少对环境的影响。

第二，民宿建设与生态环境的有机融合。首先，民宿作为一种特殊的旅游住宿形式，其成功的关键在于与周围环境的和谐融合。通过保护和尊重自然环境，实现人与环境的和谐共生，民宿可以为游客提供独特的体验，同时促进当地的可持续发展。这要求民宿开发者具备环保意识和社会责任感，以及对当地文化和自然环境的深刻理解。通过这样的努力，民宿可以成为展示地域文化和推动生态旅游的重要平台。其次，在民宿的建设过程中，保护原有生态环境是至关重要的。通过采用环保材料、节能技术和可持续的运营方式，民宿可以减少对环境的影响，同时为游客提供绿色、健康的住宿体验。再次，民宿的开发应追求人与环境的和谐共生。这意味着在提供舒适的住宿条件的同时，也要考虑到对当地居民生活的影响，尊重他们的生活方式和文化传统。通过与当地社区的合作，民宿可以成为推动当地经济发展和文化传承的重要力量。最后，在民宿的选址、设计和建造过程中，尊重自然机理是非常重要的。这要求开发者不仅要关注建筑本身的美学和功能性，还要关注建筑与自然环境的关系。通过巧妙的设计，可以使民宿与周围的山川、植被和地形相协调，成为自然景观的一部分，而不是破坏者。

第三，民宿建筑与人文环境的有机融合。民宿与传统酒店的不同在于，其提供了独特的生态环境和人文特色体验，传承地域文化，并营造一个身心归宿的环境。这要求民宿的开发者和经营者不仅要有商业头脑，更要有文化意识和社会责任感，以及对当地文化和自然环境的深刻理解和尊重。"乡愁"是人们对故乡的深切思念和对田园生活的向往。民宿之所以受到热捧，是因为它能够唤起这种情感，让人们在快节奏的城市生活中找到一片宁静和放松的空间。通过提供与城市截然不同的生活环境和氛围，民宿成为满足人们乡愁情感的重要载体。乡村民宿的经营者应致力于营造一个能够让人们放松身心的环境。这不仅包括提供舒适的住宿条件，还包括提供宁静的自然环境、温馨的社区氛围和丰富的文化活动。通过这些方式，乡村民宿能够成为人们心灵的归宿，满足他们对田园生活的向往和追求。

6.2.2 民宿运营的成功经验

6.2.2.1 民宿主人的人文素养

2017年与2019年颁布的《旅游民宿基本要求与评价》及2022年颁布的《旅游民宿基本要求与等效划分》中均涉及"民宿主人参与经营"的规定。本书中"标准"民宿的主人是民宿的经营者，同时，大部分乡村民宿的经营者也是民宿主人，因此，民宿主人决定着一个民宿的品质和发展。民宿主人的人格特质、文化内涵、生活品质甚至待人接物均体现了民宿的经营风格，将对民宿的经营绩效产生影响。

民宿主人的角色不仅仅是经营者，更是文化传递者、生活美学的创造者和服务的提供者。通过情感的投入、文化和故事性的展现、公关和营销能力的提升、生活美学的传递、品位的提升和亲切服务的提供，民宿主人可以创造出具有独特魅力和竞争力的民宿，为游客提供深度的文化体验，同时也为当地的文化传承和经济发展做出贡献。

第一，情怀是民宿主人内在动力的体现。民宿主人往往有执着的情怀，将民宿视为事业或者生活的追求，而非单纯的盈利工具。情怀能够激发主人对民宿事业的热爱和投入。一个有情怀的民宿主人能够将个人的情感和理想融入民宿的每一个细节，从而创造出具有独特魅力的住宿环境。这种情怀不仅能够提升民宿的品质，也能够吸引那些寻求深度文化体验的游客。

第二，民宿主人是文化和故事的传播者。民宿之所以令人流连忘返，源于其背后那些深具魅力的故事。这些故事的叙述者——民宿主人，不仅是吸引游客的关键所在，更是民宿文化魅力的源泉。一位富有文化和内涵的民宿主人，能够以其独特的魅力吸引形形色色的顾客，让每一次的住宿体验都充满温情，满足不同游客的内心需求。

在民宿的每一个细微之处，无论是精巧的设计还是独特的菜肴，都渗透着民宿主人的文化情怀与个性特色。要构筑民宿的独特文化，就必须从民宿的定位、设计到产品的每一个环节，都充分融入民宿主人的个人喜好、人文关怀和价值取向，使其个性化特点得以淋漓尽致地展现。例如，若民宿主人钟情于文房四宝、琴棋书画，则应将这份热爱贯穿于民宿的每一个角落，使其文化气息浓郁；若主人热衷于古玩收藏，那么酒瓶、烟盒等藏品亦应成为民宿内的一道亮丽风景。

在倡导民宿主人文化的同时，还需把握一个度，即民宿文化的价值取向需与社会大众的消费习惯相契合。尽管多数拥有主人文化的民宿采用掌柜式管理，但这种文化必须建立在善意、温柔、和谐与实际的基础之上，确保无论是视觉感受还是实际体验，都能与游客产生共鸣，共享这份独特的民宿情怀。

第三，良好的公关和营销能力是民宿成功的关键。民宿主人需要具备良好的公关和营销技巧，以吸引客户并提高入住率。一方面，民宿主人需要与各种利益相关者建立良好的关系，包括政府部门、社区成员、预订平台和游客。另一方面，民宿主人需要通过有效的营销策略，提高民宿的知名度、吸引力与经营绩效。这就要求民宿经营者要善于经营与维护营销渠道，不断地更新营销策略，保障渠道的畅通性与有效性。不少民宿主人自己就是营销达人，擅长写文案，玩自媒体，如微信、抖音、小红书等，同时善于口碑营销，能够妥善利用口碑与网络评价，增加客户的黏性。调研发现，从事民宿经营多年的民宿主人往往在业界有良好的口碑与稳定的客户群体，这是民宿获得稳定客源市场与经营绩效的重要保障。

第四，民宿主人是生活美学的传递者。民宿主人不断地通过民宿的设计、装饰和服务，展现个人的生活价值观和文化理念。民宿经营者扮演的是文化传递者和体验设计师的双重角色。他们不仅需要熟悉当地的风土人情，还要了解都市游客的需求，以此来设计和提供符合游客期待的体验，让游客能够深入体验当地的日常生活和文化特色。这种角色使得民宿经营者在生活美学的传递与交流中起到了至关重要的作用。一个优秀的民宿，在它的每一个角落都蕴含着民宿主人的个人风格和当地文化的特色。民宿提供给游客的不仅是舒适的住宿环境，更是通过与民宿主人的互动，参与到当地的文化活动中，获得独一无二的生活与美学体验。同时，一个优秀的民宿主人会不断努力提升服务的贴心程度、空间的舒适度以及环境的美好度，以确保游客能够在一个温馨、舒适且具有当地特色的环境中得到放松和享受。在此过程中，民宿经营者通过建筑设计、室内装饰、服务和举办的活动等将生活美学融入民宿的每一个细节并传递给游客，展现并传播民宿主人对于生活的热爱和对于美的追求。

第五，品位是民宿主人提供个性化体验的关键。民宿主人应具备良好的品位，能够提供有内涵、有特色的个性化民宿体验。一个有品位的民宿主人能够深入挖掘和传承当地的文化特色，创造出具有独特魅力的住宿环境。这种个性化体验不仅能够满足游客的多样化需求，也能够提升民宿的市场竞争力。

调研中发现，民宿主人背景的多样性是民宿个性化体验的优势之一。从质朴的原住民到追求田园生活的退休老人，再到返乡的年轻人和专业的酒店管理公司，这种多样性为民宿带来了不同的视角和经营哲学。每个经营者都可以根据自己的经验和知识，为游客提供独特的体验。但民宿整体品质的提升则需要民宿主人在设计、创新、服务意识等方面进行能力提升。这不仅包括提升个人的专业技能，也包括对市场趋势的敏感度和对消费者需求的深刻理解。在此过程中，优秀的民宿主人应当像艺术家一样，将民宿经营成一件艺术作品。这需要主人具备良好的品位、理念和态度，以及对美的追求和对生活的热爱。通过艺术性的经营，将民宿打造成展示当地文化和生活方式的窗口，为游客提供有品位的、独特的住宿体验。

第六，亲如家人是民宿成功的重要保障。民宿主人的亲和力是其成功经营的关键。像对待自己的兄弟姐妹一样，给予游客温暖和关怀。在一顿饭、一杯茶、一次畅聊中，让游客感到宾至如归。这种亲和力不仅体现在日常的接待中，更体现在对游客需求的细心关注和个性化服务上。面对多样化的客人，乡村民宿主人应以包容的心态和善良的服务态度去迎接每一位游客。这种包容和善良不仅体现在对游客的接纳上，更体现在对游客需求的理解和满足上。通过这种服务态度，民宿主人可以建立起与游客之间的信任和友谊。"和气生财"是民宿经营的核心理念之一。与酒店服务的专业性不同，民宿主人的好客更多地源于淳朴乡情，是人性和善美最本真的展现，主人的亲情则体现在对游客的关心和照顾上，让游客感受到家的温暖。民宿主人应提供亲切、如家人般的待客，让游客感受到家的温暖。民宿主人应以淳朴的乡情和善良的人性，为游客提供如家人般的服务。这种服务不仅能够提升游客的满意度，也能够增强民宿的吸引力和忠诚度。

6.2.2.2 民宿主人的服务意识

由上文可知，民宿的成功运营对民宿主人的情怀、文化素质、公关能力、营销技巧、生活美学、品位等诸多方面的要求较高。但并不意味着民宿主人在经营中可以恃才傲物、高高在上，更不能轻视客户、凌驾于客户之上。相反，在接待每一位顾客时，民宿主人应该展现良好的"待客之道"，时时处处体现出"主人对客人"的关怀，在服务意识的基础上，增加情感投入，为顾客获得良好的住宿体验打下情感的基础。

第一，良好的服务态度是民宿文化的重要组成部分。服务态度通常被视为服务行业的"第一印象"。在民宿经营中，良好的态度不仅是对游客的基本尊重，也是展现民宿文化和提升游客体验的关键。"良好的态度是优质服务的敲门砖"，意味着一旦服务态度出现问题，即使硬件设施再完善，也难以赢得游客的心。因此，民宿主人应当始终保持积极乐观的态度，以开放和包容的心态迎接每一位游客。

服务态度不仅是个人行为的体现，更是民宿文化的重要组成部分。民宿主人的每一个微笑、每一次问候，都是对民宿文化和经营理念的传递。通过亲切热忱的服务态度，民宿可以建立起独特的文化氛围，使游客在体验地方特色的同时，也能感受到民宿独有的温暖和关怀。这种文化的力量是无形的，但对提升民宿的整体形象和竞争力却起着至关重要的作用。

住客的满意度是衡量民宿服务质量的重要指标。良好的服务态度能够营造一个温馨和谐的环境，使游客在享受服务的同时，也能感受到被尊重和重视。这种正面的情感体验会转化为游客的积极评价和口碑传播，从而吸引更多的潜在消费者。俗话说"和气生财"，良好的态度不仅能提升游客的愉悦感，也能为民宿带来更好的经济效益。

良好的服务态度对于乡村民宿的经营至关重要。它不仅直接影响着消费者的体验和满意度，也是民宿文化和经营理念的重要体现。因此，民宿主人应当重视服务态度的培养和提升，通过持续地优化和改进，为游客提供更加温馨、贴心的服务，从而在激烈的市场竞争中脱颖而出。

第二，过硬的服务技能是民宿经营的重要保障。对民宿主人来说，提供优质服务是一项要求很高且十分精细的工作。良好的服务态度终究只是心理上的铺垫，最终还需要过硬的服务能力把它转化成实际的结果。只有全面提升民宿经营者的业务能力，才能真正地为游客提供优质服务，满足游客需求。服务技能诸多方面，如对民宿设施的操作熟悉度、对客户需求的响应速度，以及处理突发情况的能力等，这些都是民宿主人应具备的能力。

民宿主人的服务技能直接关系到服务的专业性和有效性。从细节入手，培养自身的专业服务，以过硬的能力给每一位远道而来的游客提供人性化的体验和优质的服务。因此民宿主人要在不断地学习、培训中完善自我的服务技能。

同时，民宿主人也要做好员工培训。专业技能培训、服务理念教育以及素质拓展等，不仅可以增强员工的服务技能，还可以提升其对民宿文化和经营理念的认同感，进而在工作中发挥更大的主观能动性。此外，定期的培训也有助于员工更新知识，适应民宿行业的快速发展和变化。

6.2.2.3 民宿的新媒体营销

民宿的经营实体往往不大，在经营中符合中小企业的营销特点。因此，大体来看，民宿的营销需要从"六步走"的营销策略中吸取经验，即关注从行业洞察到效果评估的全方位营销流程。一是进行深入的行业分析，洞察民宿所在行业的趋势，研究相关产品，以及明确民宿在行业中的定位，确保民宿能在激烈的市场竞争中立足。二是精准洞察目标人群，深入剖析他们的属性、需求和习惯，为产品或服务找到准确的切入点。三是品牌定位，明确品牌诉求，塑造独特的品牌形象，并凸显品牌的核心特性。四是提炼品牌价值，凝聚品牌理念，匠心打造核心产品，并持续优化核心服务。五是全方位的营销整合，确定营销内容、细分营销策略，并规划出具体的实施路径，确保每一步都能精准触达用户。六是持续评估营销效果，根据实际情况做出灵活调整，以保持营销策略始终与时俱进。

民宿营销在"六步走"战略全方位跟踪的基础上，需要注意在营销执行时的"新媒体营销四法"，特别是现阶段，新媒体营销已成为中小企业营销的重要手段，民宿作为典型的中小企业更适合采用新媒体营销，因此，"新媒体营销四法"成为民宿成功营销的关键。

第一，在民宿品牌营销方面，品牌无疑成为新媒体营销的重中之重。为了赢得顾客的忠诚度，民宿应积极传递其独特的价值观，与顾客心灵相通。通过精心塑造品牌形象，民宿能够在消费者心中形成差异化的认知，从而在激烈的市场竞争中脱颖而出。在品牌传播过程中，不断加深消费者的印象是我们占据市场优势的关键。此外，私域运营在现代民宿营销中也占据着举足轻重的地位。鉴于当前OTA平台的获客成本持续攀升，且竞争日趋激烈，民宿必须积极探索将OTA平台的公域流量有效地转化为私域流量的策略。这样不仅可以降低对OTA平台的依赖，还能在自有平台上沉淀忠实顾客，进而提高客户的复购率。同时，民宿应努力构建与顾客的直连渠道，深入挖掘并满足客人除住宿以外的多元化需求。通过这种方式，民宿不仅可以提供更贴心的服务，还能实现业务的多元化发展，从而增强自身的市场竞争力和抗风险能力。

第二，在民宿场景营销方面，场景是新媒体营销的独特方式。现代消费群体对于民宿的审美和场景布置有着更高的要求，因此，民宿营销必须精心打造每一个细节。在民宿的规划与设计之初，就应预见到并巧妙地布置那些能吸引顾客拍照留念的场景。通过精心设计的美景，能够引导消费者在享受住宿体验的同时，自发地拍照并分享到社交媒体，从而形成口碑传播。在民宿的运营阶段，更应依托民宿的独特魅力和现有条件，积极营造富有吸引力的生活场景，并将这些场景通过多渠道传播出去，以吸引更多潜在消费者。无论是前期的规划设计，还是运营过程中的场景营造，其核心目的都是将民宿塑造成为一种具有社交货币属性的产品。这样，民宿就能够在消费者之间自然传播，有效降低营销成本，同时提升品牌知名度和影响力。

第三，在民宿的口碑营销方面，口碑营销是新媒体营销的重要手段。新媒体时代，口碑（网络评价）对民宿的营销推广具有重要作用。当客人享受到满意的服务后，他们在朋友圈的积极推荐和分享，将成为助力民宿口碑积累的关键一环，进而有效扩大其市场影响力。研究表明，口碑对消费决策具有显著影响，因此，民宿应积极利用朋友圈、达人推荐及自媒体等多元化渠道来塑造和传播良好的口碑。同时，达人作为连接民宿和潜在消费者的桥梁，其在特定领域内拥有广泛的影响力。借助达人的分享，民宿能够更精准地触达目标用户，推动口碑的快速传播。当这些精准用户亲身体验并分享他们的住宿感受时，将会吸引更多潜在用户的关注，从而形成一个正向的推广循环。此外，社交自媒体平台上的用户分享和推荐，也是民宿实现用户心智种草、提升民宿知名度和美誉度的重要途径。通过这些平台，能够更有效地展示民宿的独特魅力，加强与用户的互动，最终实现口碑的广泛传播和民宿品牌的牢固树立。

第四，在民宿的互动营销方面，互动营销占据着不可或缺的地位。互动作为新媒体传播的核心特性，能够通过诸如抽奖活动、热门话题、事件营销等多样化手段，显著提升传播效果。通过新媒体的互动营销，民宿可以有效地传播品牌形象，增加曝光度，进而吸引并沉淀目标客户。这种营销方式的优势在于其成本较低，却能实现广泛的覆盖，为民宿开拓新的预订渠道。新媒体营销作为民宿营销的关键组成部分，不仅为民宿提供了一个全新的推广平台，更成为其摆脱对传统OTA渠道依赖的重要工具。在选择新媒体营销渠道时，民宿应根据自身特色和资源优势进行策略性选择。例如，小红书因其普适性强和运营门槛低，成为民宿推广的优选平台；而抖音则适合那些具有独特风格和表现力的民宿，以实现品牌的快速曝光；微信公众号则可作为民宿官方信息的展示窗口，提升品牌形象。此外，还有携程旅拍、马蜂窝、微博、今日头条、微信视频号、豆瓣等众多新媒体平台可供选择。

新媒体营销的内容主要来源于用户的真实体验和分享。这种分享不仅真实可信，而且丰富多彩，有助于民宿建立用户信任，提升品牌影响力。因此，对于民宿而言，如何巧妙运用新媒体营销，实现与用户的深度互动和传播，显得尤为重要。

6.3　小结

本章剖析了国内外民宿的区域特色与成功经验。在国际民宿的区域特色方面，主要探讨了五大洲民宿的主要特点。欧洲民宿以英国民宿为代表，以其悠久的历史、地道的当地美食和丰富的文化体验著称，强调家庭式的温馨和个性化服务；美洲民宿以美国、加拿大和墨西哥民宿为代表，注重自然体验、文化融合和个性化设计，为游客提供与自然环境亲密接触和独特住宿体验的机会；大洋洲民宿以澳大利亚和新西兰民宿为代表，以多样性和高质量的服务以及优美的自然环境而闻名；非洲民宿以南非、肯尼亚和摩洛哥民宿为代表，强调自然体验、文化融合和社区参与，为游客提供深入了解非洲多样性的机会；亚洲民宿则以日本民宿为代表，融入了丰富的文化内涵，是当地人文和自然景观的集中展示。

在国内民宿的区域特色方面，本章主要分析了南北方民宿的典型做法。北方民宿以渔·坞民宿与漠河拾叶知悠民宿等为代表，依托当地的自然资源和文化特色，展现东北韵味、森林文化等地域风情；南方民宿以安吉文驿阁民宿与鼓浪屿民宿等为代表，更注重江南悠闲氛围的营造和海洋文化韵味的呈现。南北方民宿的差异与气候、建筑风格与地域文化等密切相关。

在民宿经营的成功经验方面，以下几个方面显得尤为关键：精准的产品定位、合理的选址布局、凸显乡野风情和文化底蕴的建筑设计、优美宜人的环境营造，以及民宿主人的人文素养、服务意识和新媒体营销能力等。对国内外民宿区域特色与成功经验的总结，为河南民宿的长期发展提供了思路与借鉴。

7 河南省民宿经营者人格特质、职业价值观与经营绩效的研究设计

本部分采用定量分析法，对河南省民宿经营者的人格特质、职业价值观与经营绩效从研究思路、研究假设、理论模型、问卷设计、问卷发放、问卷的信效度及数据处理程序等多个角度进行研究设计。

7.1 研究思路

在前文对民宿经营者人格特质、职业价值观与经营绩效分析的基础上，本部分试图搭建实证分析的研究构架：一是厘清民宿经营者人格特质、职业价值观与经营绩效的研究问题；二是民宿经营者人格特质、职业价值观与经营绩效的理论模型与研究假设；三是民宿经营者的人格特质、职业价值观与经营绩效研究的量表编制与信效度研究；四是民宿经营者的人格特质、职业价值观与经营绩效问卷的发放、收集与数据处理程序。

7.2 理论模型与研究假设

7.2.1 研究问题

第一，对河南省民宿经营者从性别、年龄、受教育程度、家庭成员数量、工

作经验、创业培训经验等方面进行描述性统计分析。

第二，河南省民宿经营者从房间的数量、位置和环境的概况进行描述性分析。

第三，基于大五人格理论，从亲和性、尽责性、外向性、神经质和开放性五个方面分析河南省民宿经营者的人格特质。

第四，从利润导向价值观、生活方式导向价值观、创业和发展导向价值观三个方面对河南省民宿经营者的职业价值观进行分析。

第五，从盈利能力和竞争力的角度对河南省民宿的经营绩效进行描述性统计分析。

第六，人口统计学因素对人格特质的探索性分析：民宿经营者的人格特质在根据性别、年龄、受教育程度、家庭成员数量、工作经验、创业培训经验分组时，无显著差异。

第七，人口统计学因素对职业价值观的探索性分析：民宿经营者的职业价值观在根据性别、年龄、受教育程度、家庭成员数量、工作经验和创业培训经验等进行分组时，无显著差异。即河南省民宿经营者的职业价值观不会根据经营者的性别、年龄、受教育程度、家庭成员数量、工作经验和创业培训经验等不同而发生变化。

第八，人口统计学因素对经营绩效的探索性分析：民宿的经营绩效在根据经营者的性别、年龄、受教育程度、家庭成员数量、工作经验和创业培训经验进行分组时，没有显著差异。

第九，民宿基本情况对经营绩效的探索性分析：民宿的房间数量、位置和环境等进行分组时，民宿的经营绩效没有显著差异。即民宿的经营绩效不会根据民宿的房间数量、位置和环境的变化而变化。

第十，民宿经营者的人格特质对民宿经营绩效的探索性分析：探索民宿经营者人格特质中的亲和性、尽责性、外向性、神经质和开放性对民宿经营绩效（盈利能力与竞争力）的关系。

第十一，民宿经营者的职业价值观对民宿经营绩效的探索性分析：探索民宿经营者的利润导向价值观、生活方式导向价值观、创业和发展导向价值观对民宿的经营绩效（盈利能力与竞争力）的关系。

7.2.2 理论模型

根据前文的基础理论与文献研究，本书认为，人格特质、职业价值观可能会影响河南省民宿的经营绩效；民宿经营者的人口统计学特征可能会导致民宿经营者的人格特质和职业价值观的差异。因此，本书提出了如图 7-1 所示的理论模型。

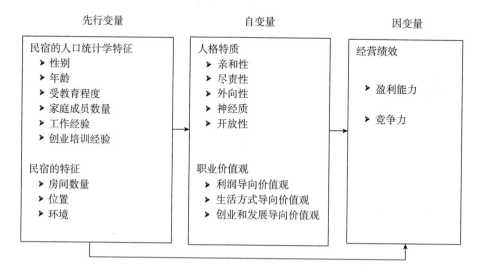

先行变量　　　　　　　　　　自变量　　　　　　　　　　因变量

| 民宿的人口统计学特征 | 人格特质 | 经营绩效 |

图 7-1　民宿经营者人格特质、职业价值与经营绩效的理论框架

本书的理念框架包括以下组成部分：先行变量、自变量（Independent Variables）和因变量（Dependent Variables）。先行变量包括民宿经营者在性别、年龄、受教育程度、家庭成员数量、工作经验和创业培训经验方面的概况，以及民宿经营者在房间数量、位置和环境方面的概况。

自变量是民宿经营者的亲和性、尽责性、外向性、神经质、开放性；以及利润导向价值观、生活方式导向价值观、创业和发展导向价值观方面的职业价值观。

因变量是民宿在盈利能力和竞争力方面的经营绩效。

7.2.3　研究假设

7.2.3.1　人口统计学因素在人格特质方面无显著差异

民宿经营者的人格特质在根据性别、年龄、受教育程度、家庭成员数量、工作经验、创业培训经验分组时，无显著差异。即河南省民宿经营者的人格特质不会根据性别、年龄、受教育程度、家庭成员数量、工作经验、创业培训经验的不同而发生变化。

7.2.3.2 人口统计学因素在职业价值观方面无显著差异

民宿经营者的职业价值观在根据性别、年龄、受教育程度、家庭成员数量、工作经验和创业培训经验进行分组时，无显著差异。即河南省民宿经营者的职业价值观不会根据经营者的性别、年龄、受教育程度、家庭成员数量、工作经验和创业培训经验等的不同而发生变化。

7.2.3.3 人口统计学因素在经营绩效方面无显著差异

民宿的经营绩效在根据经营者的性别、年龄、受教育程度、家庭成员数量、工作经验和创业培训经验进行分组时，没有显著差异。即河南省民宿的经营绩效不会根据民宿经营者的性别、年龄、受教育程度、家庭成员数量、工作经验和创业培训经验的不同而发生变化。

7.2.3.4 民宿基本情况在经营绩效方面无显著差异

在根据民宿的房间数量、位置和环境进行分组时，民宿的经营绩效没有显著差异。即民宿的经营绩效不因民宿的房间数量、位置和环境的变化而变化。

7.2.3.5 民宿经营者的人格特质在民宿经营绩效方面无显著差异

即民宿经营者人格特质中的亲和性、尽责性、外向性、神经质和开放性对民宿经营绩效（盈利能力与竞争力）无显著影响。

7.2.3.6 民宿经营者的职业价值观对民宿经营绩效方面无显著差异

民宿经营者的利润导向价值观、生活方式导向价值观、创业和发展导向价值观对民宿的经营绩效（盈利能力与竞争力）无显著影响。

7.3 问卷设计

7.3.1 量表的开发

根据前文对民宿经营者人格特质、职业价值观与经营绩效的研究综述，量表的开发围绕民宿经营者的人格特质、职业价值观与经营绩效的关系，涉及三个变量是人格特质、职业价值观与经营绩效。其中：①民宿经营者职业价值观包括利润导向价值观、生活方式导向价值观、创业和发展导向价值观三个维度；②人格特质包括大五人格理论中的开放性、尽责性、外向性、亲和性和神经质五个维度；③经营绩效包括盈利能力与竞争力两个维度。

7.3.1.1 民宿经营者人格特质的量表

民宿经营者人格特质的量表是在大五人格理论量表的基础上，参考国内学者在旅游、酒店、民宿领域关于大五人格理论量表使用的经验，结合本书实地调研的结果进行编制的。如表7-1所示。

表7-1 民宿经营者人格特质测量量表

测量维度	测量题项	指标来源
亲和性	A1 我是一个能与他人愉快合作的人	
	A2 我会尽可能多地帮助别人	
	A3 我是一个会换位思考的人	
	A4 我很容易沟通	
尽责性	A5 我一直不断地追求进步	
	A6 我是个很有责任心的人	
	A7 我坚持要遵守原则	
	A8 我正努力实现我的目标	
外向性	A9 我很擅长和人交谈	Costa 和 McCrae（1992）赵群（2021）
	A10 我喜欢结交新朋友	
	A11 我喜欢出现在正在执行行动的地方	
	A12 我是一个自主创业者	
	A13 我是一个精力充沛的人	
神经质	A14 我往往过于担心事情	
	A15 我经常感到紧张	
	A16 我不擅长控制自己的情绪	
	A17 我会因为别人的情绪影响我的情绪	
开放性	A18 我有一种强烈的好奇心	
	A19 我喜欢新事物	
	A20 我有很多新的想法甚至是幻想	
	A21 我是一个创新者	

第一，亲和性：亲和性指一个人对他人的信任水平和他们之间的友谊水平[117]，代表了对他人值得信任和善良的倾向[118]。在本书中，亲和性是指民宿

经营者在民宿经营中以及周围社会环境中的快乐和包容的倾向。亲和性变量由四个测量题项来衡量，涉及表 7-1 中的 A1~A4 四个测量题项。

问题的答案采用李克特量表，其中三个最高，一个最低。对四个选项回答的平均值表示受访者的亲和性人格特质。根据评分标准，平均值为 3.67~5.0 为高，平均值为 2.34~3.66 为中等，平均值为 1.0~2.33 为低。以下各变量的程度划分均采用此分类标准。

第二，尽责性：本书中，尽责性是民宿经营者的坚定、踏实、自律的程度。高尽责性的民宿经营者能有计划的做事情，且有条理的坚持做下去，而低尽责性的民宿经营者往往粗心、马虎、见异思迁，遇到困难倾向于放弃。这个变量由四个测量题项来衡量，涉及表 7-1 中的 A5~A8 四个测量题项。

第三，外向性：外向性指一个人的社交活跃程度[117]，表示一个人积极和外向的倾向[118]。在本书中，外向性指民宿经营者对民宿涉及的社会活动的信心、寻求刺激和冒险性的热爱程度。这个变量由五个测量题项来衡量，涉及表 7-1 中的 A9~A13 五个测量题项。

第四，神经质：神经质指一个人的压力耐受性水平或心理适应水平[117]，它代表了忧郁和焦虑的倾向[118]。本书民宿经营者在民宿经营中的焦虑、敌意、抑郁、自我意识、冲动、脆弱性等类似特征主要表现为，因日常的工作感到心烦意乱。这个变量由四个测量题项来衡量，涉及表 7-1 中的 A14~A17 四个测量题项。

第五，开放性：指民宿经营者在人际交往中不腼腆、不扭捏，持豁达、开放的态度，更倾向于指对新事物持开放的态度，不墨守成规。由表 7-1 中四个测量题项来衡量，涉及表 7-1 中的 A18~A21 四个测量题项。

7.3.1.2 民宿经营者职业价值观的量表

民宿经营者职业价值观量表的三个维度分别参考了不同学者的已有量表。生活方式导向价值观与利润导向价值观两个维度参考了 Getz 和 Carlsen[173]、Crawford 和 Naar[174]、Wiles 和 Crawford[175] 等学者的测量问卷，并对其进行了修订；创业和发展导向价值观维度的量表设计考虑到访谈资料显示民宿经营者的年轻化倾向的问题，参考了 2014 年，侯烜方等[66] 关于新生代员工职业价值观的量表以及 2019 年皮常玲[35] 关于民宿价值观的量表。在此基础上，形成本书的民宿经营者职业价值观测量量表，如表 7-2 所示。

表 7-2   民宿经营者职业价值观测量量表

测量维度	测量题项	参考依据
利润导向	B1 能够自己成为老板	Getz 和 Petersen、Crawford 和 Naar、Crawford
	B2 能够赚很多钱	
	B3 民宿是一项有投资效益的项目	
	B4 保持盈利很重要	
	B5 完全按照商业原则来经营	
生活方式导向	B6 能够享受一种好的生活方式	侯烜方等（2014）
	B7 能够在适合的环境中生活	
	B8 能够支持自己的业余兴趣	
	B9 能够认识和接触有趣的人	
	B10 享受这份工作比赚钱更重要	
创业和发展导向	B11 具有不错的职业发展前景	皮常玲（2019）
	B12 能够让自己的想法融入职业发展规划	
	B13 能提供创业和个人发展的机会	
	B14 能满足生存和生活的基本需要	
	B15 能提高个人及家庭的生活品质	

第一，利润导向价值观：指民宿经营者在工作中注重物质性的利益回报，由表 7-2 中的 B1~B5 五个测量题项组成。

第二，生活方式导向价值观：指民宿工作符合经营者的兴趣爱好和生活方式偏好，民宿经营者认为这项工作是很有趣的、有时间自由的、有意义的工作，由表 7-2 中的 B6~B10 五个测量题项组成。

第三，创业和发展导向价值观：民宿经营者致力于追求个人事业的发展，希望通过不断积累工作经验和社会资本，为自己打造广阔的职业发展空间，同时怀揣着个人成长的理想，并致力于实现长远的职业发展目标，以此不断提升自身在民宿行业的竞争力与影响力。由表 7-2 中的 B11~B15 五个测量题项组成。

7.3.1.3   民宿经营绩效的量表

根据前文的研究综述，经营绩效的测量方式主要有两种：一种方式是对于大型企业，特别是上市公司等，这类企业往往通过官方网站进行经营信息的披露，可获取直接的经营数据；另一种方式是对于中小型企业，企业的经营数据往往是企业的机密，研究者难以获取，可以通过问卷的形式获得经营者的主观判断。以此来测评企业的经营绩效。

本书对经营绩效的测评分为两个方面——盈利能力与竞争力[45,119]。本书通过对其他相关研究中已使用过的量表进行修订，结合在民宿调研中的发现进行问题陈述的修订，得到本书的民宿经营绩效量表，共计 13 个题项。测量指标体系如表 7-3 所示。

表 7-3   民宿经营者绩效量表

测量维度	测量题项	指标来源
盈利能力	C1 我们民宿的回头客很多	赵群（2021）
	C2 在我们民宿住过的客人会把我们的民宿推荐给其他人	
	C3 我们民宿工作日的入住率高	
	C4 我们民宿在旺季的入住率很高	
	C5 我们民宿在淡季的入住率也高	
	C6 我们民宿的入住率会比去年高	
	C7 我们民宿的营业额将比去年高	
	C8 我们民宿的利润将比去年高	
竞争力	C9 和其他民宿相比，您的民宿很有竞争力	
	C10 和其他民宿相比，您的民宿有更多的客人入住	
	C11 和其他民宿相比，您的民宿规模更大	
	C12 和其他民宿相比，您的民宿提供的房间类型、房内设置与客房服务对客人来说更有吸引力	
	C13 和其他民宿相比，您的民宿入住的客人对您的民宿满意度更高	

7.3.2　量表的检验

为确保本书调研问卷的可靠性与有效性，需要对问卷进行信度和效度检验。研究常采用的 Cronbach's alpha 进行信度检验，采用 KMO 值进行效度检验。

量表中诸多题项的测量效果需要进行检验。Cronbach's alpha 是评估可靠性的重要且有效工具。Cronbach's alpha 大于 0.7，则说明量表的可靠性较高。

因子分析是衡量问卷有效的重要工具。采用巴特利特球形检验（bartlett test

of sphericity)和 KMO(Kaiser-Meyer-Olkin)值判断量表的效度,当确认 KMO 值大于 0.5,确保数据通过效度检验。采用探索性因子分析法对民宿经营者的人格特质、职业价值观和经营绩效三个变量进行因子分析,采用主成分分析法提取公因子,并根据因子载荷判断每个问题对指标的贡献程度。

7.3.3 问卷的内容

民宿经营者人格特质、职业价值观与经营绩效的问卷由五个部分组成。第一部分包含了与民宿经营者有关的问题或项目,如性别、年龄、受教育程度、家庭成员数量、工作经验和创业培训经验;以及民宿在房间数量、位置和环境方面的概况。第二部分是变量的量表,测量民宿经营者的开放性、尽责性、外向性、亲和性、神经质等方面的人格特质。第三部分是针对民宿经营者的利润导向型价值观、生活方式导向型价值观与创业和发展导向型价值观的测评量表。第四部分从盈利能力和竞争力两方面衡量了民宿经营绩效。第五部分是开放性问题,主要征求民宿经营者关于改善经营业绩方面的意见与建议。其中,第二、第三、第四部分的问题采用李克特五级量表,最高 5 分,最低 1 分。5 表示强烈同意,4 表示适度同意,3 表示稍微同意,2 表示不同意,1 表示强烈不同意。关于平均值的解释,如表 7-4 所示。

表 7-4 平均值含义的解释

均值	描述性解释
3.67~5.00	高
2.34~3.66	中
1.00~2.33	低

7.4 预调研

7.4.1 预调研的基本情况

本书在上述编制量表的基础上设计了预调研的问卷,并选取河南省民宿比较集中的郑州伏羲山、焦作云台山、洛阳栾川等地进行预调研，对收集的问卷进行数据分析。

调研问卷采取随机访谈法的方式，受访者在完全自愿的基础上，有随时退出调研的权利。在调查问卷中已充分清楚地说明了所有收集到的信息都被保密、匿名保存，仅用于研究目的。

在探讨预试验样本规模对研究结果可靠性的影响时，学术界尚未达成共识。针对这一问题，本书参考了 Gorsuch 和 Venable[176] 以及吴明隆[177] 的研究建议。Gorsuch 在 1983 年提出，为了确保研究结果的可靠性，建议测量变量的题项数量与参与者数量之间的比例维持在 1∶5，并且参与者的总数应不低于 100 人。这里的题项数指的是与特定测量变量相关的题目数量，而不是问卷中的总题数，基数的计算应以题项数最多的变量为准。同时，吴明隆也强调了预测试样本量的重要性，建议样本数至少是量表中题项数最多的部分的五倍。量表中题项最多的题项是 21 项，因此，预调研中总共收集了 115 份民宿经营者的调查问卷，并利用 SPSS 软件进行信度与效度检验。

7.4.2 预调研问卷的信效度分析

7.4.2.1 信度检验

在对上文构建的量表进行信度分析时，主要通过计算 Cronbach's alpha 来实现。根据已有的研究，Cronbach's alpha 至少应达到 0.5 的水平，而 0.6 则被认为是一个更好的结果。普遍来说，学术界倾向于认为，当 Cronbach's alpha 值超过 0.7 时，表明量表具有较高的可靠性。

在评估 Cronbach's alpha 时，还需要关注移除某个题项后对整体信度的影响。所谓"项目删除后的信度系数"，是指在排除某个特定题项之后，剩余题项所构成的量表的 Cronbach's alpha 值。如果在某题项被移除之后，该系数有所提升，这可能意味着被移除的题项与其他题项之间的一致性较弱。在这种情况下，为了提高量表的整体信度，可以考虑将该题项排除在外。

表 7-5 为预调研问卷的信度检验结果。

表 7-5 民宿经营者人格特质、职业价值观和经营绩效的信度结果

变量	维度	项目	删除项目后的 Cronbach's alpha	Cronbach's alpha	维度的 Cronbach's alpha	量表的 Cronbach's alpha
人格特质	亲和性	A1	0.863	0.847	0.700	0.863
		A2	0.861			
		A3	0.86			
		A4	0.86			
	尽责性	A5	0.862	0.884		
		A6	0.861			
		A7	0.861			
		A8	0.861			
	外向性	A9	0.86	0.917		
		A10	0.86			
		A11	0.86			
		A12	0.859			
		A13	0.86			
	神经质	A14	0.869	0.757		
		A15	0.87			
		A16	0.87			
		A17	0.87			
	开放性	A18	0.86	0.846		
		A19	0.858			
		A20	0.858			
		A21	0.858			
职业价值观	利润导向	B1	0.861	0.798	0.800	
		B2	0.86			
		B3	0.86			
		B4	0.86			
	生活方式导向	B6	0.861	0.923		
		B7	0.861			
		B8	0.862			
		B9	0.861			
		B10	0.861			
	创业和发展导向	B11	0.857	0.912		
		B12	0.857			
		B13	0.857			
		B14	0.858			
		B15	0.857			

变量	维度	项目	删除项目后的Cronbach's alpha	Cronbach's alpha	维度的Cronbach's alpha	量表的Cronbach's alpha
经营绩效	竞争力	C9	0.857	0.870	0.902	0.863
		C10	0.857			
		C11	0.858			
		C12	0.857			
		C13	0.858			
		Pro6	0.858			
		Pro7	0.857			
	盈利能力	C1	0.857	0.828		
		C2	0.856			
		C3	0.861			
		C4	0.859			

7.4.2.2 效度检验

本书采用探索性因子分析法来检验问卷的结构效度。在因子分析前，采用 SPSS 软件对该量表的测量项目进行 KMO 检验和巴特利特球形检验，以确定该量表是否适合做因子分析。

采用 SPSS 软件对民宿经营者的人格特质、职业价值观和经营绩效的测量项目进行了 KMO 检验和巴特利特球形检验。结果表明，KMO 值为 0.847，达到了一个较好的指标。巴特利特球形检验的近似卡方分布为 7994.923，自由度为 1035，显著性概率值 $p = 0.000 < 0.05$ 达到显著水平，如表 7-6 所示，说明问卷适合进行因子分析。

表 7-6 人格特征、职业价值观和工作绩效的效度分析结果

KMO 检验和巴特利特球形检验		
KMO		0.847
巴特利特球形检验	近似卡方	7994.923
	自由度	1035
	显著性	0.000

第一，民宿经营者人格特质的效度检验。采用 SPSS 软件对民宿经营者人格特

质的问卷进行 KMO 检验和巴特利特球形检验，结果显示：KMO 值为 0.846，达到良好的指标；巴特利特球形检验的近似卡方分布为 22883.763，自由度为 210，显著性概率值 p＝0.000＜0.05，达到显著水平，表明民宿经营者人格特质的 21 个题项变量有共同因子存在，即民宿经营者人格特质适合做因子分析。如表 7-7 所示，通过探索性因子分析，共得到 5 个公因子，累计解释的方差贡献率为 72.829%。

表 7-7　民宿经营者人格特质量表的因子载荷

测量维度	测量题项	成分 1	成分 2	成分 3	成分 4	成分 5
亲和性	A1	0.698				
	A2	0.851				
	A3	0.839				
	A4	0.870				
尽责性	A5		0.857			
	A6		0.771			
	A7		0.824			
	A8		0.902			
外向性	A9			0.787		
	A10			0.829		
	A11			0.787		
	A12			0.894		
	A13			0.797		
神经质	A14				0.650	
	A15				0.691	
	A16				0.728	
	A17				0.797	
开放性	A18					0.783
	A19					0.816
	A20					0.828
	A21					0.718

总方差的解释量为：72.829%

　　第二，民宿经营者职业价值观的效度检验。运用 SPSS 软件对民宿经营者职业价值观量表进行 KMO 检验和巴特利特球形检验，结果显示：KMO 值为 0.842，巴特利特球形检验的近似卡方分布为2202.83，自由度为91，显著性概率值 p = 0.000<0.05，达到显著水平，适合做因子分析。通过探索性因子分析，共得到三个公因子，累计解释的方差贡献率为71.549%（见表7-8）。

表7-8 民宿经营者职业价值观量表的因子载荷

测量维度	测量题项	成分1	成分2	成分3
利益导向	B1	0.709		
	B2	0.769		
	B3	0.870		
	B4	0.816		
	B5	—		
生活方式导向	B6		0.835	
	B7		0.814	
	B8		0.879	
	B9		0.824	
	B10		0.801	
创业和发展导向	B11			0.726
	B12			0.846
	B13			0.791
	B14			0.731
	B15			0.777
总方差的解释量为：71.549%				

除测量题项 B5 外，其余题项均满足因子负荷大于 0.5 以及共同度大于 0.35 的要求。探索性因子分析显示，B5 题项需要删除。结合前文信度分析中 B5 题项的 Cronbach's alpha 值情况，本书将民宿经营者职业价值观测量题项 B5 删除，剩余 14 个题项作为正式测量的题项。

第三，民宿经营者经营绩效的效度检验。运用 SPSS 软件对民宿经营者经营绩效的测量题项进行 KMO 检验和巴特利特球形检验，结果显示：KMO 值为 0.816，巴特利特球形检验 p 值为 0.000，适合做因子分析。通过探索性因子分析，共得到三个公因子，累计解释的方差贡献率为69.279%。除了 C5 和 C13 外，其余题项的因子负荷均在 0.5 以上（见表7-9）。因此，本书将删除 C5 和 C13 两个题项之后的 11 个题项作为正式量表题项。

表 7-9　民宿经营者经营绩效的因子载荷

测量维度	测量题项	成分 1	成分 2
盈利能力	C1	0.790	
	C2	0.794	
	C3	0.700	
	C4	0.667	
	C5	—	
	C6	0.840	
	C7	0.890	
	C8	0.881	
竞争力	C9		0.593
	C10		0.577
	C11		0.761
	C12		0.770
	C13		—

总方差的解释量为：69.279%

7.4.3　预调研问卷的修正与正式问卷

从上述对本书预测试问卷各测量题项的效度、信度检验结果显示，民宿经营者职业价值观与经营绩效三个维度分量表的 Cronbach's alpha 值均在 0.8 以上，人格特质的五个维度量表的 Cronbach's alpha 值达到 0.7 以上，各分量表数据的可靠性较好，均符合信度检验要求。

探索性因子分析结果显示，民宿经营者人格特质提取了五个公因子，职业价值观量表提取了三个公因子上，经营绩效提取了两个公因子。量表中除了 B5、C5、C13 三个题项，其余题项均满足因子负荷大于 0.5 以及共同度大于 0.35 的要求。

基于以上的信度检验、效度与因子分析，本书对预测试问卷进行了如下修正：一是删除民宿经营者职业价值观量表中的 B5 题项；二是删除民宿经营者经营绩效量表中的 C5 和 C13 两个题项；三是保留民宿经营者人格特质量表的 21 个题项、职业价值观量表 14 个测量题项、经营绩效的 11 个测量题项。最终形成本书的正式测量问卷。

7.5　正式调研

7.5.1　样本选择

7.5.1.1　研究对象

本部分的研究对象为河南省"标准"民宿的经营者。根据 2.1.1 对民宿的定义，符合《旅游民宿基本要求与等级划分》（GB/T 41648-2022）定义的民宿称为"标准"民宿，是民宿经营的领军者与风向标，对"非标准"民宿的经营有较强的引领作用。

考虑到"非标准"民宿由于单体小、分布散且缺乏相应的统计归口，目前官方没有精确的统计数据。尽管学界采用携程、去哪儿等网络平台爬取相关数据，但据了解，携程中的"民宿"既包括了"标准"民宿，也包括了"客栈""公寓"等"非标准"民宿，因此，采用网络平台爬取的数据具有一定的局限性和不准确性。

为确保研究的有效性与准确性，本书选择了"标准"民宿作为研究对象。原因有两个方面：一是河南的"标准"民宿有官方统计的数量 592 家；二是对"标准"民宿的研究对"非标准"民宿的经营有更强的指引与启示作用。

7.5.1.2　样本容量

河南省文化和旅游厅 2020 年的官方旅游统计数据显示，2020 年全省共有 592 家民宿。根据公式（7-1）进行计算：

$$n = \frac{N}{1 + N \times e^2} \tag{7-1}$$

其中：n 为样本量；N 是民宿的总数；e 是 $\alpha = 0.05$ 时的标准误差。得出本书研究所需的样本量为 239 家。

7.5.2　数据收集

本书的数据统计分为两个阶段。第一阶段为 2021 年 7 月至 2022 年 10 月，本书进行了第一次问卷调研，共发放问卷 200 份，回收 182 份，有效问卷 167 份，问卷的有效率为 91.8%。主要调研区域为民宿较为集中的郑州伏羲山、焦作云台山、洛阳栾川等。第二阶段为 2023 年 7 月至 2024 年 2 月，由于 2023 年后，旅游经济发展势头强劲，带动了民宿行业的复苏，为保证数据的及时性与有效性，本书增发了 100 份问卷，回收问卷 87 份，其中有效问卷 72 份，两次问卷数量共计 239 份。

本书对河南省民宿经营者的问卷调研采用了简单的随机抽样方法。

7.5.3 研究工具

7.5.3.1 描述性分析

本书在描述性统计分析中，使用平均值、标准差、等级、百分比和频率来描述民宿经营者的人口统计学特征、民宿的概况，以及模型中涉及的人格特质、职业价值观和经营绩效中不同维度的统计结果。

7.5.3.2 探索性分析

本书的相关分析包括民宿经营者人格特质、职业价值观与经营绩效等变量的验证性因子分析、人口统计特征变量的方差分析、变量间的相关性分析等，研究方法包括线性相关分析、回归分析等。例如单因素方法分析、独立样本 t 检验、皮尔逊相关和多元回归。其中，为了确定人格特质、职业价值观和经营绩效之间的关系，本书采用方差分析和独立样本 t 检验、皮尔逊相关和多元回归来确定人格特质、职业价值与经营绩效之间的关系，并构建回归模型。

7.6 小结

本部分通过研究思路、理论模型、研究假设、问卷设计、预调研与正式调研等步骤，完成了河南省民宿经营者人格特质、职业价值观与经营绩效的研究设计。

首先，明确了民宿经营者人格特质、职业价值与经营绩效的研究问题；民宿经营者人格特质、职业价值与经营绩效的理论模型与研究假设。

其次，编制了民宿经营者的人格特质、职业价值与经营绩效研究的量表，并通过预调研的数据收集，对量表进行了信效度的分析，剔除了影响信效度的问题，形成了正式问卷。

最后，通过研究对象的剖析，核定研究对象的总样本量，并通过公式计算出正式调研的样本容量。在此基础上，通过两次的问卷发放、收集调研数据，并选取合适的数据处理软件与分析工具进行数据处理。

8 河南省民宿经营者人格特质、职业价值观与经营绩效的实证研究

"标准"民宿是河南省民宿发展的引擎，是河南省民宿行业高质量发展的载体，也是乡村旅游发展体系的重要组成部分，更是实现河南乡村振兴的重要抓手。河南省"标准"民宿的经营绩效是全省民宿发展的标杆与旗帜，对"标准"民宿的研究有助于全省民宿在发展全过程的指导，如发展初期经营者的遴选、发展中期经营者的培训及发展后期经营绩效的提高等。本部分通过实证分析，从描述性统计分析和推断性统计分析两个角度对河南省"标准"民宿进行研究，提出河南省"标准"民宿经营绩效提升的理论模型，以期为河南省的"非标准"民宿及全国民宿经营绩效的提升提供思路与借鉴。

8.1 河南省"标准"民宿经营者的描述性统计分析

8.1.1 先行变量的描述性统计分析

8.1.1.1 受访者的人口统计学特征分析

运用统计分析软件 SPSS 对河南省"标准"民宿的样本进行统计分析，将参与本书研究的河南省"标准"民宿经营者按性别、年龄、受教育程度、家庭成员数量、工作经验和创业培训经验进行分类，结果如表 8-1 所示。

表 8-1 河南省"标准"民宿人口统计学因素分布表

名称	类别	频率	百分比（%）
性别	男	101	42.26
	女	138	57.74
年龄	≤25 岁	16	6.69
	26~35 岁	80	33.47
	36~45 岁	102	42.68
	46~55 岁	36	15.06
	56~65 岁	5	2.09
受教育程度	初中及以下学历	50	20.92
	高中或中专学历	77	32.22
	大专或本科学历	95	39.75
	研究生及以上	17	7.11
家庭成员数量	≤3 人	53	22.18
	4~6 人	177	74.06
	≥7 人	9	3.77
工作经验	≤3 年	78	32.64
	4~6 年	52	21.76
	7~9 年	35	14.64
	≥10 年	74	30.96
创业培训经验	是	163	68.20
	否	76	31.80

根据表 8-1 的数据，河南省民宿经营者女性多于男性；大多数民宿经营者的年龄在 26~45 岁；受过良好教育；家庭成员数量小于 6 人及以下；工作经验小于或等于 6 年。

第一，性别方面，河南省民宿经营者女性多于男性。男性民宿经营者 101 人，占样本总数的 42.26%，女性民宿经营者 138 人，占总数的 57.74%。

这一结果与民宿短期租赁预订平台木鸟民宿发布的 2022 年民宿发展报告一致[120]。据报道，在木鸟民宿平台上，民宿经营者女性最多的前五个城市是青岛、上海、成都、广州和秦皇岛。2021 年，女性占民宿经营者的 55%。同时，人民网显示"民宿行业女性房东占近六成，成都女房东数量领跑全国"[121]。然而，这一结论与其他省份的研究结果相矛盾，如丽江市、大理市、厦门市、阳朔市[35] 和贵州东南部[45]，这些地区的民宿行业由男性经营者主导。这说明，随着民宿行业的成熟，女性经营者的比例逐渐高于男性。这一事实与下列两个因素有关：一是在中国女性的地位不断上升；二是由于民宿特定的工作环境，女性比男性更有经营优势。

第二，年龄方面，大多数民宿经营者的年龄在 26~45 岁。25 岁及以下民宿经营者 16 家，占样本总数的 6.69%；26~35 岁民宿经营者 80 家，占 33.47%；36~45 岁民宿经营者 102 家，占 42.68%；46~55 岁民宿经营者 36 家，占 15.06%；56~65 岁民宿经营者 5 家，占 2.09%。

这一发现与赵群[45] 对贵州东南部地区民宿经营者的研究一致。2019 年和 2017 年的民宿发展方面的报告显示[1, 2]，36~45 岁年龄段的民宿主人比例最高，而 26~35 岁的民宿主人比例则在上升。这些年龄段的民宿经营者是在中国改革开放后诞生的，他们的思维更活跃，想法更多，更喜欢自由和不受约束的工作，民宿相对温暖的经营环境满足了这个年龄段的工作者对工作环境的要求。

第三，受教育程度方面，大多数民宿经营者受过良好的教育。初中及以下教育程度的受访者 50 人，占样本总数的 20.92%；高中或中专学历受访者 77 人，占 32.22%；大专或本科学历的受访者 95 人，占 39.75%；研究生及以上学历受访者 17 人，占 7.11%。

这一发现符合中国目前的形势。根据全国人口教育结构，高中教育人数为 6.01 亿，占全国的 42.92%[123]。此外，我国高等教育已进入普及阶段，实现了精英教育向大众教育的转变。因此，不同教育程度的受访者比例合理，高中或中专与大专或本科学历的人占多数，受教育程度的总体分布与民宿经营者的实际情况基本一致。

第四，家庭成员数量方面，大多数民宿的经营者有 6 人及以下的家庭成员。有 53 名受访者（22.18%）的家庭成员在 3 人及以下；177 名受访者（74.06%）有 4~6 人家庭成员；仅有 9 名受访者（3.77%）有 7 人及以上的家庭成员。

这一现象符合河南省民宿行业的实际情况。由于民宿经营者年龄大多在 26~45 岁，其中，"80 后"是民宿经营的主力军，这代人是受"独生子女"政策影响最大的一代。这一代的家庭成员数量一般为 3 人，两个父母和一个孩子。大多数民宿经营者有 6 人及以下的家庭成员，这表明河南省民宿经营者的家庭规模小，往往一家人独立经营或者两代人之间合作式的家庭经营模式。

第五，工作经验方面，大多数民宿经营者的工作经验小于或等于3年。其中，有78名受访者占样本3年及以下经验的32.64%；52名受访者占21.76%，有4~6年工作经验；35名受访者占14.64%；有7~9年工作经验；74名受访者占30.96%，有10年及以上工作经验。

这一发现与近年来民宿行业在河南的发展历程有较大的关系。河南省民宿起步晚，是近年来才发展起来的一项符合市场需求的新住宿模式。同时说明了河南省民宿经营者从事相关行业的工作年限不长，积累的经验有限，需要适当的培训与引导，规范民宿经营者的市场行为，从而有利于民宿行业的健康、有序发展。

第六，民宿经营者的创业培训经验，超过一半的受访者有培训经验。有163名民宿经营者（68.20%）有过民宿的培训经验，而76名民宿经营者（31.80%）没有民宿培训的经验。

这一发现与刘阿丽[124]、周婷和宋锦波[125]的研究存在高度的一致性。刘阿丽[124]认为在阳朔市，不超过60%的民宿工作人员在开始工作前接受过培训，而在那些接受培训的人中，大多数是由民宿所有者或其他从业人员培训的，而不是通过专业的入职前培训。周婷和宋锦波[125]发现江苏省民宿工作者较多的家庭成员或亲属参加的专业培训较少，占总受访者的52.7%。通过对河南省民宿经营者受培训经营的研究发现，河南省民宿经营者与全国范围的民宿经营者在受培训经历方面具有一致性，均表现为缺乏受培训经历，由于有相当一部分经营者没有接受过培训，说明民宿经营需要更多的专业培训资源和机会，以提高整体服务质量和运营效率。

8.1.1.2 样本民宿的特征分析

运用统计分析软件SPSS对河南省"标准"民宿的样本进行统计分析，将参与本书研究的河南省"标准"民宿按房间数量、民宿位置和周边环境进行分类，结果如表8-2所示。

表8-2 受访者所经营民宿的主要特点

名称	类别	频率	百分比（%）
房间数量	<10 间	83	34.73
	10~20 间	115	48.12
	21~30 间	23	9.62
	>30 间	18	7.53

续表

名称	类别	频率	百分比（%）
位置 （民宿与城市/城镇的距离）	1小时以下	152	63.60
	1~2小时（含2小时）	67	28.03
	2~3小时	14	5.86
	3小时及以上	6	2.51
周边环境	在景区内部	139	58.16
	距离景区15分钟以内	58	24.27
	距离景区16~30分钟	22	9.21
	距离景区超过30分钟	20	8.37

第一，民宿的房间数量。调查结果显示，河南省大多数民宿的房间数量不到20间。样本中有83个家庭，房间数量少于10间的占34.73%；房间数量相对较多的有10~20间，有115个家庭，占48.12%；房间数量21~30间的占9.62%，有23个家庭；房间数量30间以上的占7.53%，有18个家庭。

这一发现与中国大多数省份的民宿房间数量一致。例如，浙江省是中国民宿行业发达的省份，民宿往往是以独栋别墅为经营单位，大多数民宿的房间数量以20间为上限[122]。在河南省的"标准"民宿中，民宿的房间数量与江浙等发达地区一样，往往是以多栋独立的房子或者一套独立的房子为经营单元，数量不超过20间。这与《旅游民宿基本要求与评价》的要求一致，特别是《旅游民宿基本要求与评价》（LB/T065-2017）关于民宿房间数量不超过20间的规定相一致。而广西在《广西旅游民宿管理暂行办法》中规定，广西民宿的房间数量不得超过14间，建筑面积不得超过800平方米[126]。

第二，民宿的位置。河南省的"标准"民宿中，大多数与城市/城镇的距离都在1个小时的车程内。其中，距离城市/城镇1小时内车程的民宿有152家，占63.60%；距离城市/城镇1~2小时（含2小时）的民宿有67家，占28.03%；距离城市/城镇2~3小时的民宿有14家，占5.86%；仅有6家民宿距离城市/城镇3小时及以上的车程，占样本总数的2.51%。

这与《2014~2021年河南民宿发展报告》中关于民宿位置的描述相一致。报告指出，大多数的河南省民宿都能在各方面满足客人的需求，如地理位置优越、靠近景点和购物区、交通方便等[127]。

第三，民宿的环境。河南省的"标准"民宿中，绝大多数的民宿均位于景区内部，或者距离景区 15 分钟以内的车程。位于景区内部的共有 139 家（58.16%）；距离景区 15 分钟以内车程的民宿有 58 家（24.27%）；距离景区 16~30 分钟车程的民宿有 22 家（9.21%）；距离景区 30 分钟以上车程的民宿有 20 家，占比 8.37%。

这一发现说明以下几个问题：一是民宿位置的重要性。绝大多数的标准化民宿位于景区内部或附近，这表明地理位置是民宿成功的关键因素之一。靠近旅游景点可以为游客提供便利，增加民宿的吸引力。二是民宿的便利性。游客倾向于选择那些能够轻松到达旅游景点的住宿，这样可以节省时间并减少旅行的不便。三是民宿的市场基础。高比例的民宿集中在景区附近，反映了民宿的客源市场与景区游客的密切关系，旅游目的为民宿带来了较大的市场机会。四是民宿的交通通达性。民宿的分布显示了对交通的依赖，尤其是在距离景区 15 分钟车程以内的民宿，这对当地的交通基础设施提出了一定的要求，也为民宿的筛选提供了一定的思路。

8.1.2 自变量的描述性统计分析

8.1.2.1 民宿经营者的人格特质

运用统计分析软件 SPSS 对河南省"标准"民宿的样本进行统计分析，将参与本书研究的河南省"标准"民宿经营者的人格特质按照亲和性、尽责性、外向性、神经质与开放性的大五人格特质的五个维度进行分析，结果如表 8-3 所示。

表 8-3 对受访者大五人格的描述性分析

	低 [1, 2.33)		中 [2.34, 3.67)		高 [3.67, 5]		均值	描述结果
	频率	占比（%）	频率	占比（%）	频率	占比（%）		
亲和性	1	0.4	21	8.8	217	90.8	4.513	高
尽责性	22	9.2	58	24.3	159	66.5	3.920	高
外向性	17	7.1	56	23.4	166	69.5	4.024	高
神经质	73	30.5	111	46.4	55	23.0	2.906	中等
开放性	9	3.8	71	29.7	159	66.5	3.931	高

河南省"标准"民宿的受访者具有很强的亲和性。有 217 家民宿经营者具有"高"亲和性，占总样本的 90.8%（均值为 4.513），如表 8-3 所示。民宿经营者

具有很强的亲和性，这是各地民宿经营者的共同特征。不少住客在评论中指出，民宿的经营者给他们带来友好、快乐的氛围感，并愿意主动与他们交谈。从客户的角度来说，客人选择民宿不仅是为了享受良好的生活环境，体验当地的民俗和人文感受，而且是为了亲密的服务和与主人互动的温暖。友好的民宿经营者可以与住客建立持久的关系。这与章万清[128]、赵群[45]在2021年的研究结果一致。

河南省"标准"民宿经营者在尽责性、外向性和开放性方面的得分相对较高。其中，159名受访者具有"高"尽责性，占66.5%（均值为3.920）；在外向性方面，有166名受访者得分较高，占69.5%（均值为4.024）；在开放性方面，159名受访者得分较高，占66.5%（均值为3.931），表明大多数民宿经营者在尽责性、外向性和开放性方面处于较高的水平。然而，在神经质方面，得分较低的有73名受访者，占30.5%；中度神经质者有111名受访者，占46.4%，整体均值为2.906，这意味着民宿经营者在神经质人格特质的表达上，处于中等状态。

综上所述，河南省"标准"民宿的经营者在人格特质上具有较强的亲和性、外向性、尽责性和开放性，具有中等程度的神经质特征。这反映了大多数民宿经营者在情感交流上倾向于民宿客人的需求是一致的，这是民宿经营与客户需求的高度契合，是市场需求对住宿产品的细化与升级。而民宿经营者对于民宿住客的情感往往与经营者热情、真诚的实际行为是一致的。值得一提的是，具有高神经质的民宿经营者并不太适合从事民宿这个行业。因此，在民宿经营者投资前期应特别注意人格特质对投资者的筛选。

8.1.2.2 民宿经营者的职业价值观

运用统计分析软件SPSS对河南省"标准"民宿的样本进行统计分析，将参与本书研究的河南省"标准"民宿经营者的职业价值观按照利润导向型价值观、生活方式导向型价值观、创业和发展导向型价值观三个维度进行分析，结果如表8-4所示。

表8-4 河南省"标准"民宿经营者的职业价值观

	低 [1，2.33)		中 [2.34，3.67)		高 [3.67，5]		均值	描述结果
	频率	占比（%）	频率	占比（%）	频率	占比（%）		
利润导向	3	1.3	52	21.8	184	77.0	4.130	高
生活方式导向	15	6.3	65	27.2	159	66.5	3.967	高
创业和发展导向	2	0.8	61	25.5	176	73.6	4.107	高

河南省"标准"民宿经营者在利润导向型价值观方面的得分较高。184名受访者的利润导向价值(均值为4.130)的占比为77%,这表明大多数民宿经营者在从事民宿经营活动时是为了获得更多的利润。这一发现与杨晓鸿[95]的观点一致,他认为70%的民宿经营者以利润为导向,而30%的民宿经营者是情感导向型。然而,这一发现与皮常玲[35]的观点不一致。她认为以获得盈利为主要目的的民宿经营者相对较少。

造成两种观点相悖的原因主要有以下两点:一是区域差异,本书的研究对象是河南省民宿的经营者,是中部地区的代表性省份之一,在社会经济发展中具有中部地区的代表性。然而,学者皮常玲研究的民宿集中于民宿较发达的福建、浙江、丽江、大理等地区。在马斯洛需求层次理论的基础上来理解民宿经营者的行为:经济发达地区的民宿经营者更倾向于以生活方式为导向的工作价值。二是河南省民宿的发展还处于起步阶段,河南省的民宿产业相对年轻,民宿经营者可能更加注重短期的盈利,以确保民宿的生存和发展。这种以利润为导向的价值观可能是出于对市场不确定性的自然反应,以及对长期投资回报的谨慎态度。此外,由于河南省民宿产业处于起步阶段,相关的政策支持、行业规范和市场认知可能还不够成熟,容易导致民宿经营者在经营过程中缺乏足够的指导和帮助,从而更倾向于采取保守的经营策略,以确保能够快速回收投资并实现盈利。随着产业的逐步发展和成熟,民宿经营者可能会逐渐转向更加注重品牌建设和客户体验的长期发展策略。

另外,尽管河南省"标准"民宿经营者在生活方式导向型价值观(均值为3.967)方面略低于利润导向型价值观(均值为4.130),但总体上仍然处于较高水平。159名受访者在生活方式导向型价值观的得分较高,占66.5%。由此可见,追求生活方式工作价值观的民宿经营者的数量仍然相对较大,这个结论与皮常玲[35]的研究发现一致,她认为大多数民宿经营者的工作价值主要是追求民宿的生活方式。

河南省民宿经营者在创业和发展导向型价值观方面的均值较高(均值为4.107)。受访者中,176名在创业和发展导向型价值观方面的得分较高,占76.3%,说明河南省"标准"民宿经营者重视个人的创业过程和职业发展,意味着他们不仅认为民宿是一个营利性行业,也为其提供了创业和职业发展的平台。部分学者建议民宿经营者应该在创业导向上培养冒险、自主、积极的精神品质,以及创新的服务绩效,从而赢得客户的回购意愿[96]。

8.1.3　因变量的描述性统计分析

运用统计分析软件 SPSS 对河南省"标准"民宿的样本按照盈利能力与竞争力分类并进行统计分析，结果如表 8-5 所示。

表 8-5　河南省"标准"民宿的经营绩效

	低 [1, 2.33)		中 [2.34, 3.67)		高 [3.67, 5]		均值	描述结果
	频率	占比（%）	频率	占比（%）	频率	占比（%）		
盈利能力	2	0.8	31	13.0	206	86.2	4.321	高
竞争力	2	0.8	87	36.4	150	62.8	3.854	高

河南省"标准"民宿的盈利能力较强（均值为 4.321）。其中，206 名受访者表示其民宿的盈利能力较强，占总样本的 86.2%。造成这一结果的原因有以下两个方面：第一，2022 年民宿的盈利能力较 2020 年与 2021 同期有所提高。在 2020 年和 2021 年新冠疫情暴发时，人口流动减少，导致游客数量急剧下降，从而民宿的盈利能力也急剧下降。2022 年，政府在控制新冠疫情方面已经有了一定的经验，并取得了初步成果，游客纷纷走出家门开启了旅游活动，为民宿的经营提供了良好的客源基础。第二，2022 年以来，河南省部分景区采取了不同程度的营销推广政策，如免费进入云台山、栾川高速下站口免费等措施，吸引了大批游客。因此，民宿经营者 2022 年的盈利能力较强。

竞争力方面，河南省"标准"民宿经营者认为他们的民宿具有较强的竞争力（均值为 3.854）。其中，150 名受访者表示其民宿对比其他民宿具有较高的竞争力，占受访者总数的 62.8%。这一发现与赵群[45] 的研究结论相一致。民宿具有高水平竞争力的原因与民宿作为起步晚，发展快的行业密切相关，大部分民宿在最近几年刚刚进行了装修，一定程度上满足住客求新、求奇的住宿需求，对比经济型酒店或者星级酒店，在市场上表现出较强的竞争力。

8.1.4　问卷中建议部分的语义网络分析

语义网络分析在文本分析中占据着举足轻重的地位。近年来，伴随着网络在线评论对产品销售影响力的不断增强，网络评论已经引起了业界与学术界的广泛关注。本书中，问卷部分所收集的建议是极具代表性的文本数据。本书采用

ROST Content Mining 工具，对这些数据进行深入的语义网络分析，从而更加清晰地洞察民宿经营者在经营绩效方面的核心关注点，研究结果不仅有助于理解民宿经营者的真实想法和需求，也为进一步提升民宿经营绩效提供了有力的数据支撑。

8.1.4.1 民宿建议的高频词分析

通过对问卷中建议部分内容的收集与整理发现，在 239 名受访者中，有 137 人（57.30%）没有就如何改善民宿的经营提出建议，而另外的 102 名受访者中，有人给出了多条建议。下面对问卷中建议部分的内容进行整理，结果如表 8-6 所示。

表 8-6　民宿经营者关于提高经营绩效建议的词频统计表

序号	建议	频率	占比（%）
1	服务	32	20.65
2	营销	26	16.77
3	环境	20	12.90
4	经营	20	12.90
5	卫生	7	4.52
6	设施	7	4.52
7	用心	6	3.87
8	诚信	6	3.87
9	态度	6	3.87
10	平台	5	3.23
11	精细化管理	4	2.58
12	回头客	3	1.94
13	多元化	3	1.94
14	体验	2	1.29
15	策划	2	1.29
16	培训	2	1.29
17	销售	2	1.29
18	品质	2	1.29
19	无意见	137	57.30

注：$n=239$，个别受访者提出了多个建议。

关于"服务"的建议有 32 条，占比 20.65%。一定程度上说明，部分受访的民宿经营者已经认识到服务对于提高经营绩效的重要作用。其中部分受访者更强调了服务的具体表现形式，如用心、真诚、热情和增值服务等。

关于"营销"的建议有 26 条，占比 16.77%。说明民宿经营者已经认识到，宣传对于民宿经营绩效提高的重要作用。在建议中，他们主要关注营销推广，特别是网上销售和网上广告，如社交媒体、OTA 与抖音直播等。

关于"环境"的建议有 20 条，占比 12.90%。民宿经营者不仅提到了民宿干净卫生的房间，而且还提到了外部环境，如民宿外美丽的风景和民宿内精致的装饰。

关于"经营"的建议有 20 条，占比 12.90%。说明一部分民宿经营者逐渐重视民宿的经营，认为民宿经营的过程与获得绩效有较为明显的关系。一部分经营者认为"诚信"经营非常重要，这将有助于民宿形成良好的口碑，获得更多的回头客。

关于提高民宿经营绩效的建议中，提到"卫生""设施"的各有 7 名受访者，占比均为 4.52%；提到"用心""诚信""态度"的各有 6 名受访者，占比均为 3.87%；提到"平台"（3.23%）、"精细化管理"（2.58%）、"回头客"和"多元化"的受访者，均占比 1.94%。还有其他项建议，占比 6.45%。

从表 8-6 可以看出，"服务""环境""硬件""回头客""培训""精细化管理""政策""民宿特色"等词体现出了民宿经营者在提供绩效方面所重视的内容。因此，民宿经营者最关注的方面为民宿服务、民宿环境、民宿硬件与民宿经营者的培训等。

8.1.4.2 民宿建议的词云分析

词云图直观、有效地展示了河南省民宿经营者的关注焦点。词云图作为一种数据可视化工具，通过词汇的大小直观展示了其在文本中的出现频次。在河南省民宿调查问卷的建议部分，采用 ROST Content Mining 工具生成词云图，可以帮助我们迅速捕捉到经营者的核心观点和关切点。从图 8-1 中可以清晰地看到"服务""营销""环境"等词汇的突出显示，表明这些方面是民宿经营者最为关注和强调的。

从词云图中提炼出的高频词汇如"服务""营销""环境""用心""卫生"等，不仅代表了民宿经营者的经营重点，也间接反映了消费者的需求和期望。例如，"服务"和"用心"体现了消费者对友好、周到服务的期待；"卫生"则是

图8-1 民宿建议的词云图

对住宿环境的基本要求；"环境"一词则涵盖了民宿周边的自然环境以及室内的装修和氛围，这些都是消费者在选择民宿时会考虑的重要因素，也成了民宿经营者关注的问题。

8.1.4.3 民宿建议的语义网络分析

通过采用 ROST Content Mining 工具对河南省民宿评论进行语义网络分析，能够深入探究高频词之间的内在联系。这种分析方法不仅呈现了各个关键词之间的关联关系，还通过直观的语义网络图，能更清晰地得出民宿经营者在提升经营绩效方面的关注点和策略。从图 8-2 中可以看出，"服务""营销""环境""用心"和"干净"等关键词汇的关联度最高，说明这些因素不仅是民宿经营者建议的核心内容，也是提升民宿经营绩效的关键因素。

关键词汇反映了民宿经营绩效提升的关键要素。"服务""营销""环境""用心""干净"等关键词在语义网络图中的突出地位，表明了这些因素在民宿经营中的重要性。优质的服务是吸引和留住顾客的基础，有效的宣传和营销能提高民宿的知名度和吸引力，而舒适的环境则是提升顾客满意度和忠诚度的关键。这些要素共同构成了民宿经营绩效提升的核心框架，为民宿经营者提供了明确且实用的改进方向。

语义网络分析图中各个关键词之间存在指向性的相关关系实际上揭示了提升经营绩效的具体路径。例如，"营销"指向"媒体、平台和推广"，说明通过上述途径可以有效实现民宿的营销宣传，"服务"指向"硬件、品质、情怀"，意味着民宿要求的是高品质的软硬件服务，过程中体现了民宿经营者的情怀。这种指向性的关系为民宿经营提供了具体的操作指南，有助于其更精确地制定和执行改进策略。

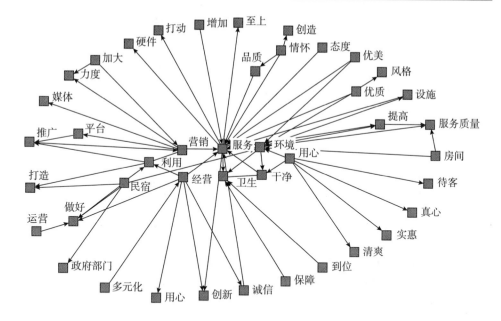

图 8-2　河南省民宿建议的语义网络分析

8.2　河南省"标准"民宿经营者的推断性统计分析

在问卷分析中，通常采用独立样本 t 检验和单因素方差分析判断变量之间的差异性。独立样本 t 检验适用于两组数据，而单因素方差分析适用于三组或三个以上的数据。为确定河南省"标准"民宿经营者的人格特质、职业价值观与经营绩效是否会在性别、年龄、受教育程度、工作经验等社会人口统计学特征变量上存在差异，本书将采用上述两种方法。

8.2.1　河南省民宿经营者人格特质的人口统计学因素差异

8.2.1.1　民宿经营者人格特质在性别方面的差异性

采用独立样本 t 检验来判定河南省"标准"民宿经营者按性别分类时的亲和性、尽责性、外向性、神经质和开放性等性格特征的差异，结果如表 8-7 所示。

表 8-7 民宿经营者人格特质在性别方面的差异性

	性别（平均值±标准差）		t	p	假设检验	显著性
	男（n=101）	女（n=138）				
亲和性	4.49±0.59	4.53±0.67	-0.412	0.680	支持	不显著
尽责性	4.03±0.96	3.84±1.08	1.478	0.141	支持	不显著
外向性	4.05±0.88	4.00±0.99	0.38	0.704	支持	不显著
神经质	2.83±0.80	2.96±0.81	-1.261	0.209	支持	不显著
开放性	4.05±0.77	3.84±0.86	1.989	0.048*	拒绝	显著

注：*表示 $p<0.05$，**表示 $p<0.01$。

从表 8-7 可知，利用独立样本 t 检验去研究性别对于亲和性、尽责性、外向性、神经质、开放性的差异性，不同性别样本对于亲和性、尽责性、外向性、神经质不会表现出显著性（$p>0.05$），意味着不同性别样本对于亲和性、尽责性、外向性、神经质全部均表现出一致性，并没有差异性。

但受访的河南省"标准"民宿经营者在开放性方面呈现出显著的差异性（$p<0.05$），意味着不同性别的河南省"标准"民宿经营者对于开放性有着显著的差异。具体分析可知：性别对于开放性呈现出 0.05 水平显著性（$t=1.989$，$p=0.048$），具体对比差异可知，男性民宿经营者在开放性上的平均值（4.05）明显高于女性经营者的平均值（3.84）。说明男性民宿经营者的开放程度明显高于女性民宿经营者，也显示出河南省"标准"民宿的男性经营者比女性更开放和冒险。这一发现与先前的研究存在一致性，赵群[45]在研究中指出，在开放性方面，男性的平均评分也高于女性。

8.2.1.2 民宿经营者人格特质在年龄方面的差异性

利用单因素方差分析去探讨年龄对于亲和性、尽责性、外向性、神经质、开放性人格特质的差异性，结果如表 8-8 所示。

表 8-8 民宿经营者人格特质在年龄方面的差异性

	年龄（平均值±标准差）					F	p	假设检验	显著性
	≤25 岁（n=16）	26~35 岁（n=80）	36~45 岁（n=102）	46~55 岁（n=36）	56~65 岁（n=5）				
亲和性	4.31±0.69	4.55±0.60	4.48±0.69	4.62±0.54	4.50±0.77	0.800	0.526	支持	不显著
尽责性	3.97±0.75	4.01±0.96	3.86±1.12	3.97±1.07	3.30±0.89	0.705	0.590	支持	不显著

续表

	年龄（平均值±标准差）					*F*	*p*	假设检验	显著性
	≤25 岁 (*n*=16)	26~35 岁 (*n*=80)	36~45 岁 (*n*=102)	46~55 岁 (*n*=36)	56~65 岁 (*n*=5)				
外向性	4.14±0.61	4.03±0.98	3.99±1.01	4.04±0.88	4.12±0.52	0.097	0.983	支持	不显著
神经质	3.06±0.73	2.94±0.78	2.87±0.84	2.83±0.82	3.20±0.86	0.489	0.743	支持	不显著
开放性	3.86±0.83	3.92±0.77	3.93±0.82	4.06±0.94	3.40±1.04	0.773	0.544	支持	不显著

注：＊表示 $p<0.05$，＊＊表示 $p<0.01$。

从表 8-8 可以看出：不同年龄的河南省"标准"民宿的受访者对于亲和性、尽责性、外向性、神经质、开放性均不会表现出显著性（$p>0.05$），意味着不同年龄样本对于亲和性、尽责性、外向性、神经质、开放性全部均表现出一致性，并没有差异性。即不同年龄样本对于亲和性、尽责性、外向性、神经质、开放性全部均不会表现出显著性差异。

这一发现与 Marija 等[129]的研究具有一定的一致性。他们强调了性格特征和能力可能在某种程度上是遗传的，但通过教育和持续的学习，有可能培养出一个真正的领导者必须具备的能力。

8.2.1.3　民宿经营者人格特质在受教育程度方面的差异性

利用单因素方差分析判断受教育程度对于亲和性、尽责性、外向性、神经质、开放性五项人格特质的差异性。

不同受教育程度的河南省"标准"民宿的受访者对于尽责性、外向性、神经质、开放性不会表现出显著性（$p>0.05$），意味着不同受教育程度样本对于尽责性、外向性、神经质、开放性均表现出一致性，并没有差异性（见表 8-9）。

表 8-9　民宿经营者人格特质在受教育程度方面的差异性

	受教育程度（平均值±标准差）				*F*	*p*	假设检验	显著性
	初中及以下 (*n*=50)	高中或中专 (*n*=77)	大专或本科 (*n*=95)	研究生及以上 (*n*=17)				
亲和性	4.59±0.73	4.63±0.52	4.44±0.63	4.16±0.79	3.305	0.021＊	拒绝	显著
尽责性	3.92±1.03	3.96±0.96	3.86±1.10	4.09±1.07	0.296	0.828	支持	不显著
外向性	4.05±0.74	4.09±0.85	3.88±1.13	4.44±0.57	1.956	0.121	支持	不显著
神经质	2.94±0.80	2.90±0.75	2.90±0.86	2.87±0.84	0.036	0.991	支持	不显著
开放性	4.02±0.83	3.93±0.77	3.86±0.87	4.04±0.81	0.510	0.676	支持	不显著

注：＊表示 $p<0.05$，＊＊表示 $p<0.01$。

但受教育程度对于河南省"标准"民宿受访者在亲和性方面呈现出显著性（$p<0.05$，$F=3.305$，$p=0.021$），即受教育水平导致受访者的亲和性特征存在差异。意味着不同受教育程度的民宿经营者在亲和性方面有着差异性。具体分析可知：受教育程度对于亲和性呈现出 0.05 水平显著性（$F=3.305$，$p=0.021$），具体对比差异可知，有着较为明显差异的组别平均值得分对比结果为"初中及以下>研究生及以上；高中或中专>研究生及以上"，如图 8-3 所示。

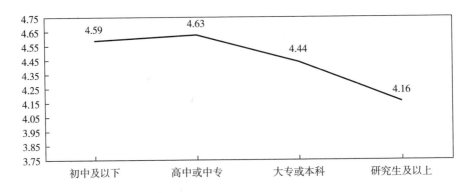

图 8-3　受教育程度与亲和性的方差对比

因此，当受访者按受教育程度分组时，他们在尽责性、外向性、神经质和开放性等方面的人格特质无显著差异的假设被接受。然而，在亲和性方面的假设被拒绝。

受教育程度越高，亲和性越低。采用 LSD 方法进行事后多重比较显示，初中及以下学历的受访者与研究生教育者之间存在显著差异；高中教育组与研究生组之间，研究生教育组的亲和性显著较低。折线图 8-3 直观地展示了亲和性随着教育水平的增加而降低。

这一发现与我国教育实际相一致。经验显示，一个人受教育程度越高，往往越清高，越难表现出亲和性。原因可能在于，随着受教育水平的提高，个体可能更加注重个人发展和专业知识的学习，导致他们在社交互动中表现出更多的独立性和批判性思维，降低了亲和性。有学者的研究表明，具有高度亲和性的个体通常表现出高水平的同理心，并且更容易达成合作，并表现出亲和性与宽容[130]。

综上所述，高等教育对民宿经营者来说，并不是必要条件。相反，民宿经营者受教育程度越高，越要注重在经营中亲和性人格特质的表达。由此可见，一方面，民宿经营者不需要高学历。学历的高低并不是衡量一个人能否成功经营民宿的唯一标准。另一方面，亲和性是民宿经营者成功经营的关键因素之一。亲和性不仅体现在经营者与客户之间的互动中，还体现在民宿的整体氛围营造上。一个具有亲和性的民宿经营者能够更好地理解客户的需求，提供贴心的服务，营造出温馨、舒适的住宿环境，使客户感受到宾至如归的体验，更好地与客户建立信任关系，从而提升客户的满意度和忠诚度。

8.2.1.4　民宿经营者人格特质在家庭成员数量方面的差异性

利用单因素方差分析，研究家庭成员数量对于亲和性、尽责性、外向性、神经质、开放性的差异性，结果如表 8-10 所示。

表 8-10　民宿经营者人格特质在家庭成员数量方面的差异性

	家庭成员数量（平均值±标准差）			F	p	假设检验	显著性
	≤3（n=53）	4~6（n=176）	≥7（n=9）				
亲和性	4.55±0.61	4.50±0.65	4.58±0.63	0.186	0.830	支持	不显著
尽责性	3.84±1.19	3.92±1.00	4.36±0.67	0.977	0.378	支持	不显著
外向性	4.06±0.94	3.99±0.96	4.38±0.58	0.752	0.472	支持	不显著
神经质	2.77±0.72	2.95±0.83	2.86±0.88	1.012	0.365	支持	不显著
开放性	4.08±0.81	3.89±0.80	3.72±1.23	1.296	0.275	支持	不显著

注：＊表示 p<0.05，＊＊表示 p<0.01。

不同家庭成员数量的受访者对于亲和性、尽责性、外向性、神经质、开放性均不会表现出显著性（p>0.05），意味着不同家庭成员数量样本对于亲和性、尽责性、外向性、神经质、开放性均表现出一致性，并没有差异性（见表 8-10）。这意味着，无论民宿经营者的家庭成员是多是少，他们的人格特质具有一致性，不会随着家庭成员数量的变化而变化。

因此，按家庭成员数量分组时，河南省"标准"民宿经营者在亲和性、尽责性、外向性、神经质、开放性等人格特质上没有显著差异的假设是成立的。

8.2.1.5　民宿经营者人格特质在工作经验方面的差异性

采用统计分析软件 SPSS，利用单因素方差分析研究河南省"标准"民宿经营者工作经验对于亲和性、尽责性、外向性、神经质、开放性的差异性，结果如表 8-11 所示。

表 8-11　民宿经营者人格特质在工作经验方面的差异性

| | 工作经历（平均值±标准差） | | | | F | p | 假设检验 | 显著性 |
	≤3 年 （$n=78$）	4~6 年 （$n=52$）	7~9 年 （$n=35$）	≥10 年 （$n=74$）				
亲和性	4.44±0.65	4.46±0.77	4.44±0.66	4.67±0.49	2.181	0.091	支持	不显著
尽责性	3.76±1.10	4.09±0.95	3.90±1.04	3.98±1.01	1.202	0.310	支持	不显著
外向性	3.80±1.04	4.21±0.76	4.11±0.83	4.09±0.98	2.383	0.070	支持	不显著
神经质	3.14±0.84	2.78±0.69	3.01±0.79	2.70±0.79	4.627	0.004**	拒绝	显著
开放性	3.81±0.83	3.97±0.74	3.81±0.80	4.09±0.87	1.788	0.150	支持	不显著

注：*表示 $p<0.05$，**表示 $p<0.01$。

按照工作经验分组时，河南省"标准"民宿受访者在亲和性、尽责性、外向性、开放性上不会表现出显著性差异（$p>0.05$），意味着不同工作经验的民宿受访者在亲和性、尽责性、外向性、开放性均表现出一致性，并没有显著性差异性。说明具有不同工作经验的受访者在亲和性、责任心、外向性和开放性等方面具有一致的人格特质。

但是在神经质方面，不同工作经验的民宿受访者呈现出显著性差异（$p<0.05$）。即不同工作经验的民宿受访者在神经质的表达上呈现出 0.01 水平显著性（$F=4.627$，$p=0.004$），说明按工作经验分组的神经质存在差异。具体来讲，有着较为明显差异的组别平均值得分对比结果为平均差异为小于等于 3 年工作经验大于 4~6 年，同时也大于等于 10 年以上的工作经验（见图 8-4）。

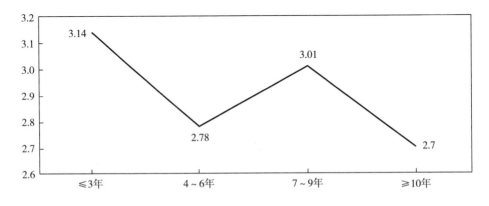

图 8-4　民宿经营者工作经验与神经质的方差对比分析

因此，根据工作经验分组时，民宿经营者在亲和性、责任心、外向性和开放性方面的人格特质没有显著差异的假设被接受；但在神经质方面的假设被拒绝。

从图 8-4 可以看出，有 3 年或更少工作经验的受访者表现出最高水平的神经质，随着工作经验年限的增加而减少。有 3 年或更少经验的人的神经质水平最高，有超过 10 年工作经验的受访者的神经质水平最低。有 7~9 年工作经验的受访者的神经质平均值高于有 4~6 年工作经验的受访者，说明民宿经营者在工作的前三年表现出更高的神经质水平，这是由于对工作环境不熟悉等原因。随着工作年限的增加，这种情况会逐渐减少，但在 7~9 年的工作阶段，神经质的水平会增加。在某种程度上，这与在职业倦怠中工作的年限有很强的相似之处。

8.2.1.6 民宿经营者人格特质在创业培训经验方面的差异性

根据创业培训经验进行分组时，利用独立样本 t 检验对民宿经营者的人格特质进行差异检验，进而研究创业培训经验对于亲和性、尽责性、外向性、神经质、开放性的差异性，结果如表 8-12 所示。

表 8-12　民宿经营者人格特质在创业培训经验方面的差异性

	培训经历（平均值±标准差）		t	p	假设检验	显著性
	有（$n=163$）	无（$n=76$）				
亲和性	4.61±0.53	4.30±0.79	3.077	0.003 **	拒绝	显著
尽责性	3.89±1.07	3.99±0.94	-0.688	0.492	支持	不显著
外向性	4.04±0.93	3.98±0.97	0.447	0.655	支持	不显著
神经质	2.93±0.77	2.86±0.88	0.548	0.584	支持	不显著
开放性	3.97±0.76	3.86±0.96	0.89	0.375	支持	不显著

注：* 表示 $p<0.05$，** 表示 $p<0.01$。

不同创业培训经验样本对于尽责性、外向性、神经质、开放性不会表现出显著性（$p>0.05$），意味着不同创业培训经验样本对于尽责性、外向性、神经质、开放性均表现出一致性，并没有差异性。

但在亲和性方面，有创业培训经验的人与没有创业培训经验的人之间存在显著性差异（$p<0.05$）（$t=3.077$，$p=0.003$）。河南省"标准"民宿经营者的创业培训经验在亲和性方面呈现出显著性（$p<0.05$），意味着不同创业培训经验的河南省民宿经营者对于亲和性有着差异性。具体分析可知：创业培训经验对于亲和性呈现出 0.01 水平显著性，具体对比差异可知，有培训经验（均值为 4.61）的

民宿经营者的亲和性平均值显著高于未接受过任何培训的民宿经营者（均值为4.30）。

因此，根据创业培训经验对受访者进行分组时，在尽责性、外向性、神经质和开放性等方面的人格特质没有显著差异的假设被支持，但在亲和性方面的假设被拒绝。

研究表明，接受过培训的受访者比没有受过培训经验的受访者更具有亲和性。通过服务意识、服务态度、服务风格、服务技能等方面的培训，民宿经营者将更倾向于将客户的需求放在首位，从而为游客或客人提供更好的住宿体验。这一发现支持了萨尔加多的荟萃分析，他发现亲和性与培训绩效呈正相关，亲和性人格特质对专业人员、管理者和熟练工人的工作绩效和培训效率具有较高的预测效度[131]。

8.2.2 河南省民宿经营者职业价值观的人口统计学因素差异

8.2.2.1 民宿经营者的职业价值观在性别方面的差异性

采用独立样本 t 检验法，研究民宿经营者按性别分类时，在利润导向、生活方式导向、创业和发展导向价值观上的差异性，结果如表8-13所示。

表8-13 民宿经营者的职业价值观在性别方面的差异性

	性别（平均值±标准差）		t	p	假设检验	显著性
	男（$n=101$）	女（$n=138$）				
利润导向	4.11±0.72	4.14±0.71	−0.386	0.700	支持	不显著
生活方式导向	3.84±1.05	4.06±0.92	−1.722	0.086	支持	不显著
创业和发展导向	4.07±0.71	4.13±0.72	−0.702	0.483	支持	不显著

注：＊表示 $p<0.05$，＊＊表示 $p<0.01$。

不同性别样本对于利润导向、生活方式导向、创业和发展导向均不会表现出显著性（$p>0.05$），意味着不同性别样本对于利润导向、生活方式导向、创业和发展导向均表现出一致性，并没有差异性。即不同性别的民宿经营者对于利润导向、生活方式导向、创业和发展导向均不会表现出显著性差异。

这意味着民宿的经营者，无论男女，他们的职业价值没有显著的差异。研究结论支持了民宿经营者按性别分组时，职业价值没有显著差异的假设。这一发现与之前皮常玲[35] 的研究一致。

8.2.2.2 民宿经营者职业价值观在年龄方面的差异性

采用单因素方差分析来检验职业价值在利润导向、生活方式导向、创业和发展导向价值观方面的年龄差异，结果如表8-14所示。

表8-14 民宿经营者职业价值观在年龄方面的差异性

	年龄（平均值±标准差）					F	p	假设检验	显著性
	≤25岁 (n=16)	26~35岁 (n=80)	36~45岁 (n=102)	46~55岁 (n=36)	56~65岁 (n=5)				
利润导向	4.03±0.61	4.13±0.61	4.17±0.77	4.01±0.80	4.40±0.72	0.611	0.655	支持	不显著
生活方式导向	3.79±0.99	3.97±0.97	4.04±0.92	3.88±1.18	3.64±0.82	0.482	0.749	支持	不显著
创业和发展导向	3.71±0.63	4.18±0.62	4.13±0.78	4.04±0.70	4.28±0.59	1.607	0.173	支持	不显著

注：* 表示 $p<0.05$，** 表示 $p<0.01$。

研究发现，不同年龄的受访者在利润导向价值观、生活方式导向价值观与创业和发展导向价值观方面没有显著性差异（$p>0.05$），这意味着不同年龄的受访者在职业价值观方面（利润导向、生活方式导向、创业和发展导向）表现出一致性，并没有差异性。

因此，研究结论支持不同年龄的民宿经营者在利润导向价值观、生活方式导向价值观与创业和发展导向价值观方面没有显著性差异的假设。

尽管这一结论与皮常玲[35] 的研究结论存在一定的差异，但与目前国际的主流研究结论相一致[104~107]。产生这一差异的原因主要有两个方面：一方面，西方学者们普遍认为，个人价值观基本上是在青春期发展起来的，并在生活的后期阶段保持相当稳定[104~107]，因此，职业价值观不会随着年龄的变化而变化。另一方面，有研究表明，如果代际特征明显，年龄因素对职业价值观的影响不大[132]。以往对"代际"的研究，将其定义为在一定的社会文化背景和一定的年龄时期，受同一重大历史事件和社会文化环境影响的社会群体。皮常玲[35] 在问卷中，按代际划分年龄组，如"70后""80后""90后""00后"，而本书在问卷中将年龄的设置为25岁及以下、26~35岁、36~45岁、46~55岁和56~65岁。与此同时，中国"70后""80后""90后""00后"的代际特征很明显。因此研究结果显示，不同年龄的民宿经营者在职业价值观上没有显著差异。

8.2.2.3 民宿经营者职业价值观在受教育程度方面的差异性

利用单因素方差分析研究受教育程度对于利润导向、生活方式导向、创业和发展导向差异性，结果如表8-15所示。

表8-15 民宿经营者职业价值观在受教育程度方面的差异性

	受教育程度（平均值±标准差）				F	p	假设检验	显著性
	初中及以下 （$n=50$）	高中或中专 （$n=77$）	大专或本科 （$n=95$）	研究生及以上 （$n=17$）				
利润导向	4.21±0.65	4.09±0.76	4.17±0.68	3.82±0.82	1.457	0.227	支持	不显著
生活方式导向	3.95±0.92	4.00±0.95	3.99±1.01	3.73±1.16	0.382	0.766	支持	不显著
创业和发展导向	4.09±0.76	4.17±0.64	4.07±0.72	4.11±0.87	0.275	0.843	支持	不显著

注：＊表示$p<0.05$，＊＊表示$p<0.01$。

不同受教育程度的受访者在利润导向价值观、生活方式价值观、创业和发展价值观方面没有任何显著差异（$p>0.05$），意味着不同受教育程度样本对于利润导向、生活方式导向、创业和发展导向均表现出一致性，并没有差异性。

因此，研究结论支持了民宿经营者在按受教育程度分组时的职业价值没有显著差异的假设。这一发现与皮常玲[35]的研究结论相一致，即受教育程度并没有导致民宿经营者的职业价值的差异。

8.2.2.4 民宿经营者职业价值观在家庭成员数量方面的差异性

根据家庭成员数量进行分组，采用单因素方差分析来检验民宿经营者的职业价值的差异，结果如表8-16所示。

表8-16 民宿经营者职业价值观在家庭成员数量方面的差异性

	家庭成员数量（平均值±标准差）			F	p	假设检验	显著性
	≤3人 （$n=53$）	4~6人 （$n=177$）	≥7人 （$n=9$）				
利润导向	4.29±0.59	4.08±0.74	4.28±0.59	2.087	0.126	支持	不显著
生活方式导向	4.11±0.82	3.90±1.03	4.29±0.64	1.449	0.237	支持	不显著
创业和发展导向	4.23±0.67	4.07±0.71	4.24±0.92	1.15	0.318	支持	不显著

注：＊表示$p<0.05$，＊＊表示$p<0.01$。

表 8-16 的结果显示,不同家庭成员数量的受访者在利润导向价值观、生活方式价值观、创业和发展价值观方面没有任何显著差异($p>0.05$)。这意味着民宿经营者的职业价值观不随民宿经营者家庭成员数量的变化而变化。因此,研究结论支持民宿经营者在根据家庭成员数量进行分组时,职业价值观没有显著性差异的假设。

这一结果意味着,无论民宿经营者有多少家庭成员,他们的职业价值观是不发生变化的。因此,家庭成员的数量并不是影响民宿经营者职业价值观的决定因素。

8.2.2.5 民宿经营者职业价值观在工作经验方面的差异性

采用单因素方差分析来检验民宿经营者在根据工作经验进行分组时的职业价值观的差异,结果如表 8-17 所示。

表 8-17 民宿经营者职业价值观在工作经验方面的差异性

	工作经验(平均值±标准差)				F	p	假设检验	显著性
	≤3 年 ($n=78$)	4~6 年 ($n=52$)	7~9 年 ($n=35$)	≥10 年 ($n=74$)				
利润导向	4.16±0.71	4.09±0.60	4.16±0.63	4.11±0.82	0.154	0.927	支持	不显著
生活方式导向	3.84±1.02	4.01±0.95	3.77±0.98	4.16±0.93	1.976	0.118	支持	不显著
创业和发展导向	3.99±0.69	3.99±0.73	4.18±0.64	4.28±0.73	2.683	0.047*	拒绝	显著

注: * 表示 $p<0.05$, ** 表示 $p<0.01$。

研究发现,具有不同工作经验的受访者在利润导向价值观和生活方式导向价值观两项没有显著差异($p>0.05$),意味着不同工作经验的民宿受访者对于利润导向、生活方式导向价值观均表现出一致性,并没有显著性差异。

但工作经验对于创业和发展导向呈现出 0.05 水平显著性($F=2.683$, $p=0.047$),意味着不同工作经验样本对于创业和发展导向有着差异性。事后检验显示,在工作经验方面,10 年及以上工作经验的民宿经营者与 3 年及以下工作经验的民宿经营者存在显著差异;10 年及以上和 7~9 年工作经验的人,民宿经营者的创业和发展价值观的平均值明显高于其他两组。从图 8-5 可知,随着工作经验的增加,受访者表现出越来越强的创业和发展价值观。

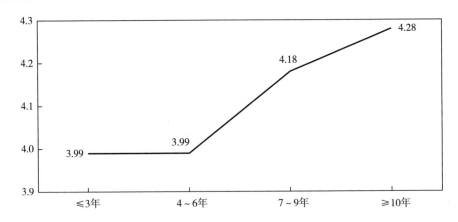

图 8-5 工作经验与民宿经营者的创业和发展价值观的方差对比

因此，根据工作经验分组的民宿经营者的职业价值观没有显著差异的假设在利润导向价值和生活方式导向价值方面的假设得到了支持，但在创业和发展导向价值方面的假设被拒绝。

这与目前民宿经营者的实际情况相一致。随着工作经验的增加，民宿经营者积累了一定数量的资本、稳定的客户和该行业的营销网络，这是创业和发展导向价值观的基础。随着工作经验的增加，民宿经营者的年龄也在增加，他们逐渐满足了家庭养家糊口的基本需要，更多地承担了父母、家庭、孩子和社会的许多期望，这也有助于创业和发展导向价值观的形成。

8.2.2.6 民宿经营者职业价值观在创业培训经验方面的差异性

利用独立样本 t 检验研究创业培训经验在利润导向价值观、生活方式价值观、创业和发展价值观的差异性，结果如表 8-18 所示。

表 8-18 民宿经营者职业价值观在创业培训经验方面的差异性

| | 培训经历（平均值±标准差） | | t | p | 假设检验 | 显著性 |
	有（$n=163$）	无（$n=76$）				
利润导向	4.13±0.70	4.12±0.73	0.118	0.906	支持	不显著
生活方式导向	3.93±1.05	4.05±0.80	-0.9	0.369	支持	不显著
创业和发展导向	4.24±0.63	3.83±0.79	3.948	0.000**	拒绝	显著

注：* 表示 $p<0.05$，** 表示 $p<0.01$。

研究发现，不同创业培训经验样本对于利润导向价值观与生活方式导向价值观不会表现出显著性（$p > 0.05$），意味着不同创业培训经验的受访者对于利润导向价值观与生活方式导向价值观表现出一致性，没有显著性差异。

但创业培训经验对于创业和发展导向价值观呈现出 0.01 水平显著性（$t = 3.948$，$p = 0.000$），意味着不同创业培训经验的民宿受访者对于创业和发展导向价值观有着差异性。具体分析可知，有创业培训经验的民宿受访者在创业和发展导向价值观的平均值（均值为 4.24），明显高于没有创业培训经验的民宿受访者的平均值（均值为 3.83）。

因此，根据创业培训经验分组的民宿经营者的职业价值没有显著差异的假设在利润导向价值和生活方式导向价值方面被接受，但在创业和发展导向价值方面被拒绝。

这一结果意味着，接受创业培训的受访者将比那些没有创业培训经验的受访者表现出更多的创业和发展导向价值观。原因可以归结为以下几点：一是知识与技能的增长：创业培训能够提供必要的商业知识、市场分析、财务规划等技能，这些是创业成功的关键因素。具备这些知识和技能的受访者更可能认识到创业的价值和重要性。二是视野的拓宽：培训过程中，受训者会接触到不同的商业模式、创业案例和行业趋势，这有助于他们拓宽视野，激发创新思维，从而增强其发展价值观。三是社交网络的建立：创业培训常常伴随着与其他创业者和行业专家的交流机会，这种人际网络的建立有助于受训者获取资源、分享经验，增强其对创业生态的理解和对创业过程的认同。四是心态的塑造：创业培训往往强调积极的心态和解决问题的能力，这些训练有助于培养受训者的韧性和适应性，这些都是创业和发展过程中不可或缺的价值观。五是风险意识的提升：通过培训，受训者能更好地理解创业风险，学会如何评估和管理这些风险，这种风险意识是创业价值观中的一个重要组成部分。因此，培训通过提供知识、技能、网络、心态塑造、实践经验和风险管理等方面的支持，有助于民宿经营者形成和发展更为积极的创业和发展导向价值观。

8.2.3　河南省民宿经营绩效的人口统计学因素差异

8.2.3.1　民宿经营绩效在经营者性别方面的差异性

采用独立样本 t 检验来检验民宿的整体经营表现以及在盈利能力和竞争力方面在按性别分组方面的差异，结果如表 8-19 所示。

表 8-19　民宿经营绩效在民宿经营者性别方面的差异性

	性别（平均值±标准差）		t	p	假设检验	显著性
	男性（$n=101$）	女性（$n=138$）				
盈利能力	4.43±0.62	4.24±0.72	2.142	0.033*	拒绝	显著
竞争力	3.85±0.67	3.86±0.69	-0.136	0.892	支持	不显著
经营绩效	4.14±0.54	4.05±0.62	1.167	0.244	支持	不显著

注：＊表示 $p<0.05$，＊＊表示 $p<0.01$。

研究发现，当将受访者分为男性和女性时，民宿的整体经营绩效和竞争力没有显著差异（$p>0.05$），意味着不同性别的受访者在竞争力与经营绩效上表现出一致性，并没有差异性。

然而，研究发现，男性和女性受访者之间的民宿盈利能力存在显著差异（$t=2.142$，$p=0.033$）。性别对于盈利能力呈现出 0.05 水平显著性，具体对比差异可知，男性民宿经营者盈利能力的平均值（均值为 4.43），明显高于女性民宿经营者的平均值（均值为 4.24）。

因此，当民宿经营者按性别分组时，民宿的经营绩效没有显著差异的假设仅在竞争力方面得到支持，在盈利能力方面的假设被拒绝。

这一研究发现表明，男性比女性更关注盈利能力。在中国，男性是影响家庭经济负担的主要原因。因此，在盈利能力方面，男性比女性更加关注民宿的盈利能力。

8.2.3.2　民宿经营绩效在经营者年龄方面的差异性

采用单因素方差分析来检验年龄对于盈利能力、竞争力、经营绩效三个方面的差异性，结果如表 8-20 所示。

表 8-20　民宿经营绩效在民宿经营者年龄方面的差异性

	年龄（平均值±标准差）					F	p	假设检验	显著性
	≤25 岁（$n=16$）	26~35 岁（$n=80$）	36~45 岁（$n=102$）	46~55 岁（$n=36$）	56~65 岁（$n=5$）				
盈利能力	4.13±0.72	4.26±0.72	4.42±0.62	4.25±0.78	4.46±0.59	1.103	0.356	支持	不显著
竞争力	3.91±0.69	3.83±0.66	3.87±0.63	3.85±0.80	3.75±1.16	0.08	0.989	支持	不显著
经营绩效	4.02±0.64	4.05±0.61	4.14±0.51	4.05±0.69	4.10±0.64	0.404	0.805	支持	不显著

注：＊表示 $p<0.05$，＊＊表示 $p<0.01$。

不同年龄的受访者在盈利能力、竞争力、经营绩效上均不会表现出显著性差异（$p>0.05$），意味着不同年龄的受访者对于盈利能力、竞争力、经营绩效均表现出一致性，并没有差异性。

因此，当民宿经营者按年龄分组时，民宿的经营绩效没有显著差异的假设得到验证与支持。

这一发现与之前的研究结果相反。赵群[45]认为，51~60岁的民宿经营者认为他们的核心竞争力更强，因为他们积累了大量的闲置资金，拥有丰富的工作资源和丰富的生活经验。在一定程度上，这表明年轻人在家庭经营中也能获得良好的经济效益。民宿行业不是一个老经营者能够取得良好业务业绩的行业。这并不一定意味着年龄越大，业务业绩就越好。

8.2.3.3 民宿经营绩效在经营者受教育程度方面的差异性

利用单因素方差分析去研究受教育程度对于盈利能力、竞争力、经营绩效三方面的差异性，结果如表8-21所示。

表8-21 民宿经营绩效在民宿经营者受教育程度方面的差异性

	受教育程度（平均值±标准差）				F	p	假设检验	显著性
	初中及以下（$n=50$）	高中或中专（$n=77$）	大专或本科（$n=95$）	研究生及以上（$n=17$）				
盈利能力	4.40±0.56	4.36±0.77	4.25±0.66	4.29±0.79	0.763	0.551	支持	不显著
竞争力	3.87±0.55	3.81±0.76	3.88±0.66	3.88±0.76	0.828	0.508	支持	不显著
经营绩效	4.13±0.44	4.09±0.67	4.06±0.56	4.09±0.73	0.752	0.558	支持	不显著

注：＊表示$p<0.05$，＊＊表示$p<0.01$。

研究发现，不同受教育程度的受访者在民宿的经营绩效、盈利能力和竞争力方面均无显著性差异（$p>0.05$）。意味着不同受教育程度的受访者对于盈利能力、竞争力、经营绩效三个方面均表现出一致性，并没有差异性。

根据研究结论，当民宿经营者按受教育程度分组时，民宿的经营绩效没有显著差异的假设被验证与支持。这与之前的研究结果是一致的[133,134]。结论显示，民宿的经营者，无论他们的受教育程度如何，都将有相同水平的经营绩效。

在中国，家长、学校和企业深受传统意识形态的影响，仍然认为学位教育是培养人才的唯一途径，注重全日制正规学术教育。这导致了人才发展模式缺乏多样性和灵活性。一些高等教育机构在政策、教学目标、学科专业化和教师部署等方面都盲目地融合或遵循相同的规则，缺乏积极适应社会需求的动力和活力[135]。这在一定程度上解释了教育水平对业务绩效没有显著影响的事实。

8.2.3.4 民宿经营绩效在经营者家庭成员数量方面的差异性

利用单因素方差分析去研究家庭成员数量对于盈利能力、竞争力、经营绩效三个方面的差异性，结果如表 8-22 所示。

表 8-22 民宿经营绩效在经营者家庭成员数量方面的差异性

	家庭成员数量（平均值±标准差）			F	p	假设检验	显著性
	≤3 人（$n=53$）	4~6 人（$n=176$）	≥7 人（$n=9$）				
盈利能力	4.37±0.64	4.34±0.62	3.71±1.50	3.883	0.022*	拒绝	显著
竞争力	4.13±0.70	3.78±0.64	3.78±0.89	5.623	0.004**	拒绝	显著
经营绩效	4.25±0.60	4.06±0.53	3.75±1.12	3.843	0.023*	拒绝	显著

注：*表示 $p<0.05$，**表示 $p<0.01$。

数据显示，按家庭成员数量分组时，不同家庭成员数量的受访者在盈利能力、竞争力与经营绩效方面均呈现出显著性差异（$p<0.05$）。其中，家庭成员数量对于竞争力呈现出 0.01 水平显著性（$F=5.623$，$p=0.004$），对于经营绩效呈现出 0.05 水平显著性（$F=3.843$，$p=0.023$），对于盈利能力呈现出 0.05 水平显著性（$F=3.883$，$p=0.022$），这意味着民宿的经营绩效、盈利能力和竞争力可能取决于运营商的家庭成员数量。

从研究结论得出，当民宿经营者按家庭成员数量分组时，民宿的经营绩效（盈利能力、竞争力）没有显著差异的假设被拒绝。

事后检验结果进一步显示（见图 8-6）：

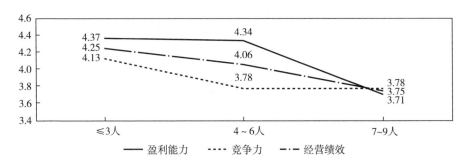

图 8-6 民宿经营者的家庭成员数量和经营绩效的方差对比

在盈利能力方面，家庭成员小于等于3人和4~6人家庭成员的家庭经营者的平均值显著高于7~9人家庭成员的家庭经营者的平均值。这意味着拥有小于等于3人和4~6人家庭成员的运营商比拥有7~9人家庭成员的运营商更有盈利能力。

在竞争力方面，"≤3人"家庭组的均值显著高于"4~6人"家庭组和"7~9人"家庭组。

在整体的经营绩效方面，"≤3人"家庭组的平均值显著高于"4~6人"家庭组，"4~6人"家庭组的平均值显著高于"7~9人"家庭组。这意味着拥有"≤3人"和"4~6人"家庭成员的民宿经营者比拥有"7~9人"家庭成员的人做得更好。

研究发现，小规模的民宿可以有良好的经营表现。这一发现基本上与Mou和Mou[136]的观点一致。他们认为，大量的家庭成员和高多样性可能导致家庭成员之间的观点冲突，从而导致能量消耗、管理困难和决策犹豫，这些都会影响任何企业的经营绩效。

8.2.3.5 民宿经营绩效在经营者工作经验方面的差异性

采用单因素方差分析法来研究河南省民宿经营者的工作经验在盈利能力、竞争力、经营绩效三个方面的差异性，结果如表8-23所示。

表8-23 民宿经营绩效在经营者工作经验方面的差异性

	工作经验（平均值±标准差）				F	p	假设检验	显著性
	≤3年（$n=78$）	4~6年（$n=52$）	7~9年（$n=35$）	≥10年（$n=74$）				
盈利能力	4.13±0.81	4.40±0.62	4.42±0.58	4.42±0.60	3.003	0.031*	拒绝	显著
竞争力	3.76±0.69	3.78±0.58	3.75±0.71	4.05±0.69	3.001	0.031*	拒绝	显著
经营绩效	3.95±0.67	4.09±0.53	4.08±0.53	4.23±0.53	3.068	0.029*	拒绝	显著

注：* 表示 $p<0.05$，** 表示 $p<0.01$。

结果表明，河南省民宿经营者根据工作经验分组后，对经营绩效呈现出0.05水平显著性（$F=3.068$，$p=0.029$），包括盈利能力呈现出0.05水平显著性（$F=3.003$，$p=0.031$）和竞争力呈现出0.05水平显著性（$F=3.001$，$p=0.031$），意味着不同工作经验的民宿经营者在以盈利能力和竞争力为代表的经营绩效上，均有着显著性差异。因此，当民宿经营者按工作经验分组时，民宿的盈利能力和竞争力没有显著差异的假设被拒绝。

事后检验分析显示（见图8-7）：

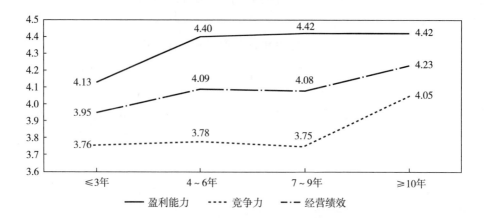

图8-7　民宿经营者的经营绩效与其工作经验的方差分析

在盈利能力方面，"4~6年""7~9年""≥10年"组的工作经验均值明显高于"≤3年"组的均值，这意味着盈利能力是由民宿经营者多年的工作经验决定的。

在竞争力方面，"≥10年"组的工作经验平均值明显高于组的"≤3年""4~6年"和"7~9年"组的平均值，这意味着"≥10年"组的民宿比那些工作经验少的民宿更具竞争力。

在经营绩效方面，"≥10年"组的工作经验平均值明显高于"≤3年"组的工作经验的平均值。这意味着有更多工作经验的河南省民宿经营者有更好的经营绩效。

这一发现与以前的研究结果一致[137,138]，工作年限与绩效呈正相关；运营商工作的时间越长，业务业绩就越好。经营6~10年的民宿经营者在核心竞争力和盈利能力上要高于1~6年的民宿经营者。这一结论与既往研究相一致，经营者具有丰富的管理经验和商业运营对经营绩效有较大的影。

8.2.3.6　民宿经营绩效在经营者创业培训经验方面的差异性

利用独立样本t检验研究创业培训经验在盈利能力、竞争力与经营绩效三方面的差异性，检验结果如表8-24所示。

表 8-24　民宿经营绩效在经营者创业培训经验方面的差异性

	工作经验（平均值±标准差）		t	p	假设检验	显著性
	有（$n=163$）	无（$n=76$）				
盈利能力	4.39±0.62	4.17±0.79	2.132	0.035*	拒绝	显著
竞争力	3.95±0.66	3.65±0.68	3.259	0.001**	拒绝	显著
经营绩效	4.17±0.54	3.91±0.65	3.265	0.001**	拒绝	显著

注：*表示 $p<0.05$，**表示 $p<0.01$。

结果显示，不同创业培训经验的民宿经营者在盈利能力、竞争力与经营绩效方面均呈现显著性差异，其中创业培训经验对于盈利能力呈现出 0.05 水平显著性（$t=2.132$，$p=0.035$），有创业经验的民宿经营者，盈利能力的平均值（均值为 4.39）会明显高于没有创业经验经营者的平均值（均值为 4.17）；竞争力呈现出 0.01 水平显著性（$t=3.259$，$p=0.001$）；有创业经验的民宿经营者的平均值（均值为 3.95）会明显高于没有创业经验的民宿经营者的平均值（均值为 3.65）；经营绩效呈现出 0.01 水平显著性（$t=3.265$，$p=0.001$），有创业经验的民宿经营者的平均值（均值为 4.17）会明显高于没有创业经验的民宿经营者的平均值（均值为 3.91）。

从研究结论得出，当民宿经营者根据创业培训经验进行分组时，民宿经营绩效（盈利能力和竞争力）没有显著性差异的假设被拒绝。

这一发现意味着民宿经营者的创业经验越丰富，经营绩效越好。首先，通过专业培训，民宿经营者可以学习到行业认知、基础操作流程、房务技能等实操知识。这些知识和技能对于提升民宿的服务质量、增强客户满意度至关重要。其次，除了基础技能培训，经营者还能通过培训学习到品牌打造、营销推广等经营管理知识。这对于民宿的长期发展和市场竞争力提升具有重要作用。经营者可以通过学习如何进行有效的品牌宣传和客户关系管理，来提高民宿的市场知名度和客户忠诚度。再次，培训能帮助民宿经营者建立正确的服务理念和职业认同感。这种正面的心态和专业的态度对于提供高质量的客户服务、建立良好的口碑至关重要。最后，通过参与培训，民宿经营者能够与行业内的其他从业者进行交流和学习，从而获得新的思路和灵感。这种同行之间的交流和合作，有助于经营者不断更新知识、提升技能，进而提高经营绩效。

因此，通过系统的专业培训，民宿经营者能够在服务技能、经营管理、品牌建设等方面得到提升，这些都将直接影响到民宿的经营绩效。因此，民宿经营者的创业培训经验与其经营绩效有显著的相关性。

8.2.4 河南省民宿经营绩效在民宿特征方面的差异

8.2.4.1 民宿经营绩效在房间数量方面的差异性

采用单因素方差分析研究民宿的房间数量对于盈利能力、竞争力、经营绩效的差异性，结果如表 8-25 所示。

表 8-25 民宿经营绩效在房间数量方面的差异性

	房间数量（平均值±标准差）				F	p	假设检验	显著性
	<10 间 （$n=83$）	10~20 间 （$n=115$）	20~30 间 （$n=23$）	>30 间 （$n=18$）				
盈利能力	4.24±0.68	4.30±0.72	4.34±0.64	4.79±0.36	3.344	0.020*	拒绝	显著
竞争力	3.77±0.61	3.76±0.66	4.00±0.73	4.64±0.48	10.657	0.000**	拒绝	显著
经营绩效	4.00±0.57	4.03±0.59	4.17±0.51	4.72±0.35	8.709	0.000**	拒绝	显著

注：* 表示 $p<0.05$，** 表示 $p<0.01$。

结果显示，不同房间数量的民宿对于盈利能力、竞争力、经营绩效全部均呈现出显著性差异，房间数量对于盈利能力呈现出 0.05 水平显著性（$F=3.344$，$p=0.020$）；房间数量对于竞争力呈现出 0.01 水平显著性（$F=10.657$，$p=0.000$）；房间数量对于经营绩效呈现出 0.01 水平显著性（$F=8.709$，$p=0.000$），这意味着家庭的房间数量对经营绩效（盈利能力和竞争力）均有显著的影响。因此，在按房间数量进行分类时，民宿的经营绩效在盈利能力和竞争力方面没有显著差异的原假设被拒绝。

事后比较分析显示（见图 8-8）：

在盈利能力方面，拥有"＞30 间"的受访民宿，其平均值明显高于拥有"＜10 间""10~20 间"和"20~30 间"的受访民宿。这意味着拥有更多房间的民宿有更高的盈利能力。

在竞争力方面，也发现了类似的结果，即拥有"＞30 间"的受访民宿，其平均值明显高于拥有"＜10 间""10~20 间"和"20~30 间"的受访民宿。这表明，有更多房间的民宿也更有竞争力。

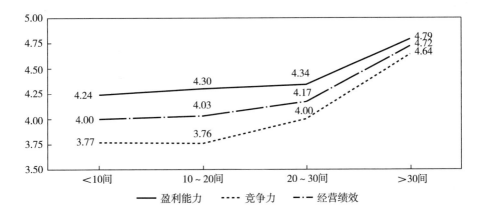

图 8-8 民宿房间数量与民宿经营绩效的对比分析

在经营绩效方面，">30 间"的受访民宿的平均值明显高于"<10 间""10~20 间"和"20~30 间"的受访民宿。这意味着，就房间数量而言，规模较大的民宿比较小的民宿有更好的经营绩效（见图 8-8）。

这一发现说明房间数量越多，经营绩效在盈利能力和竞争力方面的表现就越好。据大河网（2020 年）报道，民宿成为河南假期旅游新热点，抽样调查 37 家民宿超五成入住率达 100%[139]。有数据显示，2023 年春节期间郑州民宿入住率 80%，郑州市民宿预订量也同比增长 407%[140]。由此可见，民宿在市场需求的基础上带来的高入住率[141]，说明民宿的房间数量越多，民宿在盈利能力与竞争力方面的经营绩效越好。这一结果解释了《旅游民宿基本要求与评价》及《旅游民宿基本要求与等级划分》中关于民宿规模界定的深层原因。在 2017 年与 2019 年的标准中，并未对民宿的层高和建筑面积进行规定，但在 2022 年的标准中，明确指出"经营用客房不超过 4 层、建筑面积不超过 800 平方米"。说明民宿经营者发现，民宿的房间数量越多，经营绩效越好。但同时，为了防止民宿经营者盲目扩大民宿的经营规模，国家开始对民宿的房间数量进行了适当的限制，以保证民宿的良性运营。

8.2.4.2 民宿经营绩效在民宿位置方面的差异性

利用单因素方差分析研究民宿位置在盈利能力、竞争力、经营绩效三方面的差异性，结果如表 8-26 所示。

表 8-26　民宿经营绩效在民宿位置方面的差异性

| | 民宿位置（平均值±标准差） | | | | F | p | 假设检验 | 显著性 |
	1 小时以上（$n=152$）	1~2 小时（含 2 小时）（$n=67$）	2~3 小时（$n=14$）	3 小时及以上（$n=6$）				
盈利能力	4.38±0.62	4.36±0.64	3.91±0.52	3.31±1.67	6.988	0.000**	拒绝	显著
竞争力	3.93±0.62	3.84±0.72	3.41±0.76	3.17±0.70	4.836	0.003**	拒绝	显著
经营绩效	4.15±0.53	4.10±0.60	3.66±0.47	3.24±1.03	8.013	0.000**	拒绝	显著

注：* 表示 $p<0.05$，** 表示 $p<0.01$。

从表 8-26 可以看出，民宿位置在盈利能力方面呈现出 0.01 水平显著性（$F=6.988$，$p=0.000$）；民宿位置在竞争力上呈现出 0.01 水平显著性（$F=4.836$，$p=0.003$）；民宿位置在经营绩效上呈现出 0.01 水平显著性（$F=8.013$，$p=0.000$）。因此，按民宿位置分组时，民宿在盈利能力和竞争力方面的经营绩效没有显著差异的假设被拒绝。

事后检验结果显示（见图 8-9）：

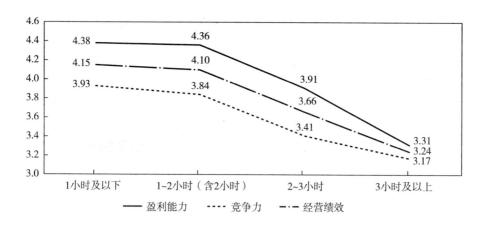

图 8-9　经营绩效与民宿位置的对比分析

在盈利能力方面，距离城市/城镇 "1 小时及以下" 的受访民宿，其盈利能力平均值明显高于 "2~3 小时" 和 "3 小时及以上" 的民宿。同样，距离城市/城镇为 "1~2 小时（含 2 小时）" 的受访民宿，其盈利能力平均值明显高于距离城市/城镇 "2~3 小时" 和 "3 小时及以上" 的受访民宿。这意味着距离城市/

城镇越近的民宿，其盈利能力越强。

在竞争力方面，距离城市/城镇"1 小时及以下"的受访民宿，其平均值明显高于"2~3 小时"和"3 小时及以上"的民宿；距离城市/城镇"1~2 小时（含 2 小时）"的民宿，其竞争力均值也明显高于距离城市/城镇有"2~3 小时"和"3 小时及以上"的民宿。这一结果意味着，越靠近城市/城镇的民宿越有竞争力。

在经营绩效方面，距离城市/城镇"1 小时及以下"的受访民宿，其经营绩效平均出行时间明显高于距离城市/城镇"2~3 小时"和"3 小时及以上"的民宿。距离城市/城镇"1~2 小时（含 2 小时）"的民宿也明显高于距离城市/城镇"2~3 小时"和"3 小时及以上"的民宿。这一结果意味着，靠近城市/城镇的民宿往往有更好的经营绩效。

以上结果反映了民宿的位置与盈利能力和竞争力方面的经营绩效之间的反比关系。离城市/城镇越远，民宿盈利能力和竞争力就越低；越靠近城市/城镇，民宿越赚钱，也越有竞争力。从结果可以推断出，城市/城镇为民宿提供了稳定的客源市场，同时，也反映出，游客不愿意因体验民宿而放弃城市提供的便利生活条件，如方便的交通、购物，同时享受民宿的体验。

8.2.4.3 民宿经营绩效在民宿环境方面的差异性

利用单因素方差分析研究民宿环境对于盈利能力、竞争力、经营绩效三方面的差异性，结果如表 8-27 所示。

表 8-27　民宿经营绩效在民宿环境方面的差异性

	民宿环境（平均值±标准差）				F	p	假设检验	显著性
	景区内部（$n=139$）	距离景区15分钟以内（$n=58$）	距离景区16~30分钟（$n=22$）	距离景区超过30分钟（$n=20$）				
盈利能力	4.40±0.61	4.35±0.58	4.22±0.70	3.81±1.14	4.736	0.003**	拒绝	显著
竞争力	3.94±0.68	3.91±0.69	3.61±0.48	3.36±0.63	5.567	0.001**	拒绝	显著
经营绩效	4.17±0.56	4.13±0.53	3.92±0.47	3.58±0.77	7.010	0.000**	拒绝	显著

注：* 表示 $p<0.05$，** 表示 $p<0.01$。

表 8-27 显示，民宿环境在盈利能力、竞争力、经营绩效上均呈现出显著性

差异，意味着不同环境的受访民宿对于盈利能力、竞争力、经营绩效均有着差异性。其中，民宿环境对于盈利能力呈现出 0.01 水平显著性（$F = 4.736$，$p = 0.003$）；民宿环境对于竞争力呈现出 0.01 水平显著性（$F = 5.567$，$p = 0.001$）；民宿环境对于经营绩效呈现出 0.01 水平显著性（$F = 7.010$，$p = 0.000$）。因此，原假设按照民宿环境分组时，民宿以盈利能力和竞争力为代表的经营绩效没有显著差异被拒绝。

事后检验可知（见图 8-10）：

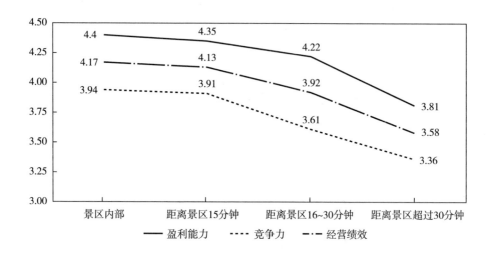

图 8-10　经营绩效与民宿环境的对比分析

在盈利能力方面，位于"景区内部"和"距离景区 15 分钟以内"受访民宿，其盈利能力的平均值明显高于"距离景区超过 30 分钟"的受访民宿；同时，"距离景区 16~30 分钟"的受访民宿，其盈利能力的平均值高于"距离景区超过 30 分钟"的受访民宿。这表明，"景区内部"和"15 分钟以内"的受访民宿比"距离景区超过 30 分钟"的受访民宿盈利能力更强；而"距离景区 16~30 分钟"的受访民宿比"距离景区超过 30 分钟"的受访民宿盈利能力更强。

在竞争力方面，位于"景区内部"的受访民宿，其竞争力的平均值明显高于"距离景区 16~30 分钟"和"距离景区超过 30 分钟"的受访民宿的平均值。"距离景区 15 分钟以内"的受访民宿，其竞争力的平均值也高于"距离景区超过 30 分钟"的受访民宿。结果表明，靠近旅游景点的民宿由于环境更好，而更具竞争力。

在经营绩效方面，也存在类似的差异，旅游景点内的民宿比需要到旅游景点旅游的时间更长的民宿要高得多。

这一发现表明，民宿离景区越近，经营绩效越好。这一结果为人们普遍接受的观点提供了证据，即民宿总是位于风景名胜区内部，拥有美丽的自然环境和丰富的文化资源[127,142]，也验证了本书第4部分民宿的空间分布特征。

8.3 民宿经营者人格特质、职业价值观与经营绩效的关系研究

8.3.1 人格特质与经营绩效的关系

采用皮尔逊相关性分析民宿经营者人格特质的亲和性、尽责性、外向性、神经质和开放性与以盈利能力和竞争力为代表的经营绩效的相关性，结果如表8-28所示。

表8-28 人格特质与经营绩效的关系

	盈利能力		竞争力		经营绩效	
	r	p	r	p	r	p
亲和性	0.359**	0.000	0.232**	0.000	0.345**	0.000
尽责性	-0.026	0.694	-0.059	0.365	-0.049	0.450
外向性	-0.002	0.979	0.107	0.099	0.061	0.347
神经质	-0.023	0.727	0.070	0.283	0.027	0.677
开放性	0.375**	0.000	0.339**	0.000	0.416**	0.000

注：*表示 $p<0.05$，**表示 $p<0.01$。

第一，盈利能力与亲和性、开放性呈现出显著性相关，相关系数值分别是0.359和0.375，均大于0，意味着盈利能力与亲和性、开放性之间有着正相关关系。同时，盈利能力与尽责性、外向性、神经质之间不会呈现出显著性，相关系

数值接近于 0，说明盈利能力与尽责性、外向性、神经质之间没有相关关系。

第二，竞争力与亲和性、开放性呈现出显著性相关，相关系数值分别是 0.232 和 0.339，均大于 0，意味着竞争力与亲和性、开放性之间有着正相关关系。同时，竞争力与尽责性、外向性、神经质之间不会呈现出显著性，相关系数值接近于 0，说明竞争力与尽责性、外向性、神经质之间没有相关关系。

第三，经营绩效与亲和性、开放性呈现出显著性相关，相关系数值分别是 0.345 和 0.416，均大于 0，意味着经营绩效与亲和性、开放性之间有着正相关关系。同时，经营绩效与尽责性、外向性、神经质之间不会呈现出显著性，相关系数值接近于 0，说明经营绩效与尽责性、外向性、神经质之间没有相关关系。

因此，人格特质与经营绩效之间没有显著关系的假设被拒绝。在大五人格特质中，有两种特质（亲和性和开放性）与经营绩效在盈利能力和竞争力方面有显著的相关关系。

亲和性与经营绩效呈正相关，因为民宿不是酒店，它们是"非标准的住宿"，为客人提供高度个性化、家庭和友好的服务，以吸引他们入住。民宿经营者的亲和性使他们能够营造一个友好的、亲切的家庭氛围，客人可以在享受民宿提供的房间、美食的同时，也能够通过与高亲和性的民宿经营者的互动，深入体验当地生活，获得区别于"标准化"住宿的全新体验，提高顾客满意度与回头率，从而获得更好的经营绩效。

开放性与经营绩效呈正相关，原因有几个方面：开放性的民宿经营者更愿意接纳来自不同文化、年龄和背景的客人。这种包容性使得民宿能够吸引更广泛的客源，从而提高入住率和盈利能力。开放性的民宿经营者更倾向于尝试新的服务方式和方法，以满足不同客户的需求。这种创新精神有助于提升客户满意度，进而增加回头客的比例和口碑传播。开放性促进了民宿主人与客人之间的文化交流。此外，开放性的民宿经营者更有可能与其他旅游相关业务进行合作，如与旅行社、景区等建立合作关系，从而拓宽市场渠道，提高知名度和影响力。最后，开放性的民宿经营者能够更灵活地调整经营策略，以适应市场变化和客户需求。这种灵活性有助于民宿在竞争中保持领先地位。

8.3.2 职业价值观与经营绩效的关系

采用皮尔逊相关性分析民宿经营者的职业价值观与经营绩效之间的关系。结果如表 8-29 所示。

表8-29 职业价值观与经营绩效的关系

	盈利能力		竞争力		经营绩效	
	r	p	r	p	r	p
利润导向	0.360**	0.000	0.342**	0.000	0.409**	0.000
生活方式导向	−0.063	0.333	−0.047	0.470	−0.064	0.325
创业和发展导向	0.509**	0.000	0.561**	0.000	0.624**	0.000

注：* 表示 $p<0.05$，** 表示 $p<0.01$。

民宿经营者的利润导向价值观、创业和发展导向价值观与盈利能力呈显著正相关，相关系数值分别为0.360、0.509。变量之间的正相关关系意味着，随着利润导向价值、创业和发展导向价值观的增加，盈利能力也在增加。但生活方式导向价值观与盈利能力没有显著关系。

竞争力与利润导向价值观、创业和发展导向价值观均有显著相关性，相关系数值分别为0.342和0.561，表明上述关系为正相关，即民宿经营者的利润导向价值观、创业和发展导向价值观的增加也将意味着民宿竞争力的提高。同时，没有证据证明，民宿竞争力和民宿经营者的生活方式的价值观没有显著的关系。

经营业绩方面也发现了类似的结果，即与利润导向价值观、创业和发展导向价值观呈显著正相关，相关系数分别为0.409和0.624，意味着经营绩效与利润导向、创业和发展导向价值观之间有着正相关关系。相反，经营绩效与生活方式导向价值观之间没有显著的关系。

因此，原假设职业价值观与经营绩效之间没有显著关系的假设被拒绝。结果表明，以利润为导向的价值观、创业和发展导向价值观倾向于提高经营绩效，民宿经营者热衷于获得更高的利润和提高企业家绩效。

这一发现与之前的研究相吻合，根据这些研究[143,144]，职业价值观对经营绩效有直接而显著的积极影响。1990年以后出生的员工专注于成就，追求自我价值感和职业发展，并对工作表现有积极的影响[144]。

8.3.3 回归分析

由于经营绩效包括盈利能力和竞争力两个维度，因此，本书以盈利能力与竞争力为因变量进行回归分析，最后再以经营绩效为因变量进行回归分析。

第一步如模型1所示，其中以人格特质的五个维度和职业价值观的三个维度为自变量，以盈利能力为因变量，进行回归分析，结果如表8-30所示。

表8-30　模型1：以盈利能力作为因变量的回归分析

	非标准化系数		标准化系数	t	p	VIF
	B	标准误	$Beta$			
常数	1.287	0.474	—	2.712	0.007**	—
亲和性	0.179	0.063	0.166	2.856	0.005**	1.188
尽责性	0.010	0.041	0.014	0.232	0.817	1.363
外向性	0.001	0.047	0.001	0.017	0.987	1.439
神经质	−0.029	0.052	−0.034	−0.557	0.578	1.297
开放性	0.147	0.049	0.176	2.994	0.003**	1.218
利润导向	0.139	0.058	0.144	2.414	0.017*	1.242
生活方式导向	−0.037	0.045	−0.052	−0.821	0.413	1.433
创业和发展导向	0.309	0.063	0.32	4.923	0.000**	1.478
R^2	0.344					
调整后的 R^2	0.321					
F	$F(8, 230) = 15.080, p = 0.000$					
D-W 值	1.891					

注：＊表示 $p<0.05$，＊＊表示 $p<0.01$。

从表8-30可知，模型公式为：盈利能力 = 1.287+0.179×亲和性+0.010×尽责性+0.001×外向性−0.029×神经质+0.147×开放性+0.139×利润导向−0.037×生活方式导向+0.309×创业和发展导向，模型 R^2 值为 0.344，意味着亲和性、尽责性、外向性、神经质、开放性、利润导向、生活方式导向、创业和发展导向可以解释盈利能力34.4%变化的原因。

对模型进行 F 检验时发现模型通过 F 检验（$F=15.080$，$p=0.000<0.05$），也即说明亲和性、尽责性、外向性、神经质、开放性、利润导向、生活方式导向、创业和发展导向中至少有一项会对盈利能力产生影响关系，另外，针对模型的多重共线性进行检验发现，模型中 VIF 值均小于5，意味着不存在共线性问题；并且 D-W 值在数字2附近，因而说明模型不存在自相关性，样本数据之间并没有关联关系，模型较好。

具体分析可知：

人格特质维度上，亲和性的回归系数值为 0.179（$t=2.856$，$p=0.005<0.01$），开放性的回归系数值为 0.147（$t=2.994$，$p=0.003<0.01$），意味着亲和性和开放性会对盈利能力产生显著的正向影响关系。而尽责性的回归系数值为 0.010（$t=0.232$，$p=0.817>0.05$），外向性的回归系数值为 0.001（$t=0.017$，$p=0.987>0.05$），神经质的回归系数值为 -0.029（$t=-0.557$，$p=0.578>0.05$），意味着尽责性、外向性和神经质并不会对盈利能力产生影响关系。

职业价值观维度上，利润导向的回归系数值为 0.139（$t=2.414$，$p=0.017<0.05$），意味着利润导向会对盈利能力产生显著的正向影响关系。生活方式导向的回归系数值为 -0.037（$t=-0.821$，$p=0.413>0.05$），意味着生活方式导向并不会对盈利能力产生影响关系。创业和发展导向的回归系数值为 0.309（$t=4.923$，$p=0.000<0.01$），意味着创业和发展导向会对盈利能力产生显著的正向影响关系。

总结分析可知：亲和性、开放性、利润导向、创业和发展导向会对盈利能力产生显著的正向影响关系。但是尽责性、外向性、神经质、生活方式导向并不会对盈利能力产生影响关系。

第二步如模型 2 所示，以亲和性、尽责性、外向性、神经质、开放性、利润导向价值观、生活方式导向价值观、创业和发展导向价值观为自变量，以竞争力为回归分析的因变量，结果如表 8-31 所示。

表 8-31　模型 2：以竞争力作为因变量的回归分析

	非标准化系数		标准化系数	t	p	VIF
	B	标准误	$Beta$			
常数	0.654	0.459	—	1.425	0.156	—
亲和性	0.016	0.061	0.015	0.264	0.792	1.188
尽责性	-0.034	0.04	-0.051	-0.841	0.401	1.363
外向性	0.133	0.045	0.185	2.952	0.003 **	1.439
神经质	0.083	0.05	0.099	1.659	0.098	1.297
开放性	0.107	0.047	0.13	2.256	0.025 *	1.218
利润导向	0.110	0.056	0.115	1.972	0.050 *	1.242
生活方式导向	-0.038	0.043	-0.055	-0.876	0.382	1.433

续表

| | 非标准化系数 | | 标准化系数 | t | p | VIF |
	B	标准误	Beta			
创业和发展导向	0.428	0.061	0.448	7.053	0.000**	1.478
R^2	0.371					
调整后的 R^2	0.349					
F	$F(8, 230) = 16.954, p = 0.000$					
D-W 值	2.232					

注：＊表示 $p<0.05$，＊＊表示 $p<0.01$。

从表 8-31 可以看出，模型公式为：竞争力 = 0.654+0.016×亲和性-0.034×尽责性+0.133×外向性+0.083×神经质+0.107×开放性+0.110×利润导向-0.038×生活方式导向+0.428×创业和发展导向，模型 R^2 值为 0.371，意味着亲和性、尽责性、外向性、神经质、开放性、利润导向、生活方式导向、创业和发展导向可以解释竞争力 37.1% 变化的原因。对模型进行 F 检验时发现模型通过 F 检验（$F=16.954$，$p=0.000<0.05$），也即说明亲和性、尽责性、外向性、神经质、开放性、利润导向、生活方式导向、创业和发展导向中至少一项会对竞争力产生影响关系，另外，针对模型的多重共线性进行检验发现，模型中 VIF 值均小于 5，意味着不存在共线性问题；并且 D-W 值在数字 2 附近，因而说明模型不存在自相关性，样本数据之间并没有关联关系，模型较好。

具体分析可知：

亲和性的回归系数值为 0.016（$t=0.264$，$p=0.792>0.05$），意味着亲和性并不会对竞争力产生影响关系。尽责性的回归系数值为-0.034（$t=-0.841$，$p=0.401>0.05$），意味着尽责性并不会对竞争力产生影响关系。外向性的回归系数值为 0.133（$t=2.952$，$p=0.003<0.01$），意味着外向性会对竞争力产生显著的正向影响关系。神经质的回归系数值为 0.083（$t=1.659$，$p=0.098>0.05$），意味着神经质并不会对竞争力产生影响关系。开放性的回归系数值为 0.107（$t=2.256$，$p=0.025<0.05$），意味着开放性会对竞争力产生显著的正向影响关系。

利润导向的回归系数值为 0.110（$t=1.972$，$p=0.050=0.05$），意味着利润导向会对竞争力产生显著的正向影响关系。生活方式导向的回归系数值为-0.038（$t=-0.876$，$p=0.382>0.05$），意味着生活方式导向并不会对竞争力产生影响关系。创业和发展导向的回归系数值为 0.428（$t = 7.053$，$p = 0.000 < 0.01$），意味着创业和发展导向会对竞争力产生显著的正向影响关系。

总结分析可知：外向性、开放性、利润导向、创业和发展导向会对竞争力产生显著的正向影响关系。但是亲和性、尽责性、神经质、生活方式导向并不会对竞争力产生影响关系。

第三步如模型 3 所示，以亲和性、尽责性、外向性、神经质、开放性、利润导向价值观、生活方式导向价值观、创业和发展导向价值观为自变量，以经营绩效为线性回归分析的因变量，结果如表 8-32 所示。

表 8-32　模型 3：以经营绩效作为因变量的回归分析

	非标准化系数		标准化系数	t	p	VIF
	B	标准误	Beta			
常数	0.971	0.366	—	2.652	0.009 **	—
亲和性	0.097	0.048	0.106	2.017	0.045 *	1.188
尽责性	-0.012	0.032	-0.021	-0.377	0.707	1.363
外向性	0.067	0.036	0.108	1.863	0.064	1.439
神经质	0.027	0.04	0.037	0.680	0.497	1.297
开放性	0.127	0.038	0.179	3.356	0.001 **	1.218
利润导向	0.124	0.044	0.151	2.802	0.006 **	1.242
生活方式导向	-0.037	0.035	-0.063	-1.081	0.281	1.433
创业和发展导向	0.368	0.048	0.447	7.616	0.000 **	1.478
R^2	0.464					
调整后的 R^2	0.445					
F	$F_{(8, 230)} = 24.880$，$p = 0.000$					
D-W 值	1.954					

注：* 表示 $p < 0.05$，** 表示 $p < 0.01$。

从表 8-32 可以看出，模型公式为：经营绩效 = 0.971 + 0.097×亲和性 - 0.012×尽责性 + 0.067×外向性 + 0.027×神经质 + 0.127×开放性 + 0.124×利润导向 - 0.037×生活方式导向 + 0.368×创业和发展导向，模型 R^2 值为 0.464，意味着亲和性、尽责性、外向性、神经质、开放性、利润导向、生活方式导向、创业和发展导向可以解释经营绩效46.4%变化的原因。对模型进行 F 检验时发现模型通过 F 检验（$F=24.880$，$p=0.000<0.05$），也即说明亲和性、尽责性、外向性、神经质、开放性、利润导向、生活方式导向、创业和发展导向中至少一项会对经营绩效产生影响关系，另外，针对模型的多重共线性进行检验发现，模型中 VIF 值均小于5，意味着不存在共线性问题；并且 D-W 值在数字2附近，因而说明模型不存在自相关性，样本数据之间并没有关联关系，模型较好。

最终具体分析可知：

亲和性的回归系数值为 0.097（$t=2.017$，$p=0.045<0.05$），意味着亲和性会对经营绩效产生显著的正向影响关系。尽责性的回归系数值为 -0.012（$t=-0.377$，$p=0.707>0.05$），意味着尽责性并不会对经营绩效产生影响关系。外向性的回归系数值为 0.067（$t=1.863$，$p=0.064>0.05$），意味着外向性并不会对经营绩效产生影响关系。神经质的回归系数值为 0.027（$t=0.680$，$p=0.497>0.05$），意味着神经质并不会对经营绩效产生影响关系。开放性的回归系数值为 0.127（$t=3.356$，$p=0.001<0.01$），意味着开放性会对经营绩效产生显著的正向影响关系。

利润导向的回归系数值为 0.124（$t=2.802$，$p=0.006<0.01$），意味着利润导向会对经营绩效产生显著的正向影响关系。生活方式导向的回归系数值为 -0.037（$t=-1.081$，$p=0.281>0.05$），意味着生活方式导向并不会对经营绩效产生影响关系。创业和发展导向的回归系数值为 0.368（$t=7.616$，$p=0.000<0.01$），意味着创业和发展导向会对经营绩效产生显著的正向影响关系。

总结分析可知：亲和性、开放性、利润导向、创业和发展导向会对经营绩效产生显著的正向影响关系，但是尽责性、外向性、神经质、生活方式导向并不会对经营绩效产生影响关系。

本书将三种模型的结果进行整合，如表 8-33 所示，可以更直观地显示模型 R^2 的变化与各变量之间的关系。通过比较三种模型，可以发现模型3是最好的。

表8-33　三种模型的线性回归结果

	模型 1 盈利能力为因变量	模型 2 竞争力为因变量	模型 3 经营绩效为因变量
常数	1.287** (2.712)	0.654	0.971** (2.652)

续表

	模型 1	模型 2	模型 3
	盈利能力为因变量	竞争力为因变量	经营绩效为因变量
亲和性	0.179 ** (2.856)	—	0.097 * (2.017)
尽责性	—	—	—
外向性	—	0.133 ** (2.952)	—
神经质	—	—	—
开放性	0.147 ** (2.994)	0.107 * (2.256)	0.127 ** (3.356)
利润导向	0.139 * (2.414)	0.110 * (1.972)	0.124 ** (2.802)
生活方式导向	—	—	—
创业和发展导向	0.309 ** (4.923)	0.428 ** (7.053)	0.368 ** (7.616)
R^2	0.344	0.371	0.464
调整后的 R^2	0.321	0.349	0.445
F	$F_{(8, 230)} = 15.080$ $p = 0.000$	$F_{(8, 230)} = 16.954$ $p = 0.000$	$F_{(8, 230)} = 24.880$ $p = 0.000$
D-W 值	1.891	2.232	1.954

注：* 表示 $p < 0.05$，** 表示 $p < 0.01$；括号内为 t 值。

首先，在模型 1 中，以盈利能力作为因变量；在模型 2 中，以竞争力作为因变量；在模型 3 中，以经营绩效作为因变量。

其次，在模型 3 中，R^2 的值最大，为 46.4%，大于模型 2 的 37.1% 和模型 1 的 34.4%。说明在模型 3 中，自变量能够解释因变量变化的程度高于模型 1 和模型 2。这意味着模型 3 的自变量解释了 46.4% 因变量（经营绩效）的贡献，其余的可以归因于不属于本书研究范围的其他因素。

最后，在模型 3 中，D-W 值更接近于数字 2，这说明自变量的自相关显著性较小，模型设计更好。因此，模型 3 是最好的模型。

8.4 民宿经营者人格特质、职业价值观与
经营绩效的研究发现

8.4.1 假设检验结果

本部分采用 SPSS 对问卷的信度和效度进行检验，并采用描述性统计分析、独立 t 检验、单因素方差分析、相关分析和回归分析，探讨民宿经营者的人格特质、职业价值观与经营绩效之间的关系。

8.4.1.1 人口统计学因素在人格特质方面无显著差异

在性别、年龄、受教育程度、家庭成员数量、工作经验和创业培训经验等方面的人格特质没有差异。

在亲和性方面，不同民宿经营者的受教育水平和创业培训经验在人格特质的亲和性方面存在显著差异。

在开放性方面，不同民宿经营者的性别在人格特质的开放性方面存在显著差异。

在神经质方面，不同民宿经营者的工作经验在人格特质的神经质方面存在显著差异。

然而，在尽责性和外向性方面，不同民宿经营者在性别、年龄、受教育程度、家庭成员数量、工作经验和创业培训经验等方面的人格特质没有差异。

表 8-34 为受访者民宿经营者人口统计学因素与其人格物质之间的差异汇总分析。

表 8-34　受访者民宿经营者人口统计学因素与其人格特质之间的差异汇总表

		亲和性	尽责性	外向性	神经质	开放性
性别	P	0.680	0.141	0.704	0.209	0.048 *
	显著性	不显著	不显著	不显著	不显著	显著
年龄	P	0.526	0.590	0.983	0.743	0.544
	显著性	不显著	不显著	不显著	不显著	不显著

续表

		亲和性	尽责性	外向性	神经质	开放性
受教育程度	P	0.021*	0.828	0.121	0.991	0.676
	显著性	显著	不显著	不显著	不显著	不显著
家庭成员数量	P	0.830	0.378	0.472	0.365	0.275
	显著性	不显著	不显著	不显著	不显著	不显著
工作经验	P	0.091	0.310	0.070	0.004**	0.150
	显著性	不显著	不显著	不显著	显著	不显著
创业培训经验	P	0.003**	0.492	0.655	0.584	0.375
	显著性	显著	不显著	不显著	显著	不显著

注: *表示 $p<0.05$ ，**表示 $p<0.01$ 。

8.4.1.2 人口统计学因素在职业价值观方面无显著差异

民宿经营者的职业价值观在根据性别、年龄、受教育程度、家庭成员数量、工作经验和创业培训经验等进行分组时，无显著差异。

如表 8-35 所示，民宿经营者在性别、年龄、受教育程度、家庭成员数量分组时，其职业价值观没有显著差异。根据民宿经营者的工作经验和创业培训经验分组时，民宿经营者的创业和发展导向价值观存在显著差异。然而，根据受访的民宿经营者在根据性别、年龄、受教育程度、家庭成员数量、工作经验和创业培训经验分组时，在利润导向价值观和生活方式导向价值观方面没有显著差异。

表 8-35 受访者民宿经营者人口统计学因素与其职业价值观差异的汇总表

		利润导向	生活方式导向	创业和发展导向
性别	P	0.700	0.086	0.483
	显著性	不显著	不显著	不显著
年龄	P	0.655	0.749	0.173
	显著性	不显著	不显著	不显著
受教育程度	P	0.227	0.766	0.843
	显著性	不显著	不显著	不显著
家庭成员数量	P	0.126	0.237	0.318
	显著性	不显著	不显著	不显著
工作经验	P	0.927	0.118	0.047*
	显著性	不显著	不显著	显著

		利润导向	生活方式导向	创业和发展导向
创业培训经验	P	0.906	0.369	0.000**
	显著性	不显著	不显著	显著

注：*表示 $p<0.05$，**表示 $p<0.01$。

8.4.1.3　人口统计学因素在经营绩效方面无显著差异

民宿的经营绩效在根据经营者的性别、年龄、受教育程度、家庭成员数量、工作经验和创业培训经验进行分组时，没有显著差异。

如表 8-36 所示，民宿经营者的性别、家庭成员数量、工作经验和创业培训经验的不同，他们在民宿的盈利能力方面存在显著差异；民宿的家庭成员数量、工作经验和创业培训经验不同，他们在民宿的竞争力和经营绩效方面存在显著性差异。然而，民宿经营者的性别、年龄和受教育程度不同，他们在经营绩效和竞争力方面没有显著性差异。

表 8-36　受访民宿经营者的人口统计学因素与经营绩效的差异性汇总表

		盈利能力	竞争力	经营绩效
性别	P	0.033*	0.892	0.244
	显著性	显著	不显著	不显著
年龄	P	0.356	0.989	0.805
	显著性	不显著	不显著	不显著
受教育程度	P	0.551	0.508	0.558
	显著性	不显著	不显著	不显著
家庭成员数量	P	0.022*	0.004**	0.023*
	显著性	显著	显著	显著
工作经验	P	0.031*	0.031*	0.029*
	显著性	显著	显著	显著
创业培训经验	P	0.035*	0.001**	0.001**
	显著性	显著	显著	显著

注：*表示 $p<0.05$，**表示 $p<0.01$。

8.4.1.4　民宿基本情况在经营绩效方面无显著差异

民宿的房间数量、位置和环境进行分组时，民宿的经营绩效没有显著差异，即民宿的经营绩效不会根据民宿的房间数量、位置和环境的变化而变化。

如表 8-37 所示，根据不同房间数量、位置和环境的民宿，其经营绩效存在显著差异。

表 8-37　民宿基本情况与经营绩效的差异汇总

		盈利能力	竞争力	经营绩效
房间数量	P	0.020*	0.000**	0.000**
	显著性	显著	显著	显著
位置	P	0.000**	0.003**	0.000**
	显著性	显著	显著	显著
环境	P	0.003**	0.001**	0.000**
	显著性	显著	显著	显著

注：* 表示 $p<0.05$，** 表示 $p<0.01$。

8.4.1.5　民宿经营者的人格特质在民宿经营绩效方面无显著差异

民宿经营者人格特质中的亲和性、尽责性、外向性、神经质和开放性对民宿经营绩效（盈利能力与竞争力）无显著影响。

如表 8-38 所示，民宿经营者人格特质的亲和性、开放性对民宿经营绩效有显著影响。人格特质中的尽责性、外向性、神经质对民宿经营绩效无显著影响。

表 8-38　民宿经营者人格特质与经营绩效的差异汇总

	盈利能力			竞争力			经营绩效		
	r	p	显著性	r	p	显著性	r	p	显著性
亲和性	0.359**	0.000	显著	0.232**	0.000	显著	0.345**	0.000	显著
尽责性	-0.026	0.694	不显著	-0.059	0.365	不显著	-0.049	0.450	不显著
外向性	-0.002	0.979	不显著	0.107	0.099	不显著	0.061	0.347	不显著
神经质	-0.023	0.727	不显著	0.070	0.283	不显著	0.027	0.677	不显著
开放性	0.375**	0.000	显著	0.339**	0.000	显著	0.416**	0.000	显著

注：* 表示 $p<0.05$，** 表示 $p<0.01$。

8.4.1.6　民宿经营者的职业价值观对民宿经营绩效方面无显著差异

民宿经营者的利润导向价值观、生活方式导向价值观、创业和发展导向价值观对民宿的经营绩效（盈利能力与竞争力）无显著影响。

如表8-39所示，民宿经营者利润导向价值观、创业和发展导向价值观对民宿的经营绩效有显著影响。而生活方式导向价值观对民宿的经营绩效无显著影响。

表8-39　民宿经营者职业价值观与经营绩效差异汇总

	盈利能力		竞争力		经营绩效	
	r	p	r	p	r	p
利润导向	0.360**	0.000	0.342**	0.000	0.409**	0.000
生活方式导向	−0.063	0.333	−0.047	0.470	−0.064	0.325
创业和发展导向	0.509**	0.000	0.561**	0.000	0.624**	0.000

注：*表示 $p<0.05$，**表示 $p<0.01$。

8.4.1.7　民宿经营者的人格特质、职业价值观与民宿的经营绩效没有关系

通过相关和多元回归分析民宿经营者的人格特质、职业价值观与民宿的经营绩效的关系，研究结果显示人格特质、职业价值观与经营绩效之间呈现显著性相关。

对上述7个假设检验的结果进行汇总，结果如表8-40所示。

表8-40　假设检验结果汇总

假设内容	检验结果
人口统计学因素在人格特质方面无显著差异 民宿经营者的人格特质在根据性别、年龄、受教育程度、家庭成员数量、工作经验、创业培训经验分组时，无显著差异	部分拒绝
人口统计学因素在职业价值观方面无显著差异 民宿经营者的职业价值观在根据性别、年龄、受教育程度、家庭成员数量、工作经验和创业培训经验进行分组时，无显著差异	部分拒绝
人口统计学因素在经营绩效方面无显著差异 民宿的经营绩效在根据经营者的性别、年龄、受教育程度、家庭成员数量、工作经验和创业培训经验进行分组时，没有显著差异	部分拒绝
民宿基本情况在经营绩效方面无显著差异 民宿的房间数量、位置和环境进行分组时，民宿的经营绩效没有显著差异，即民宿的经营绩效不会根据民宿的房间数量、位置和环境的变化而变化	拒绝
民宿经营者的人格特质在民宿经营绩效方面无显著差异 民宿经营者人格特质中的亲和性、尽责性、外向性、神经质和开放性对民宿经营绩效（盈利能力与竞争力）无显著影响	部分拒绝

续表

假设内容	检验结果
民宿经营者的职业价值观对民宿经营绩效方面无显著差异 民宿经营者的利润导向价值观、生活方式导向价值观、创业和发展导向价值观对民宿的经营绩效（盈利能力与竞争力）无显著影响	部分拒绝
民宿经营者的人格特质、职业价值观与民宿的经营绩效没有关系	拒绝

8.4.2 主要研究发现

研究发现主要针对第 7 部分提出的 11 个研究问题进行阐释。

发现一：河南省"标准"民宿的经营者多为女性，年龄多在 26~35 岁、36~45 岁，多数民宿经营者受过良好的教育，家庭成员数量大多为 4~6 位，且有一定的创业培训经验。

民宿经营者的性别：河南省"标准"民宿的经营者多为女性。这一定程度上与女性对于家居环境、服务细节等方面的天然敏感度和细心程度有关。在民宿行业中，提供温馨舒适的住宿环境和细致周到的服务是至关重要的，而这方面女性经营者可能更具优势。

民宿经营者的年龄分布：民宿经营者的年龄主要集中在 26~35 岁和 36~45 岁这两个年龄段。这两个年龄段的人通常具备一定的社会经验和经济基础，同时也有足够的精力和热情去创业和经营民宿。26~35 岁年轻人可能更具创新思维和接受新事物的能力，在民宿经营中可能会更注重民宿的特色、网络营销、社交媒体推广等经营策略；36~45 岁的经营者往往已经有了丰富的社会经验和一定的经济积累，对于市场动态和消费者需求有更为深刻的洞察。他们在经营民宿时可能更注重服务质量和客户体验，以及长期稳定的客户关系建立，可能更稳重、更有耐心，这两种特质都是经营民宿所需要的。

民宿经营者的受教育程度：民宿经营者多为高中及以上学历。受教育程度在一定程度上反映了经营者的知识水平和综合素质。高中及以上学历的经营者可能更具备市场洞察力、管理能力和服务意识，这对于民宿的经营和管理是非常重要的。

民宿家庭成员数量：多数民宿家庭成员数量在 4~6 人，意味着民宿经营者拥有稳定的家庭支持。家庭成员的参与和支持对于民宿的初创和运营起到了积极的推动作用。此外，适中的家庭成员数量也可能为民宿提供一定的人力资源支持，如在旺季时帮助打理民宿日常事务。但超过 6 人的民宿经营者家庭往往表现出更差的经营绩效，家庭成员过多可能导致家庭成员之间的观点冲突，从而导致管理困难和决策犹豫，这些都会影响民宿企业的经营绩效。

创业培训经验：民宿经营者多数有培训经历。培训能够为民宿经营者提供必要的商业知识、管理技能和市场营销策略等，这对于初次涉足民宿行业的创业者来说是非常有价值的。通过创业培训，经营者可以更好地了解市场动态、规避风险、提升服务质量，从而增加民宿的竞争力。

发现二：大多数民宿位于旅游景点内，拥有 10~20 个房间，并且距离城市/城镇不到一个小时的车程。

民宿的房间数量：民宿通常拥有 10~20 个房间，这符合《旅游民宿基本要求与等级划分》（GB/T 41648-2022）中关于民宿的住宿是小型住宿设施的界定，也与 2017 年版与 2019 年版中关于民宿规模的界定相符（具体见第 2 部分，民宿的定义）。相较于大型酒店，民宿的房间数量较少，但每个房间可能更加具有特色和个性化。这样的规模有利于民宿提供更加贴心和细致的服务，同时也更易于管理。在民宿内部，客人可以享受到与大型酒店不同的温馨氛围和家庭式服务。

民宿的地理位置：民宿通常距离城市/城镇不到 1 个小时的车程。这意味着民宿的地理位置相对便利，既能够远离城市的喧嚣，享受宁静的乡村或自然风光，又能够在短时间内到达城市/城镇，方便客人获取必要的服务和设施。这样的地理位置既满足了游客对于田园风光的向往，又保证了生活的便利性。

民宿的环境：民宿通常位于旅游景点内。这表明民宿不仅是提供住宿服务的地方，还是游客体验当地文化和自然景观的重要窗口。位于旅游景点内的民宿往往能够提供给游客更加深入的当地体验，让游客在享受舒适的住宿环境的同时，也能方便地游览周边的景点。此外，民宿的经营者也可能会结合当地的旅游资源，为游客提供丰富的旅游活动和特色服务。也说明，民宿的主要客源为到景区游览的过夜客人。部分没有景区资源的民宿需要在经营特色上下大功夫，打造民宿本身的旅游吸引力，以营造良好的顾客来源。

发现三：民宿经营者的亲和性、外向性、尽责性和开放性得分较高，神经质得分呈中等水平。河南省民宿经营者人格特质中的亲和性、开放性与经营绩效呈正相关。

首先，亲和性、外向性、尽责性和开放性得分较低的人，不适合从事民宿经营，且神经质得分高的人往往情绪波动过大，也不适合从事民宿行业。

民宿经营者的亲和性得分较高，意味着民宿经营者往往是友善且乐于助人，善于与客人建立良好的关系。他们能够轻松地与客人沟通交流，使客人感到宾至如归。外向性得分较高表明民宿经营者往往是热情洋溢、充满活力的。他们乐于并擅长与人打交道，这对于接待来自各地的客人至关重要。尽责性得分较高意味着民宿经营者非常负责任，注重细节，能够确保民宿的整洁、安全和高效运营。他们通常会制定严格的规章制度，以确保服务质量和客人满意度。开放性得分较高表明民宿经营者愿意接受新事物，具有创新思维和开放心态。他们乐于尝试不同的经营策略和服务模式，以满足客人的多样化需求。特别需要注意的是，民宿经营者的神经质得分呈中等水平，在一定程度上说明，民宿经营者在情绪稳定性方面处于中等水平。这可能导致他们在面对压力或挑战时表现出一定的情绪波动，但通常不会严重影响其经营决策和服务质量。因此，可以通过学习情绪管理技巧，如深呼吸、冥想等，以提高情绪稳定性。建立支持系统，如与其他民宿经营者交流、参加行业培训等，以减轻工作压力。

其次，亲和性人格特质较高的民宿经营者会获得更好的民宿经营绩效。作为"非标准住宿"的民宿不是酒店，而是一种高度个性化、充满家庭温情的住宿方式。当民宿经营者以亲切、友好的方式对待客人，为客人提供个性化的服务，创造温馨、友好的氛围，使客人获得"家"的体验感与舒适感时，他们更愿意选择民宿以获得更亲近的住宿体验。这种家庭温情是吸引客人选择民宿的重要因素之一。

最后，开放性人格特质较高的民宿经营者也会获得较高的经营绩效。通过为客人提供更多的互动机会，增加民宿的体验感和住宿的附加值，客人不仅可以享受个性化的住宿环境和河南的特色美食，还可以与民宿经营者建立更密切的联系。这种互动让客人更好地了解河南的地域文化和生活环境，增强客人的体验感和与河南文化的融入感。这种氛围和互动性也是民宿吸引客人的关键原因之一。河南省民宿经营者的开放性人格特质有助于提高民宿的吸引力和竞争力，应注重培养河南省民宿经营者的开放性的人格特质。

发现四：大多数民宿经营者表现出以利润为导向的职业价值观，然后是创业和发展导向价值观，生活方式导向价值观最低。利润导向价值观、创业和发展导向价值观的河南省民宿经营者，会获得更好的经营绩效。

首先，利润导向价值观处于主导地位是河南省民宿经营者的一大特点。河南省民宿经营者与沿海地区的民宿经营者有很大不同，他们大多将民宿经营视为一项商业活动，将盈利视为首要目的。民宿经营者需要管理成本、确保高入住率并动态调整房价，以获得更好的经营绩效。但特别需要注意的是，过分追求利润往往导致服务质量的下降与客户的不满，对于民宿的长期经营是不利的。因此，经营者应保持适度的利润导向价值观，不要只关注短期收益，以确保获得长期的经营绩效。

其次，高创业和发展导向价值观是河南省民宿经营者的又一特点。创业和发展导向价值观意味着河南省民宿经营者积极迎接新技术、新市场趋势和客户需求的变化，同时要求河南省民宿经营者考虑民宿的长期发展，建立良好的声誉和品牌价值，而不只是短期利润。因此，民宿经营者的价值观在经营绩效方面有着重要的作用。河南省民宿经营者应在利润导向价值观、创业和发展导向价值观之间找到平衡，通过不断参与培训与学习和提高，不断提升自身的能力和智慧，更好地应对日益复杂和竞争激烈的民宿市场。

最后，河南省民宿经营者"生活方式导向价值观"虽然处于较高水平，但相比"利润导向价值观"与"创业和发展导向价值观"则得分略低。"生活方式导向价值观"指的是民宿经营者更倾向于将民宿经营看作是实现自己理想生活方式的一种手段，而不仅仅是追求经济利益。这说明，尽管民宿经营者倾向于追求自己理想的生活方式，但在长期的经营中，仍然追求利润回报与创业发展，一定程度上追求民宿的经济效益和长期发展。

发现五：河南省民宿在盈利能力与竞争力方面均为高水平。

民宿在盈利能力方面的高水平往往与高入住率、合理的价格与有效的成本控制密切相关。在入住率方面，河南省的民宿因其独特的设计和优质的服务，吸引了大量游客，尤其是那些寻求与传统酒店不同体验的游客。根据相关数据，河南某些知名民宿在旺季的入住率可以达到90%以上，这直接提升了盈利能力。在价格方面，河南省民宿的价格通常根据市场需求和季节进行合理调整。在保持价格竞争力的同时，也确保了收益的最大化。此外，通过提供额外的服务和体验，如地方文化体验活动，进一步增加了盈利渠道。在成本控制方面，河南省民宿在运营过程中，注重成本控制，通过有效地管理和资源利用，减少不必要的浪费，从而提高利润率。

河南省民宿的高竞争力往往与产品的独特性、设施与环境、服务质量、营销密切相关。产品的独特性方面，河南省民宿往往深度融合了当地的文化元素，为游客提供了一种独特的住宿体验。例如，云上院子、溱源洞穴、老家寒舍等一批精品民宿，游客可以体验到传统的河南文化和风俗，这种差异化的服务大幅提升了民宿的竞争力；设施与环境方面，河南省民宿舒适的客房、美丽的庭院和丰富的休闲设施等硬件条件也是吸引游客的重要因素，进一步增强了民宿的竞争力；服务质量方面，从客人的入住到离店后的跟踪反馈，全流程的体验与优质的服务是赢得客人好评的基础，也提升了民宿的口碑和竞争力；营销策略方面，河南省民宿注重社交媒体、旅游预订平台，有效地对民宿进行了宣传营销，吸引了更多的潜在客户。以上因素是河南省民宿高竞争力的重要原因。

发现六：男性民宿经营者比女性更开放。人格特质不随年龄和家庭成员数量而变化。受教育程度越高，亲和性就越低。但有创业培训经验的受访者比没有创业培训经验的受访者亲和性更高。有 3 年或以下工作经验的受访者表现出最高水平的神经质，并随着工作经验年限的增加而减少。

男性民宿经营者比女性更开放，说明河南省"标准"民宿的男性经营者比女性更容易接受新事物或具备冒险精神。在传统社会文化中，男性往往表现出更加冒险、探索新事物的特质，而女性则更多表现出稳重和保守。河南作为全国的农业大省，是中国中部省份的典型代表之一，因此在性别角色社会化中表现出典型的传统特色。此特色影响了男性和女性在经营民宿时的心态和策略，使得男性民宿经营者在接纳新事物、尝试不同经营风格方面表现得更为开放。在民宿经营者方面仍然得到了体现。

人格特质不随年龄和家庭成员数量而变化。人格特质是个体在情感、态度和行为上表现出的持久而稳定的特点，这些特质往往是在个体成长过程中逐渐形成的，并受到遗传和环境因素的共同影响。年龄增长和家庭成员数量的变化虽然会对个人的生活经历和环境产生影响，但这些因素通常不会直接改变个体核心的人格特质。人格特质的稳定性意味着，即使面对生活中的变化，个体的基本性格和行为模式往往保持不变。

受教育程度越高，亲和性就越低。这一新发现与我国教育的实际情况相吻合。通常，一个人受教育程度越高，则会显得更为清高（随着受教育水平的提高，个体可能更加注重个人发展和专业知识的学习，这可能导致他们在社交互动中表现出更多的独立性和批判性思维，降低了亲和性），较难展现出亲和性。显然，民宿经营者的教育与培训要不仅提高知识水平，更应注重培养个体的亲和性以促进更好的人际合作。

创业培训经验的受访者比没有创业培训经验的受访者亲和性更高。民宿的培训通常包括民宿的沟通技巧、团队合作和领导力培养等内容，这些培训可能会提升民宿经营者的社交能力和亲和力，使他们更懂得如何与人建立良好的关系。因此，有创业培训经验的受访者可能表现出更高的亲和性。

有 3 年或以下工作经验的受访者表现出最高水平的神经质，并随着工作经验年限的增加而减少。这与职业发展过程中的心理成熟度和应对压力的能力有关。在职业生涯的早期阶段，个体可能面临更多的不确定性和挑战，如适应新环境、处理复杂的工作任务等，这些因素可能导致他们表现出更高的神经质水平。然而，随着工作经验的积累，个体逐渐适应了职场环境，学会了更有效地应对压力和挑战，从而降低了神经质水平。这种变化反映了个体在职业发展过程中的心理成长和适应能力。

发现七：民宿经营者的职业价值观并不因性别、年龄、受教育程度或家庭成员的数量而变化。民宿经营者的创业和发展导向价值观随着工作经验的积累而呈递增态势。有创业培训经验的受访者比没有创业培训经验的受访者具有更高的创业和发展导向价值观。

民宿经营者的职业价值观并不因性别、年龄、受教育程度或家庭成员的数量而变化。这说明，职业价值观具有稳定性。职业价值观是指个人对职业选择和职业发展的看法和态度。无论民宿经营者的性别、年龄、受教育程度或家庭成员数量是否发生变化，他们的职业价值观都保持稳定。这可能是因为民宿经营者更注重的是民宿经营本身的价值和意义，以及它对于家庭和社区的影响，而不是个人的社会属性或家庭状况。换句话说，他们看待工作的价值和意义，更多的是基于工作的实际内容和成果，而不是基于自身的个人特质。

民宿经营者的创业和发展导向价值观随着工作经验的积累而呈递增态势。创业和发展导向价值观强调的是对创业活动的积极态度和对事业不断发展的追求。随着民宿经营者工作经验的积累，他们更深入地了解到经营民宿的挑战和机遇，也更清楚地认识到只有通过不断创新和发展，才能在激烈的市场竞争中立足。因此，他们的创业和发展导向价值观会呈现出递增的态势。这种递增不仅体现在对创业活动的积极态度上，也体现在对民宿事业不断发展的追求和期待上。

有创业培训经验的民宿经营者比没有创业培训经验的经营者具有更高的创业和发展导向价值观。创业培训经验对于民宿经营者来说，不仅是一种技能的提升，更是一种眼界和思维的开阔。通过培训，经营者可以接触到更多的先进理念、管理方法和市场策略，从而提升他们对民宿经营的理解和认识。这种提升会使得他们更加明确自己的发展目标，更加积极地追求事业的成长和创新。因此，有创业培训经验的民宿经营者往往会表现出更高的创业和发展导向价值观。

发现八：民宿的经营绩效与竞争力不因民宿经营者的性别差异而发生变化，但性别在盈利能力方面存在显著性差异。经营绩效（包括盈利能力与竞争力）不因民宿经营者的年龄和受教育程度的不同而产生差异，但家庭成员数量、工作经验和创业培训经验的不同会对盈利能力、竞争力与经营绩效产生显著性差异。

如前文所述，民宿的竞争力往往与产品的独特性、设施与环境、服务质量、营销密切相关。因此，民宿的经营绩效与竞争力不因民宿经营者的性别差异而发生变化。原因是，无论民宿的经营者是男性还是女性，只要他们遵循相同的行业标准和提供一致的服务质量，民宿的经营绩效和竞争力就不会受到性别的影响。因为，客户在选择民宿时，更关注的是民宿的整体环境、服务质量、位置等因素，而不是经营者的性别。

性别在盈利能力方面存在显著性差异。这种差异主要表现在两个方面：一是经营策略与风险偏好。男性和女性在经营策略上可能存在差异。如男性经营者可能更倾向于采取冒险和高回报的策略，而女性经营者可能更注重稳定和风险控制。这可能导致在盈利能力上存在差异。二是管理与运营成本。虽然性别不会直接影响民宿的经营绩效和竞争力，但不同性别的经营者在管理和控制运营成本方面可能有所不同。如女性经营者可能更注重细节和成本控制，从而在一定程度上影响盈利能力。

在民宿行业，经营者的年龄和受教育程度不是决定性因素。更重要的是经营者的行业经验、专业技能以及对客户需求的理解。

家庭成员数量、工作经验和创业培训经验的不同会对盈利能力、竞争力与经营绩效产生显著性差异。有4~6名家庭成员的民宿经营者更能够满足日常经营的人员需要，为住客提供更满意的情感价值，因而更具盈利能力和竞争力。丰富的工作经验可以帮助经营者更好地应对各种挑战和问题，提高运营效率和服务质量。这对于提升民宿的经营绩效和盈利能力具有重要影响。创业培训经验与专业能力：接受过专业培训的经营者通常具备更强的专业能力和行业知识，这有助于他们更好地管理和运营民宿，从而提升竞争力和盈利能力。

发现九：民宿的经营绩效因房间数量、位置和环境的不同而存在显著性差异。

民宿房间数量的多少直接影响到民宿的接待能力和实际收入。河南省民宿的淡旺季明显，因而，房间数量多的民宿，在旺季能获得较好的经营绩效，但是，河南省民宿的淡季明显且持续时间长，至少有三个月时间，而淡季使过多的房间数量增加清洁、维护和管理等运营成本。因此，房间数量需要在保证盈利的前提下进行合理设置。

距离城市/城镇较近的民宿更容易吸引住客，因为这些地方交通便利，周边设施完善，能够提供更好的住宿体验。

民宿优美的自然环境和舒适的内部装修能够显著提升客户的住宿体验，从而增加客户满意度和忠诚度。同时，独特的环境可以成为民宿的卖点，有助于塑造独特的品牌形象，吸引特定客户群体。

发现十：民宿的经营绩效与民宿经营者人格特质中的亲和性、开放性呈显著正相关，而与尽责性、外向性、神经质无显著相关。

亲和性高的经营者更容易与客人建立良好的关系，提供温馨、友好的服务，从而增强客户的满意度和忠诚度。这种积极的客户关系有助于提升民宿的口碑和回头客率，进而提高经营绩效。研究表明，亲和性高的人在服务行业中更容易获得成功，因为他们能够创造更加舒适和愉快的客户体验。

开放性高的经营者更愿意接受新事物和新想法，这可能有助于民宿的创新和改进。他们可能更愿意尝试不同的营销策略、服务方式或房间布置，从而吸引更多的客户。创新是推动企业发展的重要因素之一，而开放性高的人更有可能具备创新精神。

尽管尽责性、外向性、神经质这些特质可能在个人生活和职业发展的其他方面很重要，但在民宿经营中，它们与经营绩效的关系可能不那么直接。比如，尽责性虽然代表着责任心和自律性，但在民宿经营中，这种特质可能并不足以直接提升绩效。同样，外向性虽然有助于社交和交流，但并不一定与民宿的经营绩效直接相关。神经质则可能反映了情绪的不稳定性，这在民宿经营中可能不是一个积极的因素，但也并未显著影响经营绩效。目前的研究并未发现这些特质与民宿经营绩效之间存在显著关系。

发现十一：民宿的经营绩效与民宿经营者的利润导向价值观、创业和发展导向价值观呈显著正相关，而与生活方式导向价值观无显著相关。

在民宿行业中，利润导向价值观的经营者会更加注重成本控制、提高客房出租率和价格策略等，这些都有助于提高民宿的经营绩效。有创业和发展导向价值观的经营者更具市场敏锐度和创新意识,他们倾向于不断改进民宿的设施和服务,以适应和满足市场需求,从而提升民宿的市场竞争力和经营绩效。而生活方式导向价值观虽影响民宿经营者的个人生活满意度和幸福感,但它并不直接作用于民宿的经营绩效。这种价值观更多地关注个人层面的体验和享受,而非民宿的经营成果。因此,民宿的经营绩效与生活方式导向价值观无显著相关。

9 提升河南省民宿经营绩效的对策建议

前文对河南省民宿的发展进行了深入研究，剖析了河南省民宿的空间布局及其影响因素，探讨了民宿经营者的人格特质、职业价值观与其经营绩效之间的内在联系，并借鉴了国内民宿发展的成功经验。基于此，本书提出在规划层面，完善民宿发展的顶层设计；在管理层面，落实民宿发展的各项措施；在行业层面，发挥民宿行业协会的引导作用；在经营层面，民宿经营者要提高自我认识；在市场层面，加强民宿的营销推广等对策建议，以期为河南省民宿的高质量发展提供思路与建议。

9.1 在规划层面，完善民宿发展的顶层设计

9.1.1 编制民宿发展专项规划

尽管河南省民宿发展迅速，但河南省在省级层面仍缺乏明确规划方案对全省民宿的发展现状、发展方向、发展业态与发展定位的总体规划，势必造成河南省民宿在快速发展过程中，呈现无序发展、多头发展与盲目发展的态势。为了河南省民宿行业的长远发展，建议河南省相关部门联合出台省级层面的规划方案，明确民宿业的发展目标、方向和措施。

第一，河南省民宿的健康发展要求完善省级层面的相关规划。建议由河南省文化和旅游厅牵头，联合河南省公安厅、河南省自然资源厅、河南省生态环境厅、河南省卫生健康委等多部门共同编制《河南省民宿发展规划》，并将其纳入

更广泛的社会经济和国土空间规划中，合理布局民宿用地，确保民宿发展与环境保护和土地利用的协调。

第二，在省级民宿发展规划中需要对重点问题做出明确的规定。其中省内18个地市在民宿市场的发展定位是重中之重。尽管在2019年《河南省文化和旅游厅关于促进乡村民宿发展的指导意见》中明确提出了"乡村民宿的整体布局"——将大别山、伏牛山、太行山作为重点区域，找准定位，但在该意见中并未对这些区域的具体定位做出判断。从基尼系数来看，全省18个地市，民宿的发展呈现均衡态势，而从离散程度（最邻近指数）来看，极易形成规模效应，此时，亟须省级层面的总体规划对各地市民宿的发展定位、发展目标、品牌建设与推广进行引导与规范，促进河南省民宿行业的良性发展。

第三，在民宿发展较好的地区（洛阳、郑州、安阳、焦作等），在省级民宿规划的基础上，有针对性地制定适合本地市的民宿规划。2022年，林州市委、市政府出台了《关于促进旅游民宿高质量发展的实施意见》与《民宿管理办法》等，将民宿发展提升为"头等大事"，说明地市级的民宿发展规划呼之欲出。在各地市编制民宿规划时应注意，民宿市场的分析与预测、旅游资源的评估与利用、民宿产品的开发与创新等，不仅要在省级规划的基础上，形成具有地方特色和差异化的民宿发展规划，同时也要保证地市级民宿规划的可行性与落地性。

9.1.2　合理引领民宿空间布局

民宿发展，规划先行。目前来看，河南省乃至中部地区、黄河流域甚至全国范围的民宿发展均呈现市场的盲目性。尽管民宿数量在市场需求的带动下获得了快速的发展，但由于缺乏宏观的引导、科学的规划与民宿项目开发前的可行性分析，容易形成盲目的市场跟风，部分区域民宿的"扎堆"扩张，导致民宿"门槛入口"的降低，影响民宿的经营绩效。通过省级的民宿发展规划，对各地区、各城市民宿空间布局进行合理的引导。

第一，合理规划民宿发展集聚区。研究发现，河南省民宿的聚集有两大特点。一是在豫北的太行山区、豫西南的伏牛山区以及豫南的桐柏—大别山区较为集中。这一现象的原因与这些地区的旅游发展条件密切相关。山区通常拥有丰富的旅游资源，成熟的景点与配套设施能够保证稳定的客流量与稳定的住宿需求，同时依托良好的生态环境与人文资源等能够有效增加周边民宿的竞争力，为民宿的发展提供良好的客源市场。二是各个地市的市区也表现出较高的集中度，尤其是在洛阳、郑州、开封等地。这一现象与这些城市的历史文化背景和经济发展水平有关。在此空间特征的基础上，要对民宿的空间布局进行合理的引导。

第二，对民宿聚集区进行科学评估与引导。旅游地生命周期理论表明，民宿集聚区的发展呈现出起步期、成长期、成熟期与衰退期的阶段特征。因此，需要根据对集聚区发展阶段的评估，进行合理的规范与引导。特别是在 2020 ~ 2022 年，河南省民宿出现了行业大洗牌，2023 年又引起了新一轮的竞争。在市场净化后，河南省民宿在三大山区要重新审视区域内的民宿分布，进一步依托资源优势，重视民宿的规划设计与统筹管理，提升民宿形象，优化空间布局，从而发挥规模效益与集聚效应。与此同时，在民宿分布较为集中的各地市，更要对民宿的具体情况进行评估。据了解，在民宿销售线上平台的分类中，部分平台显示的"城市民宿"包括了"公寓""客栈"，因而，是否能在部分地市的市区形成民宿集聚区，需要在详细评估后进行科学的引导。

第三，建议在景区内部（或距离景区 15 分钟以内）且离城市/城镇的车程距离在 1 小时以内的位置建设民宿。研究表明，景区内部民宿的经营绩效（盈利能力与竞争力）高于距离景区较远的民宿，且距离城市越近，经营绩效越好。基于以上研究，景区内部（或距离景区 15 分钟以内）且离城市/城镇的车程距离在 1 小时以内的位置是民宿开发的最佳位置。景区内部或近景区的民宿因为其独特的地理位置，能够为游客提供更便捷的旅游体验，从而吸引了更多的客流量。此外，位于城市/城镇 1 小时车程以内的民宿，既能够享受到城市带来的便利，又能保持一定的宁静和自然风光，这种平衡为民宿的吸引力增添了分数。因此，这样的位置被认为是民宿开发的最佳选择。

9.1.3 鼓励民宿差异化发展

在规划层面，鼓励、支持并指导民宿的差异化发展，不仅有助于提升民宿行业的整体竞争力，还能满足游客日益多样化的需求，推动旅游产业的持续健康发展。

第一，民宿的差异化发展体现在规模和等级的多样化上。《民宿分级标准》的制定，将民宿分为豪华、精品、舒适和经济型等不同档次，这样的分级有助于明确民宿的市场定位，满足不同消费者的需求。同时，国家和地方（如河南省）对民宿的甲、乙级以及三星、四星与五星的评级，不仅为消费者提供了清晰的选择标准，也激励了民宿经营者提升服务质量和管理水平，推动了整个民宿行业的标准化和专业化发展。

第二，民宿的差异化发展还体现在主题类型的多样化上。不同类型的民宿可以满足游客多样化的旅游需求，如自然生态型民宿可以提供亲近自然的机会，文化体验型民宿可以深入体验当地文化，休闲游憩型民宿适合放松身心，美食体验型民宿可以享受地方特色美食，养老养生型和体育健身型民宿则分别针对特定人群的健康需求。通过发展多样化的民宿主题类型，可以丰富旅游产品，提升游客的满意度和忠诚度，同时为民宿经营者提供了更多的创新空间和市场机会。

因此，鼓励民宿差异化发展，既需要通过规划和标准的制定来实现民宿产业的分级标准化，也需要通过创新和多样化的民宿主题类型来满足游客的个性化需求。差异化发展不仅能提升民宿的竞争力，也是推动旅游产业高质量发展的重要途径。政府、行业协会和民宿经营者应共同努力，通过政策引导、市场激励和创新实践，促进民宿产业的多样化和可持续发展。

9.2　在管理层面，落实民宿发展的各项措施

9.2.1　优化民宿辐射范围的基础设施建设

根据前文分析，河南省民宿在发展中遇到的基础设施方面的问题，主要集中在电力电信与给排水两个方面。由于目前河南实现了"村村通"，乡村民宿在道路交通方面的问题较少。那么，解决民宿发展中电力电信与给排水问题，成了优化民宿基础设施的重中之重。

通过增容改造、备用电源系统与电信网络升级等措施实现电力电信设施的提质升级。一是对民宿所在地区的电网进行增容改造，特别是在夏季用电高峰期，确保民宿的电力需求得到满足，避免跳闸和断电现象。二是鼓励和支持民宿安装备用电源系统，如小型发电机或太阳能电池板，以应对突发断电情况，保障民宿的正常运营和顾客的舒适体验。三是加强民宿区域的电信基础设施建设，提升网络覆盖率和网络速度，确保民宿内部和周边区域的通信畅通。

通过污水处理系统、雨污分流、定期检查与维护等保障民宿给排水的正常运行。一是民宿集中区域建设具有实际处理功能的污水处理设施，而不仅仅是存储

功能。这样可以确保污水得到有效处理，避免对周边环境造成破坏。二是雨污分流，将雨水和污水分开处理，减轻污水处理设施的压力，同时提高处理效率。三是建立定期的检查和维护制度，确保给排水设施的正常运行，及时发现并解决潜在问题。

在此过程中，需要政府与民宿经营者通力合作。一方面，政府有效利用乡村基础设施的专项基金，将乡村工作做实做细，有效改善和升级乡村基础设施。另一方面，鼓励政府与民宿经营者建立合作关系，政府可以提供资金支持与政策优惠，民宿经营者则负责具体实施和维护，共同投资改善乡村基础设施。

9.2.2 加大对民宿发展的政策支持力度

民宿行业的健康发展需要政府的政策支持、多部门的协调配合、资金和金融的扶持以及法律法规的完善。通过这些措施，可以为民宿经营者创造一个健康、稳定、有利的发展环境，促进民宿行业的繁荣。

第一，政策的完善是民宿行业健康发展的基石。发达地区在民宿发展上积累了丰富的经验，这些经验可以为河南省民宿的发展提供借鉴。例如，通过提供税收优惠、保险支持和融资便利，可以降低民宿经营者的初始投资风险和运营成本。同时，建立和完善法律法规，为民宿的合法经营提供法律保障，增强投资者的信心。完善用地、税收、保险、融资、信贷等方面的政策，可以为民宿行业提供更加稳定和有力的支持。政策的完善和落实，不仅能够降低民宿经营者的运营成本，提高其盈利能力，还能吸引更多的资本和人才进入这个行业，从而推动整个民宿行业的持续发展。

第二，民宿的健康发展离不开政府多个部门的协调配合。工商、消防、卫生等部门的积极协调，可以在确保安全、卫生的前提下，为民宿提供更高效、更便捷的服务。特别是在监督管理的同时加强支持，提高办事效率，可以为民宿的顺利发展提供有力的保障。例如，简化民宿经营许可证、卫生许可证和消防许可证的申请流程，缩短审批时间，降低行政成本。此外，明确民宿监管部门，建立完善的民宿监管制度，有助于规范市场秩序，保护消费者权益，同时也能为民宿经营者创造一个公平、公正、健康的竞争环境。

第三，资金是民宿发展的重要推动力。然而，许多民宿经营者在初创阶段或扩张过程中，往往会面临资金不足的困境。因此，民宿管理部门应当适当为需要资金支持的民宿经营者提供资金和金融支持。例如，可以通过建立民宿贷款机制、民宿众筹平台等方式，为民宿经营者筹集资金，帮助他们渡过难关。这样的支持不仅能够增加民宿经营者的表象收入，提高他们的物质获得感，还能激发他们更大的创业热情和创新精神，从而推动整个民宿行业的繁荣和发展。

9.2.3 完善对民宿行业的监督管理制度

当前，民宿作为新兴行业，在中国尚未形成完善的法律监管框架。这一现状导致民宿业的运营、服务和管理存在一定的法律空白和灰色地带，不利于行业的健康、有序发展。为了解决这一问题，必须加快建立针对民宿行业的具体法律规范，明确民宿的经营条件、服务质量、安全标准等要求，为民宿行业的长远发展提供法律保障。由于民宿行业的多样性和复杂性，单一的监管方式难以适应所有情况。因此，提出采用差异化监管原则，即根据不同地区、不同类型、不同规模的民宿，制定相应的监管策略和标准。同时，应运用多元化的监管手段，包括但不限于行政许可、监督检查、行政处罚等，以有效解决民宿行业中出现的各种问题。为了推动民宿行业的规范化发展，必须明确行业发展的行业规范和监管主体。

一是行业规范方面，应制定详细的民宿行业规则，规范民宿的经营行为和服务质量，目前主要参考《旅游民宿基本要求与等级划分 GB/T 41648-2022》的要求。在一些较重视民宿发展地区，地方政府也根据实际情况，制定了相应的管理办法，如荔波县人民政府发布的《关于进一步加强民宿业治安管理的意见》。《乡村民宿服务质量规范》（GB/T 39000-2020）等国家标准为民宿行业提供了具体的服务质量和安全管理指导，对不符合标准和规范的民宿进行处罚，包括罚款、责令停业整顿等措施。

二是行业监管方面，应指定专门的政府部门或机构负责民宿行业的监管工作，确保各项法规得到有效执行。为了加强民宿行业的日常管理，建议在地方层面设立专门的民宿监管机构。这些机构将负责协调各相关部门的工作，统筹民宿的管理和登记备案等事务。通过将线上线下的民宿经营行为统一纳入监管范围，可以更有效地保障消费者的权益，促进民宿行业的健康发展。

三是具体做法方面，利用信息化手段，如大数据、人工智能等技术，提高监管的精准度和效率；鼓励社会公众参与监督，设立举报奖励机制；通过媒体、社交平台等渠道宣传民宿行业的正面形象和规范要求；通过定期和不定期的监督、检查、通报表扬（批评）鼓励民宿企业积极参与监督管理，引导企业良性发展。

9.2.4　倡导民宿预订平台的分级管理

预订平台作为连接民宿经营者和消费者的桥梁，其管理体系的完善与否直接影响到民宿行业的长远发展。一个健全的管理体系不仅可以提供公平的市场环境，还能有效地保障消费者的权益，增强消费者对民宿行业的信任度。

但目前民宿预订平台存在下列三个方面的问题：

一是平台上存在信息不透明、不真实的民宿。这些民宿无人消费、无人收藏、无人评价，其真实性和营业状态无法得到验证。安全和卫生是消费者选择民宿时非常关心的因素。然而，目前线上平台往往无法充分展示这些信息，导致消费者在预订时难以做出明智的选择。为了提升消费者的信心和满意度，预订平台应该采取更多措施，确保线上信息与民宿实际情况相符。

二是未区分民宿层级的民宿预订平台不便于住客的民宿选择。目前民宿预订的服务平台主要为携程、去哪儿、美团、Airbnb、途家等，但这些平台并未对民宿进行有效的等级划分，有些平台甚至统一将"民宿+客栈"归为一类。住客在选择住宿产品时，仅能通过平台设定的筛选方法从房间价格、可容纳的住客人数、基础设施、房型等方面进行筛选，而没有高端民宿、精品民宿、乡村民宿、城市民宿等符合行业标准的划分方法，给住客的选择带来了一定的困扰。

三是未区分民宿层级的民宿预订平台降低了民宿评定的实际价值。住客很难通过民宿预订平台找到国家文化和旅游部公布的甲级、乙级资质的高端民宿，或者河南省文化和旅游厅公布的四星、五星级精品民宿与一般的"非标准"民宿，甚至农家乐、城市公寓区分开，降低了民宿资质评定的实际价值，也影响了民宿经营者参与各项评定的积极性。

针对上述三个问题，提出三个具有针对性和可行性的策略：

一是提升平台信息的透明度和真实性。预订平台应引入更为严格的民宿信息审核机制，包括但不限于实地考察、安全卫生认证，以及定期的质量评估。同时，平台可以与第三方专业机构合作，对民宿的安全和卫生状况进行评级和认证。通过确保线上信息的真实性，可以增强消费者的信任感，降低预订风险。透明的信息展示有助于消费者做出更明智的选择，提升预订体验和满意度。此外，定期的质量评估可以促进民宿经营者持续改善服务质量，形成良性循环。

二是增设预订平台民宿等级一栏。预订平台应根据国家和地方的民宿行业标准，增设一个明确的分级栏目，将民宿按照资质评定结果、星级评定结果进行分类，并通过简要介绍帮助住客理解不同等级民宿的特点与价值。通过民宿分级，消费者可以根据自己的需求和预算快速筛选出合适的住宿选项，提高预订效率。此外，明确的分级制度有助于消费者建立合理的预期，减少因信息不对称导致的服务不满意。对于民宿经营者而言，分级制度可以激励他们提升服务质量，争取更高的评级，从而吸引更多客户，对参与等级评定的民宿是一种无形的支持与认可，有助于民宿进行宣传推广。

三是强化民宿资质评定的价值和应用。预订平台需要与文化和旅游部等官方机构合作，将官方认证的民宿资质直接展示在预订页面上，并提供明显的筛选和推荐选项。平台还可以通过特色标签、优先展示等方式，突出展示具有官方资质的民宿。强化资质评定的价值不仅可以帮助消费者更容易找到高质量的民宿，还可以提高民宿经营者参与资质评定的积极性。官方资质的明确展示有助于提高民宿的市场竞争力，促进民宿行业的规范化和专业化发展。同时，这也有助于提升整个民宿行业的服务质量和消费者的整体满意度。

通过实施上述策略，可以有效解决当前民宿预订平台存在的信息不透明、分级不明确以及资质评定价值未充分利用的问题，进而提升消费者体验，促进民宿行业的健康发展。

9.3 在行业层面，发挥民宿行业协会的引导作用

9.3.1 发挥民宿行业协会的组织协调作用

民宿行业协会通过组织民宿经营者进行经验交流、信息共享，协调行业内部的各种关系和资源，提高民宿经营者的优势人格特质、提升经营绩效，有助于行业的整体发展。

民宿行业协会是提供民宿经营者经验交流的重要平台。通过民宿行业协会组织并召开民宿经营者会议，分享民宿经营心得体会，交流经营经验，探讨民宿的经营策略等活动，有助于提升民宿经营者的亲和性。本书的研究表明，人格特质不随着年龄的增长而变化，但是通过不断的学习，可以培养民宿经营者的优势人格特质，有助于提高民宿的经营绩效。

民宿行业协会是资源共享的重要平台。通过建立信息共享平台，民宿行业协会可以促进民宿经营者之间的信息交流与合作。例如，在调研中发现，云台山的民宿经营者通过微信群建立了一个信息共享的平台。在旅游旺季，如果一家民宿无法满足游客的住宿需求，民宿经营者则会通过此微信群发布住客的需求信息，有接待条件的民宿经营者看到信息后，则迅速做出反应。

民宿行业协会作为政府与民宿企业之间的桥梁，反映企业诉求和政策建议。协会还可以收集和分析行业数据，帮助政府更好地了解行业动态和企业需求，为政府和企业提供决策支持，从而制定出更加科学合理的政策措施。

9.3.2 利用民宿行业协会的服务指导作用

民宿行业协会通过提供培训、咨询等服务，帮助民宿经营者提升经营信心、提高服务质量和经营绩效，推动民宿产业的良性发展。

民宿行业协会可以为民宿从业者提供必要的培训和支持，帮助他们提升优势的人格特质、优势的职业价值观与经营绩效。通过组织定期的培训课程、分享会等活动，让民宿经营者强化对优势人格特质的认识与引用。本书通过对河南省民宿经营者的研究发现，培训可以提升民宿经营者的亲和性，而亲和性与经营绩效呈显著性相关。此外，通过服务意识、服务态度、服务风格、服务技能等方面的培训，民宿经营者将更倾向于将客户的需求放在首位，从而为游客或客人提供更好的住宿体验。

民宿行业协会是民宿经营者交流、咨询与探讨的重要平台。本书研究发现，从事民宿行业1~3年的经营者更容易焦虑、敏感、不安，通过参与各种分享会、交流会等向经验丰富的经营者学习，可以提升民宿新人的经营信心。通过民宿协会分享民宿创新、营销、经营管理等经验，有助于引导民宿经营者形成正确的职业价值观，帮助其正视经营中遇到的各种困难，通过各种方法解决难题，共同发展。在调研中发现，不少民宿聚集的地区虽然有各种微信群，但尚未成立民宿协会，民宿从业者之间的交流仅停留在线上，交流信息比较零散。因此，要重视民宿行业协会的指导与服务作用，在协会的带领下，共同促进当地民宿行业的高质量发展。

充分发挥民宿行业协会的指导作用。这不仅仅体现在培训和行业交流方面，更重要的是在指导民宿锁定目标市场、提供技术指导和发展引导三个方面：一是协会通过帮助民宿经营者进行市场定位，突出民宿家庭经营的特色和优势，有效地吸引目标客户群体；二是通过提供技术指导和支持，帮助民宿经营者利用现代技术提高经营效率和客户体验，如新媒体营销、智能化运营等；三是通过提供专业建议引导民宿控制发展规模。本节研究表明，家庭成员数量为 4~6 人的民宿经营者往往能够取得更好的经营绩效。通过民宿行业协会的专业指导，能有效提升民宿的盈利能力和市场竞争力，实现民宿的健康发展。

9.3.3 重视民宿行业协会的监督管理作用

民宿行业协会通过制定并执行行业规范，对违规行为进行惩戒，维护市场秩序和消费者权益，促进行业健康有序发展。

民宿行业的健康发展需要将明确的行业规范作为支撑。行业协会在这一过程中扮演着至关重要的角色。随着民宿市场规模的不断扩大，一些问题也逐渐显现出来，如服务质量参差不齐、卫生条件不达标等。为了解决这些问题，民宿行业协会需要根据市场需求和行业特点，制定适用的行业标准和规范。这些标准和规范可以包括房间卫生标准、服务质量标准等，以确保民宿提供的服务和产品质量符合市场需求和消费者期望。通过制定和执行这些标准，可以进一步提升民宿行业的整体服务质量和运营效率。

民宿行业协会在维护和提升民宿行业形象方面同样发挥着关键作用。通过组织宣传活动、参与旅游展会、发布高质量的宣传材料等手段，行业协会可以有效提升公众对民宿的认知度和好感度。此外，协会还可以与媒体、旅游机构等建立合作关系，通过共同的努力，塑造正面的民宿品牌形象。例如，通过推广具有河南地方特色的民宿，展示其独特的文化和自然风光，可以吸引更多游客，提升河南省民宿的市场竞争力。

9.4 在经营层面，民宿经营者要提高自我认识

9.4.1 进入民宿行业前，积极参加人格测试

近年来，民宿数量持续攀升，越来越多的人加入民宿经营者大军。但是，并不是所有人都适合从事民宿经营。多项研究表明，民宿经营者人格特质的差异会

影响民宿的经营绩效。本书研究再次证明了这一观点。因此，为了避免民宿经营者盲目入行，本书提出，民宿经营者在开始民宿投资前，先进行简单的大五人格测试，判断自己在亲和性、尽责性、外向性、开放性与神经质五个维度上的得分，根据得分情况再决定是否进入民宿行业。

首先，在亲和性与开放性方面得分高的测试者（神经质得分低），适合从事民宿经营。研究表明，河南省民宿经营者的亲和性、开放性与经营绩效密切相关。另外，有研究表明，民宿经营者具有亲和性、尽责性、外向性、开放性的人格特质更受旅游者的欢迎[35]。

其次，在神经质方面得分高的民宿经营者不适合从事民宿经营。尽管本书研究表明，尽责性、外向性、神经质与经营绩效无显著关系，但赵群[45]的研究显示，民宿的经营绩效与亲和性、尽责性、外向性、神经质、开放性均显著相关，但神经质为负相关。

最后，在尽责性与外向性方面得分高，且神经质得分低的民宿经营者，可以进入民宿行业。尽管本书研究显示尽责性、外向性与民宿的经营绩效无明显相关性，但前人的研究证明了三者之间的关系，民宿经营者可以尝试进入民宿行业并不断强化亲和性与开放性，以期获得良好的经营绩效。

9.4.2 进入民宿行业后，强化优势人格特质

民宿经营者的人格特质直接影响服务质量和客户体验，进而影响经营绩效。这些特质决定了经营者如何与客户互动、解决经营中的问题以及如何创新服务。因此，经营者应充分认识到自己的人格特质对民宿经营的重要性。研究表明，不同的人格特质会对经营绩效产生显著影响。就亲和性而言，一个高亲和性的民宿经营者更能够与游客建立良好的互动关系，从而提高游客满意度和忠诚度。相反，一个内向、不善言辞的经营者可能在与客户沟通时产生障碍，影响游客的住宿体验。因此，民宿经营者需要充分认识到自身人格特质对经营绩效的重要性，以便更好地调整自己的行为和态度，提升服务质量。

尽管人格特质不会随着年龄的增长而改变，即人格特质在成年后趋于稳定，但心理学和行为科学的研究表明[131]，通过有意识地培训，经营者可以在一定程度上改变和优化自己的人格特质。例如，通过培训提升沟通技巧、学习情绪管理等，可以增强民宿经营者的人际互动能力和问题解决能力。本书一定程度上支持这一观点。

民宿经营者在深入了解自己的人格特质后，在经营中，学会反思自己在心态上的不足，进而改善劣势特质，强化优势人格特质，特别是提高亲和性和开放性这两种与经营绩效成正相关的人格特质。高亲和性有助于建立和维护良好的客户关系，开放性高的经营者更愿意接受新想法和新体验，民宿经营者应有意识地培养和提高这些积极的人格特质，从而在与游客的互动中展现出更加积极、热情的态度。这种自发的改变将为民宿经营带来积极作用，从而提高民宿的经营绩效。

9.4.3　识别自我职业价值观，积极适度调整

正确的职业价值观念与经营动机对民宿的经营绩效会产生积极的影响。因此，民宿经营者应首先判断自己的职业价值观，并适度进行调整。

首先，河南省民宿经营者的职业价值观并不十分明确。本书研究发现，河南省民宿经营者的职业价值观在利润导向、生活方式导向与创业和发展导向上均处于较高水平，说明河南省民宿经营者在利润、生活方式与创业和发展方面均表现出较高的期待。因此，民宿经营者需要通过职业价值观测试，判断自己的职业价值观倾向。

其次，利润导向价值观与创业和发展导向价值观与经营绩效密切相关。因此，高生活方式导向价值观的民宿经营者要调整心态，重视民宿的盈利情况与自身的创业与职业发展状况，不要过于追求理想生活而忽略了民宿经营的长期发展。

最后，利润导向价值观处于主导地位的民宿经营者虽然在短期内能获得良好的经营绩效，但需要特别注意的是，过分追求利润往往导致服务质量的下降与客户的不满，对于民宿的长期经营是不利的。因此，经营者应保持适度的利润导向价值观，不要只关注短期收益，以确保获得长期的经营绩效。

9.4.4　积极参与行业培训，提高民宿经营绩效

民宿行业的竞争日益激烈，为了提高民宿的经营绩效，民宿经营者必须积极参加行业的培训，树立终身学习的意识，不断提升个人专业素质。通过培训学习，他们可以强化优势人格特质，提升创业发展观念，掌握最新的市场动态、经营理念和客户服务技巧，从而更好地满足客户需求，提升民宿的口碑和业绩。

通过培训和学习，民宿经营者不仅可以提升自己的专业知识和技能，还可以强化优势人格特质，如亲和性、沟通能力等。这些优势特质的提升有助于提高客

户满意度和忠诚度，进而提升民宿的经营绩效。同时，创业培训经验还可以帮助民宿经营者弱化劣势人格特质，如神经质等，从而使其在工作中更加自信、从容。

对于刚刚入行的民宿经营者，可能会面临诸多挑战和困惑。通过参与各种培训、分享会、交流会等活动，可以向经验丰富的经营者学习，汲取宝贵的经验和教训，提升自己的经营信心和能力。这种经验分享和交流不仅有助于民宿新人的快速成长，还能促进行业内的良性竞争和合作。

通过系统地培训和学习，民宿经营者可以逐渐形成创业和发展导向的价值观。这种价值观将引导他们以长远的眼光看待民宿业务的发展，注重创新和持续改进，从而在激烈的市场竞争中保持领先地位。同时，这种价值观还有助于培养民宿经营者的企业家精神和社会责任感，推动整个行业的健康发展。

9.5 在市场层面，加强民宿的营销推广

9.5.1 明确民宿的目标市场定位

河南省民宿要想在竞争激烈的市场中脱颖而出，就需要将资源优势与市场定位相结合。河南作为中国中部的重要省份之一，拥有丰富的自然资源和深厚的文化积淀。这些资源为民宿的开发提供了独特的优势。例如，河南的山水风光、历史遗迹、地方特色美食等，都是吸引游客的重要因素。

民宿应根据自身资源和特点，选择适合的目标市场。例如，对于具有自然景观优势的民宿，建议选择喜欢户外活动和自然体验的游客作为目标市场；对于具有文化特色优势的民宿，建议选择对历史文化感兴趣的游客作为目标市场。总之，民宿要通过客源市场分析，找准目标市场，合理利用优势资源，对民宿进行精准定位。不能盲目定位，更不能舍近求远、人云亦云。

但是，目前市场上仍然存在一些目标市场不明确的民宿。这些民宿往往是远离旅游景点或城市的民宿。这类民宿的经营者往往出于情怀，凭一腔热血进行民宿的开发与建设，致力于乡村建设与乡村振兴。然而，研究表明，景区内部且距离城市/城镇小于1小时车程的民宿往往有更好的经营绩效。因此，他们需要瞄

准市场、精准定位、树立品牌形象、多渠道进行宣传，有效地进行差异化营销，满足特定游客的需求，形成竞争优势。

9.5.2 积极采取新媒体营销策略

调研发现，民宿经营者虽认为营销比较重要，但只有部分民宿经营者重视并已经采取了新媒体的营销策略。因此，河南省民宿在市场中要充分借鉴国内外民宿的成功运营经验，充分利用适合中小企业的"新媒体营销四法"，帮助"养在深闺人未识"的河南省民宿成功走进千家万户。

品牌是民宿新媒体营销的核心。通过塑造独特品牌形象，实现差异化竞争并降低对 OTA 平台的依赖。在民宿品牌营销中，塑造独特的品牌形象至关重要。通过传递民宿特有的文化与生活观念，与顾客建立情感连接，从而在消费者心中留下深刻印象。以新密的溱源民宿为例，在没有景区依托的背景下，仅靠"爱情与婚姻"为主题的品牌形象成功在市场上树立差异化的民宿形象，并通过"婚庆""纪念日"等重游，增加客户黏性。为巩固品牌形象，民宿应积极利用新媒体进行品牌推广，通过精心设计的品牌形象传播，加深消费者对民宿的认知和记忆，提高客户的复购率和满意度，增加客户黏性。

场景营销是提升民宿吸引力的重要手段，通过打造独特场景和美景，引导消费者自发传播，增强民宿的社交属性。场景营销在民宿推广中扮演着独特角色。现代消费者对于民宿的审美和场景布置有着更高的要求，因此，从规划与设计之初，就应预见并巧妙布置那些能吸引顾客的场景。通过精心设计的美景，引导消费者在享受住宿体验的同时，拍照并分享到社交媒体。例如，焦作屋顶民宿天空之城、安阳林州一家人归宿、洛阳白云山森林木屋、鹤壁淇县灵泉妙境等均通过新媒体打造"网红打卡地"，成功进行场景营销。

口碑营销对民宿推广至关重要，通过满足客户需求并提供优质服务，利用口碑传播扩大市场影响力。口碑营销是新媒体时代民宿推广的重要手段。当客人对民宿的服务感到满意时，他们在社交媒体上的积极推荐和分享将成为助力民宿口碑积累的关键。民宿应积极利用朋友圈、达人推荐及自媒体等多元化渠道来塑造和传播良好的口碑。特别是通过与达人的合作，能够更精准地触达目标用户，推动口碑的快速传播，并形成一个正向的推广循环。

互动营销能够显著提升民宿的传播效果，通过多样化互动手段吸引目标客户，开拓新的预订渠道。互动营销在民宿推广中占据着不可或缺的地位。通过抽奖活动、热门话题、事件营销等多样化手段，可以显著提升民宿的传播效果。这种营销方式的优势在于其成本较低，却能实现广泛的覆盖。

新媒体营销为民宿提供了一个全新的推广平台，成为其摆脱对传统 OTA 渠道依赖的重要工具。在选择新媒体营销渠道时，民宿应根据自身特色和资源优势进行策略性选择，以实现最佳推广效果。

10　研究结论与展望

近年来，河南省民宿行业快速发展，特别是进入 2023 年后呈现出井喷态势。河南省民宿的发展现状如何，有哪些典型的案例，主要面临哪些问题，在空间分布上有哪些特征，是哪些因素对民宿的空间分布产生了影响，以及民宿经营者如何提高经营绩效等。这些都是现阶段河南省民宿发展中亟须回答的问题。本书采用定性与定量相结合的研究方法，对上述问题一一做了回答。本部分在阐述研究结论的基础上，指出了研究的局限性并提出了未来的研究方向。

10.1　研究结论

本书以河南省民宿为研究主题，以河南省民宿经营者为研究对象，探讨了河南省民宿的发展现状、问题、空间分布特征与影响因素、经营绩效等问题，本书的主要结果如下。

10.1.1　将河南省民宿分为"标准民宿"与"非标准民宿"

"标准民宿"的定义参照文化和旅游部 2022 年修订颁布的《旅游民宿基本要求与等级划分 GB/T 41648-2022》中对"民宿"的定义，并将其称为"标准"民宿，是本书研究的重点。

"非标准"民宿则指不符合"标准"民宿定义的民宿。例如，目前城市中大量出现了由城市公寓改名的"民宿"、乡村地区由"农家乐"改名的"民宿"、在第三方预订平台中以"民宿/客栈"出现，但不符合"标准"民宿要求的住宿设施，本书将其称为"非标准"民宿，这类民宿是造成目前民宿数量激增的主力军。因此，在研究民宿的空间分布时，应充分考虑"非标准"民宿的市场地位。

"标准"民宿是河南省民宿发展的引擎，是提高河南省民宿行业高质量发展的载体，河南省"标准"民宿的经营绩效是全省民宿发展的标杆与旗帜，对"标准"民宿的研究，有助于对全省民宿的发展全过程进行指导，为河南省"非标准"民宿及全国民宿经营绩效的提升提供思路与借鉴。

10.1.2 分析河南省民宿的发展现状与典型案例，深入剖析存在的问题

从河南省民宿发展的优势条件、政策支持、主要成就与带动作用四个方面分析了目前河南省民宿的发展现状。河南省民宿的发展得益于河南的资源、交通与市场优势条件，政府长期以来的政策与活动支持，促使河南省民宿在数量、精品、集群与自主经营方面取得了一定的成绩，从而带动了乡村住宿消费的升级，提升了文化产品的认知度，促进文化的保护与传承，提升观光农业的热度，活跃了消费市场。

在此基础上，选择具有全国甲级资质与河南五星民宿双重桂冠的云上院子、灵泉妙境·石光院子和慢居十三月三家民宿以及符合"标准"民宿要求的溱源洞穴与老家寒舍两个典型案例，从典型做法与经营启示方面，对其发展进行总结，发现这些民宿的成功往往重视利用与挖掘当地资源、注重服务的品质与良好的生态环境、关注住客的体验与社区参与等。

在调研中也发现了民宿存在的问题，如基础设施制约了乡村民宿的优化发展、低门槛导致了民宿市场的激烈竞争、民宿缺乏科学的规划与培训管理、民宿经营者缺乏科学的遴选与引导、经营绩效有待提升等。

10.1.3 采用量化分析方法，研究河南省民宿的空间分布特征与影响因素

采用爬虫软件，爬取去哪儿网的"民宿客栈"一栏的民宿数据并导入到ArcGIS软件进行处理，得出河南省民宿的空间分布图。发现河南省的民宿在豫北的太行山区、豫西南的伏牛山区、豫南的桐柏—大别山区较为集中，以及河南省的民宿在各地市的市区也表现出较高的集中度。

采用洛伦兹曲线、基尼系数与最邻近指数法对河南省民宿的空间分布集中程度、空间分布均衡程度与空间分布离散程度进行分析，发现在空间集中程度上，

河南省民宿的空间分布较为集中，且主要集中在洛阳、郑州、开封、南阳、新乡、安阳与焦作等，而漯河、济源、鹤壁和濮阳等区域的民宿空间分布较少。在空间分布均衡度上，河南省全省范围的民宿空间分布极不均衡。尽管豫东与豫南民宿分布的相对均衡度，但豫中、豫西与豫北的民宿分布较不均衡、差距较大。从空间分布离散程度看，河南省民宿在空间上总体呈集聚分布。民宿空间上的集聚，更容易形成规模效应，有利于资源的合理利用与分配。

对影响民宿空间分布的因素进行了量化研究发现。影响民宿分布的主要因素包括 GDP、第三产业产值、居民家庭人均可支配收支、住宿餐饮营业额、文化及相关产业营业收入、旅游总收入、常住人口、等级公路以及学校密度，并在此基础上提出在坚持区域均衡、统筹发展，突出特色、因地制宜与可持续发展的原则下，编制民宿发展专项规划，加强政策驱动，构建民宿等级体系，完善民宿的空间结构的发展思路。

10.1.4　构建模型，对民宿经营者人格特质、职业价值观与经营绩效进行研究设计

在明确了民宿经营者人格特质、职业价值观与经营绩效的研究问题的基础上，构建民宿经营者人格特质、职业价值观与经营绩效的理论模型，并提出研究假设。

编制了民宿经营者的人格特质、职业价值观与经营绩效研究的量表，并通过预调研的数据收集，对量表进行了信效度的分析，剔除了影响信效度的问题，形成了正式问卷。

通过对研究对象的剖析，核定研究对象的总样本量，并通过公式，计算出正式调研的样本容量。在此基础上，通过两次的问卷发放、收集调研数据，并选取合适的数据处理软件与分析工具进行数据处理。

10.1.5　民宿经营者人格特质、职业价值观与经营绩效的实证研究

采用 SPSS 软件，针对研究问题与假设，对问卷统计结果进行描述性统计分析、推断性统计分析，并通过回归分析得出民宿经营绩效模型。

描述性统计结果显示：河南省"标准"民宿的经营者多为女性，年龄多在 26~35 岁、36~45 岁，多数民宿经营者受过良好的教育，家庭成员数量大多为 4~6 人，且有一定的创业培训经验。大多数民宿位于旅游景点内，拥有 10~20

个房间，并且距离城市/城镇不到 1 个小时的车程。民宿经营者的亲和性、外向性、尽责性和开放性得分较高，神经质得分中等水平，男性民宿经营者比女性更开放。大多数民宿经营者大多表现出利润为导向的职业价值观，然后是创业和发展导向价值观，生活方式导向价值观最低。利润导向价值观与创业和发展导向价值观的河南省民宿经营者，会获得更好的经营绩效。河南省民宿在盈利能力与竞争力方面均为高水平。

推断性统计结果显示：人格特质不随年龄和家庭成员数量而变化，但受教育程度越高，亲和性就越低，有创业培训经验的受访者比没有创业培训经验的受访者亲和性更高，有 3 年或以下工作经验的受访者表现出最高水平的神经质，并随着工作经验年限的增加而减少，民宿经营者的职业价值观并不因性别、年龄、受教育程度或家庭成员的数量而变化，民宿经营者的创业和发展导向价值观随着工作经验的积累而呈递增态势，有创业培训经验的受访者比没有创业培训经验的受访者具有更高的创业和发展导向价值观。民宿的经营绩效与竞争力不因民宿经营者的性别差异而发生变化，但性别在盈利能力方面存在显著性差异。经营绩效（包括盈利能力与竞争力）不因民宿经营者的年龄和受教育程度的不同而产生差异，但家庭成员数量、工作经验和创业培训经验的不同会对盈利能力、竞争力与经营绩效产生显著性差异。民宿的经营绩效因房间数量、位置和环境的不同而存在显著性差异。民宿的经营绩效与民宿经营者人格特质中的亲和性、开放性呈显著正相关，而与尽责性、外向性、神经质无显著相关。民宿的经营绩效与民宿经营者的利润导向价值观、创业和发展导向价值观呈显著正相关，而与生活方式导向价值观无显著相关。

10.1.6 分析国内外民宿的发展经验，提出提高河南省民宿经营绩效的对策建议

在研究国内外民宿发展历程、区域特色的基础上，总结国内外民宿在开发、运营与管理方面的成功经验。基于此，提出提升河南省民宿经营绩效的对策建议。规划层面，通过编制民宿发展专项规划、合理引导民宿空间布局与鼓励民宿差异化发展完善民宿的顶层设计。管理层面，通过优化民宿辐射范围内的基础设施建设、加大对民宿发展的政策支持力度、完善对民宿行业的监督管理与倡导民宿预订平台的分级管理等方法，落实民宿的发展步骤。行业层面，通过利用民宿行业协会的组织协调、服务指导与监管自律功能，发挥民宿行业协会的引领作

用。经营层面，要求民宿经营者在进入民宿行业前，积极参加人格特质的测试；进入民宿行业后，要不断强化优势人格特质，识别自我职业价值观所处的维度并积极调整，通过参加各种培训、交流会、座谈会等，与业界同行进行交流，不断学习，提高民宿的经营绩效。

10.2　研究不足与展望

10.2.1　研究不足

本书通过对河南省民宿的发展现状与存在问题、空间分布特征与影响因素、经营绩效模型构建与实证检验、国内外经验借鉴与河南省民宿经营绩效提升的对策建议的研究，对河南省民宿行业的健康发展提供了一定的思路与方向，也为中部地区乃至黄河流域民宿的空间分布、经营绩效的提升提供了借鉴参考。但是，由于时间有限、精力不足等方面的原因，本书不可避免存在研究不足，希望在后续的研究中有待进一步改善。

一是调研数据的局限性。通过爬虫软件爬取的民宿数据主要来自"去哪儿网"第三方预订平台，尽管"去哪儿网"涵盖的数据较为全面，但不排除其他平台数据的补充意义，为保证民宿分布数据的准确性，后期的研究可以增加美团、同城、Airbnb 与携程等其他第三方预订平台。此外，问卷调研的仅针对"标准"民宿的经营者，尽管"标准"民宿的经营绩效具有较强的代表性，但不排除"非标准"民宿的特殊性，后期的调研，可以增加对"非标准"民宿经营者的研究，扩大调研范围。

二是静态研究的局限性。本书的数据均为界面数据，包括河南省民宿空间分布的数据、影响因素中的 4 个维度 16 个指标的数据以及问卷调研数据。由于截面数据仅代表某个时间节点的状态，无法精准地研判研究问题的动态变化。因此，后续的研究可以采用时间序列数据，通过纵向的研究判断河南省民宿空间分布的动态演进、影响因素的动态变化以及民宿经营绩效与经营者人格特质、职业价值观的动态关系。

10.2.2　研究展望

本书对河南省民宿空间分布的特征与影响因素，河南省民宿经营者人格特征、职业价值观与经营绩效进行了比较系统与深入的探讨。在今后的研究中，可从以下几个方面做进一步的拓展与研究：

在研究广度方面，本书初步对河南省民宿空间分布的特征与影响因素进行了研究，未来的研究中，可以采用动态面板数据研究河南省民宿空间分布的动态演进，增加影响因素的维度与指标，如将政策文件、民宿特色、营销策略等纳入构建机制，通过合理的量化处理，完善民宿分布的影响机制。

在研究深度方面，本书初步探讨了河南省民宿经营者人格特质、职业价值观对经营绩效的影响，在进一步的研究中，可关注三者之间的作用关系与内在机理的研究，如通过结构方程模型，探讨职业价值观在三者关系中的调节作用等。此外，未来的研究可尝试探索其他因素对民宿经营绩效的影响，如民宿特色、民宿价格、民宿服务等，以构建贡献度更高的民宿经营绩效模型。

在研究范围方面，本书的研究重点着眼于河南省内的民宿研究，未来的研究可以以河南省为重点，通过对周边省份的调研，对中部地区或者黄河流域的民宿展开研究，提升研究的适用度，扩大研究的影响力。

参考文献

［1］过聚荣，王晨，邹统钎，等.中国旅游民宿发展报告（2019）［M］.北京：社会科学文献出版社，2020.

［2］中国旅游研究院.中国旅游住宿业发展报告（2017）——新思维新模式新格局［M］.北京：旅游教育出版社，2017.

［3］财经十一人.2023 民宿"大爆发"排行榜［EB/OL］.［2023-12-03］.https：//baijiahao.baidu.com/s？id=1784270667987842116&wfr=spider&for=pc.

［4］Clarke J. Farm accommodation and the communication mix ［J］. Tourism Management，1996，17（8）：611-616.

［5］Morrison A M，Pearce P L，Moscardo G，et al. Specialist accommodation：Definition，markets served，and roles in tourism development ［J］. Journal of Travel Research，1996，35（1）：18-26.

［6］胡敏.乡村民宿经营管理核心资源分析［J］.旅游学刊，2007（9）：64-69.

［7］赵越，黎霞.乡村民宿经营者经营风险感知研究——基于对重庆市乡村旅游景区的调查［J］.西部论坛，2010，20（1）：79-86.

［8］Allport F H，Allport G W. Personality traits：Their classification and measurement ［J］. The Journal of Abnormal Psychology and Social Psychology，1921，16（1）：6-40.

［9］Allport G W. Personality：A Psychological Interpretation ［M］. New York：Holt Rinehart & Winston，1937.

［10］黄希庭.人格心理学［M］.台北：台湾华东书局，1998.

［11］彭聃龄.普通心理学［M］.北京：北京师范大学出版社，2001.

［12］Kluckhohn C. Values and Value‐orientations in the Theory of Action：An Exploration in Definition and Classification ［A］//Toward a General Theory of Action ［M］. Cambridge：Harvard University Press，1951：388-433.

［13］Rokeach M. The Nature of Human Values ［M］. New York：Free Press，1973.

［14］Hofstede G. Culture＇s Consequences：International Differences in Work‐related Values ［M］. Los Angeles：Sage，1984.

［15］Schwartz S H. Universals in the Content and Structure of Values：Theoretical Advances and Empirical Tests in 20 Countries ［A］//Advances in Experimental Social Psychology ［M］. Amsterdam：Elsevier，1992：1-65.

［16］黄希庭，郑涌.当代中国青年价值观研究 ［M］.北京：人民教育出版社，2005.

［17］加里·德斯勒.人力资源管理（第六版）［M］.刘昕，吴雯芳，等译.北京：中国人民大学出版社，1999.

［18］Murphy K R，Cleveland J N. Performance Appraisal：An Organizational Perspective ［M］. Boston：Allyn and Bacon，1991.

［19］Olian J D，Rynes S L. Making total quality work：Aligning organizational processes，performance measures，and stakeholders ［J］. Human Resource Management，1991，30（3）：303-333.

［20］高荣伟.日本民宿及其相关法律法规 ［J］.资源与人居环境，2018（12）：48-51.

［21］张海洲，虞虎，徐雨晨，等.台湾地区民宿研究特点分析——兼论中国大陆民宿研究框架 ［J］.旅游学刊，2019，34（1）：95-111.

［22］Rodenburg E E. The effects of scale in economic development：Tourism in Bali ［J］. Annals of Tourism Research，1980，7（2）：177-196.

［23］徐红罡，陈芳芳.目的地创业环境与旅游小企业创业——不同类型小企业比较研究 ［J］.旅游科学，2018，32（1）：29-44.

［24］冯卫红，王燕伟.乡村社区旅游小企业合作行为及障碍因素分析——以山西省晋城市阳城县皇城村为例 ［J］.经济研究参考，2018（52）：84-88.

［25］陈蕾，杨钋.生活方式型旅游小企业的特征及研究启示 ［J］.旅游学刊，2014，29（8）：80-88.

［26］文彤，张庆芳.家文化视角下本土旅游小企业的代际传承［J］.旅游学刊，2017，32（8）：93-103.

［27］文彤，苏晓波.关系与制度：地方嵌入中的旅游小企业［J］.旅游学刊，2017，32（10）：39-46.

［28］梁微，徐红罡，Thomas R.大理古城生活方式型旅游企业的动机和目标研究［J］.旅游学刊，2010，25（2）：47-53.

［29］王彩萍，白斌耀，徐红罡.遗产地旅游小企业社会责任对可持续经营的影响［J］.旅游学刊，2015，30（9）：25-33.

［30］张环宙，李秋成，黄祖辉.资源系统、家族网依赖与农民创业旅游小企业成长关系研究［J］.浙江社会科学，2018（12）：52+59.

［31］尹寿兵，郭强，刘云霞.旅游小企业成长路径及其驱动机制——以世界文化遗产地宏村为例［J］.地理研究，2018，37（12）：2503-2516.

［32］蒋春芳，毛长义.旅游城镇化背景下旅游小企业的经营特征和障碍研究——以石柱县黄水镇为例［J］.四川旅游学院学报，2016（6）：73-77.

［33］邱继勤.旅游小企业发展特征研究——以桂林阳朔西街为案例［J］.经济论坛，2006（6）：88-91.

［34］吴琳，吴文智，牛嘉仪，等.生意还是生活？——乡村民宿创客的创业动机与创业绩效感知研究［J］.旅游学刊，2020，35（8）：105-116.

［35］皮常玲.民宿经营者职业价值观、情感劳动与获得感研究［D］.泉州：华侨大学，2019.

［36］杨学儒，杨萍.乡村旅游创业机会识别实证研究［J］.旅游学刊，2017，32（2）：89-103.

［37］皮常玲，殷杰.民宿众筹成效的影响因素分析——基于有序多分类Logistic回归分析［J］.旅游学刊，2019，34（1）：112-123.

［38］徐林强，童逸璇.各类资本投资乡村旅游的浙江实践［J］.旅游学刊，2018，33（7）：7-8.

［39］王俊鸿，刘双全.民族村寨农户民宿投资行为影响机制研究——以四川省木梯羌寨为例［J］.旅游学刊，2021，36（7）：43-55.

［40］吴文智，崔春雨，戴玉习.风险感知影响外来经营者投资乡村民宿行为决策吗？——基于拓展TPB模型的实证研究［J］.农林经济管理学报，2021，20（6）：730-739.

［41］吴晓隽，裘佳璐.Airbnb 房源价格影响因素研究——基于中国 36 个城市的数据［J］.旅游学刊，2019，34（4）：13-28.

［42］黄和平，卢毅琼，姜红，等.基于特征价格模型的景区依附型民宿定价机制研究——以上海迪士尼度假区为例［J］.地域研究与开发，2022，41（2）：121-126.

［43］胡小芳，李小雅，赵红敏，等.民宿价格的空间分异特征及影响因素——以湖北省恩施州为例［J］.自然资源学报，2020，35（10）：2473-2483.

［44］吴倩，杨焕焕.乡村民宿价格空间分异及其影响因素研究——基于贵州省乡村民宿价格特征模型的分析［J］.价格理论与实践，2021（11）：189-192.

［45］赵群.民宿经营者人格特质、民宿特色与经营绩效关系研究——基于黔东南民宿的实证［D］.贵阳：贵州师范大学，2021.

［46］Brown J D，Riley A W，Walrath C M，et al. Academic achievement and school functioning among nonincarcerated youth involved with the juvenile justice system［J］. Journal of Education for Students Placed at Risk，2008，13（1）：59 75.

［47］Thompson E R. Development and validation of an international English big-five mini-markers［J］. Personality and Individual Differences，2008，45（6）：542-548.

［48］Myers I B. A Guide to the Development and Use of the Myers-briggs Type Indicator：Manual［M］. Palo Alto：Consulting Psychologists Press，1985.

［49］Heller D，Judge T A，Watson D. The confounding role of personality and trait affectivity in the relationship between job and life satisfaction［J］. Journal of Organizational Behavior：The International Journal of Industrial，Occupational and Organizational Psychology and Behavior，2002，23（7）：815-835.

［50］Taher A M M H，Chen J，Yao W. Key predictors of creative MBA students' performance：Personality type and learning approaches［J］. Journal of Technology Management in China，2011，6（1）：43-68.

［51］Kornor H，Nordvik H. Personality traits in leadership behavior［J］. Scandinavian Journal of Psychology，2004，45（1）：49-54.

［52］McCrae R R，Costa P T. Validation of the five-factor model of personality across instruments and observers［J］. Journal of Personality and Social Psychology，

1987, 52 (1): 81-90.

[53] Zillig L M P, Hemenover S H, Dienstbier R A. What do we assess when we assess a Big 5 trait? A content analysis of the affective, behavioral, and cognitive processes represented in Big 5 personality inventories [J]. Personality and Social Psychology Bulletin, 2002, 28 (6): 847-858.

[54] Gross J J. The emerging field of emotion regulation: An integrative review [J]. Review of General Psychology, 1998, 2 (3): 271-299.

[55] Sprague M M. Personality type matching and student teacher evaluation [J]. Contemporary Education, 1997, 69 (1): 54.

[56] Zuckerman M. Personality science: Three approaches and their applications to the causes and treatment of depression [Z]. 2011.

[57] 黄希庭. 当代中国青年价值观与教育 [M]. 成都: 四川教育出版社, 1994.

[58] Schwartz S H. A theory of cultural values and some implications for work [J]. Applied Psychology, 1999, 48 (1): 23-47.

[59] Pryor R. In search of a concept: Work values [J]. Vocational Guidance Quarterly, 1979, 27 (3): 250-258.

[60] 楼静波. 当代青年的职业价值观 [J]. 青年研究, 1990 (Z1): 22-28.

[61] Elizur D. Facets of work values: A structural analysis of work outcomes [J]. Journal of Applied Psychology, 1984, 69 (3): 379-389.

[62] 马剑虹, 倪陈明. 企业职工的工作价值观特征分析 [J]. 应用心理学, 1998 (1): 10-14.

[63] Ros M, Schwartz S H, Surkiss S. Basic individual values, work values, and the meaning of work [J]. Applied Psychology, 1999, 48 (1): 49-71.

[64] 霍娜, 李超平. 工作价值观的研究进展与展望 [J]. 心理科学进展, 2009, 17 (4): 795-801.

[65] 王兴, 张辉, 徐红罡. 酒店员工工作价值观对工作投入和满意度的影响——代际差异的调节作用 [J]. 旅游学刊, 2017, 32 (12): 89-100.

[66] 侯烜方, 李燕萍, 涂乙冬. 新生代工作价值观结构、测量及对绩效影响 [J]. 心理学报, 2014, 46 (6): 823-840.

[67] Super D E. Manual for the Work Values Inventory [M]. Chicago: Riverside

Publishing Company, 1970.

　[68] Alderfer C P, Brown L D. Designing an "empathic questionnaire" for organizational research [J]. Journal of Applied Psychology, 1972, 56 (6): 456-460.

　[69] 寸草.中学生的择业指导 [J].青年研究, 1988 (7): 37-40.

　[70] 黄希庭.未来时间的心理结构 [J].心理学报, 1994, 26 (2): 121-127.

　[71] 凌文辁,方俐洛,白利刚.我国大学生的职业价值观研究 [J].心理学报, 1999, 31 (3): 342-348.

　[72] 洪克森.新生代员工工作价值观、组织认同对其产出的作用机制研究 [D].武汉:武汉大学, 2012.

　[73] 姚辉,梁嘉祺.新生代员工的工作价值观构成及对留职意愿的影响研究 [J].中国人力资源开发, 2017 (4): 39-46+65.

　[74] 赵喜顺.论青年职业观的引导 [J].青年研究, 1984 (3): 52-57.

　[75] 李燕萍,侯烜方.新生代员工工作价值观结构及其对工作行为的影响机理 [J].经济管理, 2012, 34 (5): 77-86.

　[76] 宁维卫.中国城市青年职业价值观研究 [J].成都大学学报 (社科版), 1996 (4): 10-12+20.

　[77] 皮丹丹,汪瑛,张建人,等.新生代中学教师工作价值观、工作满意度与离职倾向的关系 [J].中国临床心理学杂志, 2018, 26 (2): 371-374.

　[78] Manhardt P J. Job orientation of male and female college graduates in business [J]. Personnel Psychology, 1972, 25 (2): 361-368.

　[79] 金盛华,李雪.大学生职业价值观:手段与目的 [J].心理学报, 2005, 37 (5): 650-657.

　[80] 阴国恩,戴斌荣,金东贤.多级估量法在大学生职业价值观研究中的应用 [J].心理学报, 2000, 23 (5): 513-516.

　[81] Franco-Santos M, Kennerley M, Micheli P, et al. Towards a definition of a business performance measurement system [J]. International Journal of Operations & Production Management, 2007, 27 (8): 784-801.

　[82] Covin J G, Slevin D P. A conceptual model of entrepreneurship as firm behavior [J]. Entrepreneurship Theory and Practice, 1991, 16 (1): 7-26.

　[83] Zhao H, Seibert S E. The big five personality dimensions and entrepreneur-

ial status: A meta-analytical review [J]. Journal of Applied Psychology, 2006, 91 (2): 259-271.

[84] Batey M, Booth T, Furnham A, et al. The relationship between personality and motivation: Is there a general factor of motivation? [J]. Individual Differences Research, 2011, 9 (2): 115-125.

[85] Brandstätter H. Personality aspects of entrepreneurship: A look at five meta-analyses [J]. Personality and Individual Differences, 2011, 51 (3): 222-230.

[86] Barrick M R, Mount M K. The big five personality dimensions and job performance: A meta-analysis [J]. Personnel Psychology, 1991, 44 (1): 1-26.

[87] Caliendo M, Fossen F, Kritikos A S. Personality characteristics and the decisions to become and stay self-employed [J]. Small Business Economics, 2014, 42 (4): 787-814.

[88] Tett R P, Jackson D N, Rothstein M. Personality measures as predictors of job performance: A meta-analytic review [J]. Personnel Psychology, 1991, 44 (4): 703-742.

[89] Ones D S, Viswesvaran C, Reiss A D. Role of social desirability in personality testing for personnel selection: The red herring [J]. Journal of Applied Psychology, 1996, 81 (6): 660-679.

[90] Costa P T, McCrae R R. Reply to eysenck [J]. Personality and Individual Differences, 1992, 13 (8): 861-865.

[91] Barrick M, Mount M. The big five personality dimensions: Implications for research and practice in human resource management [J]. Research in Personnel and Human Resources Management, 1995 (13): 153-200.

[92] Leutner F, Ahmetoglu G, Akhtar R, et al. The relationship between the entrepreneurial personality and the big five personality traits [J]. Personality and Individual Differences, 2014 (63): 58-63.

[93] Srivastava S. Measuring the big five personality factors [J]. Retrieved October, 2006 (11): 2009.

[94] Collins C J, Hanges P J, Locke E A. The relationship of achievement motivation to entrepreneurial behavior: A meta-analysis [J]. Human Performance, 2004, 17 (1): 95-117.

[95] 杨晓鸿.民宿特色打造的困境与共享性回归 [J].中国集体经济，2018 (8)：132-133.

[96] Wang E S-T, Juan P-Y. Entrepreneurial orientation and service innovation on consumer response [J]. Journal of Small Business Management, 2015, 54 (2)：532-545.

[97] 倪陈明，马剑虹.企业职工的工作价值观与组织行为关系分析 [J].人类工效学，2000, 6 (4)：24-28.

[98] 汪群，赵梦雨，李卉，等.新生代员工工作价值观与工作绩效：工作投入的中介效应 [J].兰州大学学报（社会科学版），2017, 45 (4)：36-43.

[99] 侯烜方，卢福财.新生代工作价值观、内在动机对工作绩效影响——组织文化的调节效应 [J].管理评论，2018, 30 (4)：157-168.

[100] 李燕萍，侯烜方.新生代女性工作价值观对利他行为影响的实证研究 [J].武汉大学学报（哲学社会科学版），2013, 66 (4)：3+123-128.

[101] Emmons R A. Levels and domains in personality：An introduction [J]. Journal of Personality, 1995, 63 (3)：341-364.

[102] 赵辉.国外工作价值观研究综述 [J].燕山大学学报（哲学社会科学版），2011, 12 (2)：75-77.

[103] Furnham A, Forde L, Ferrari K. Personality and work motivation [J]. Personality and Individual Differences, 1999, 26 (6)：1035-1043.

[104] Lubinski D, Schmidt D B, Benbow C P. A 20-year stability analysis of the study of values for intellectually gifted individuals from adolescence to adulthood [J]. Journal of Applied Psychology, 1996, 81 (4)：443-451.

[105] Meglino B M, Ravlin E C. Individual values in organizations：Concepts, controversies, and research [J]. Journal of Management, 1998, 24 (3)：351-389.

[106] Low K S, Yoon M, Roberts B W, et al. The stability of vocational interests from early adolescence to middle adulthood：A quantitative review of longitudinal studies [J]. Psychological Bulletin, 2005, 131 (5)：713-737.

[107] Inglehart R. Modernization and Postmodernization：Cultural, Economic, and Political Change in 43 Societies [M]. New Jersey：Princeton University Press, 2020.

[108] Hambrick D C, Mason P A. Upper echelons：The organization as a reflec-

tion of its top managers ［J］. Academy of Management Review, 1984, 9 (2)：193-206.

［109］Gupta A K. Contingency linkages between strategy and general manager characteristics：A conceptual examination ［J］. Academy of Management Review, 1984, 9 (3)：399-412.

［110］Carpenter M A, Fredrickson J W. Top management teams, global strategic posture, and the moderating role of uncertainty ［J］. Academy of Management Journal, 2001, 44 (3)：533-545.

［111］兰德尔·柯林斯.互动仪式链 ［M］.林聚任, 王鹏, 宋丽君, 译.北京：商务印书馆, 2009.

［112］黄真.国际合作的类型学：社会交换理论的视角 ［J］.上海行政学院学报, 2014, 15 (6)：98-109.

［113］迈克尔·E. 罗洛夫.人际传播——社会交换论 ［M］.王江龙, 译.上海：上海译文出版社, 1991.

［114］唐玲萍.对社区参与旅游发展可能性的理论分析：社会交换理论 ［J］.思想战线, 2009, 35 (S1)：145-148.

［115］张耀卫.河南民宿高质量发展面临的问题及解决路径 ［J］.当代旅游, 2021, 19 (20)：67-69.

［116］龙飞, 虞虎.民宿旅游集聚特征及其机理研究 ［M］.北京：中国旅游出版社, 2022.

［117］Berr S A, Church A H, Waclawski J. The right relationship is everything：Linking personality preferences to managerial behaviors ［J］. Human Resource Development Quarterly, 2000, 11 (2)：133-157.

［118］Chatwin N E. Personality traits and leadership style among school administrators ［D］. California：Pepperdine University, 2018.

［119］王妙, 白艳.饭店顾客满意、顾客忠诚与经营绩效的关系研究 ［J］.天津商业大学学报, 2008, 28 (6)：16-21.

［120］2021年木鸟民宿订单量同比增长220%, 女性房东和女性用户数量占据相对优势 ［EB/OL］. ［2022-01-19］. https：//kan. china. com/article/1325886_all. html.

［121］调查显示：民宿行业女性房东占近六成, 成都女房东数量领跑全国

［EB/OL］.［2021-03-09］.人民网，http：//sc. people. com. cn/n2/2021/0309/c359545_346112 42. html.

［122］中国旅游协会民宿客栈与精品酒店分会. 2020 全国民宿产业发展研究报告［M］.北京：中国旅游出版社，2021.

［123］吴洁.制造业企业人力资本结构对企业绩效的影响研究［D］.南昌：南昌大学，2021.

［124］刘阿丽.后疫情时代广西阳朔民宿业发展策略［J］.当代旅游，2022，20（4）：29-31.

［125］周婷，宋锦波.江苏省民宿行业财务风险及影响因素研究［J］.全国流通经济，2020（34）：133-135.

［126］广西壮族自治区人民政府办公厅关于印发广西旅游民宿管理暂行办法的通知［Z］.2020.

［127］姚缘，杨震，周菁雯.2014-2021 年河南民宿发展报告［R］.2021.

［128］章万清.差异化休闲行为下的民宿类型与设计对策研究——以浙江省为例［J］.设计，2021，34（7）：62-65.

［129］Marija Č, Slavko K, Sla đana V. Business education and social skills to leadership competencies［J］. International Review，2016（1-2）：38-45.

［130］于悦，周明洁，郭昫澄，等.国企员工工作—家庭平衡对工作投入及满意度的影响：人格的调节作用［J］.中国临床心理学杂志，2016，24（3）：504-508+513.

［131］Salgado J F. The five factor model of personality and job performance in the european community［J］. Journal of Applied Psychology，1997，82（1）：30.

［132］陈坚，连榕.代际工作价值观发展的研究述评［J］.心理科学进展，2011，19（11）：1692-1701.

［133］Wei G, Xiao Z, Travlos N, et al. Independent director background and company performance［J］. Economic Research，2007，42（3）：92-105.

［134］Zhang A, Ling D S. A study on the correlation between individual characteristics of independent directors and corporate performance［J］. Jiangxi Social Sciences，2010（3）：5.

［135］Zhang L. Policies for the development and reform of education in China and its trends［C］. Proceedings of the 5th Forum of Chinese Scientists，Educators and Entreprenurs, 2006.

[136] Mou X, Mou Y. An Empirical study on the factors influencing entrepreneurial performance of returning entrepreneurs-A survey based on 231 entrepreneurs in shaanxi province [J]. Economic Research Reference, 2022 (7): 12.

[137] Juwita R, Tarmizi N, Susetyo D, et al. The effects of income, gender, age, education, working period, insurance, training, and worker status on outsourced and workers performance in south sumatera in manufacturing companies [J]. Eurasian Journal of Business and Management, 2017, 5 (2): 38-48.

[138] Wafula M, Korir M, Eunice M. Effects of personal characteristics on employee performance in medium class hotels in Kisumu city, Kenya [J]. International Journal of Marketing and Technology, 2016, 5 (6): 65-79.

[139] 民宿成为河南假期旅游新热点 抽样调查 37 家民宿超五成入住率达 100% [EB/OL]. [2020-05-07]. 大河网, https: //baijiahao. baidu. com/s? id = 1666017900251 589463&wfr = spider&for = pc.

[140] 我省民宿住宿量、景区餐饮消费双双增长 [EB/OL]. [2023-01-28]. 河南省文化和旅游厅, https: //hct. henan. gov. cn/2023/01-28/2678997. html.

[141] 李子俊. 看南京民宿从"千人一面"到"万种风情" [N]. 南京日报, 2022-08-19.

[142] Zhou Q. Analysis on the development of Taiwan homestay and its enlightenment [J]. Taiwan Agricultural Research, 2014 (1): 13-18.

[143] 刘颖. 工作价值观对酒店员工关系绩效的影响研究 [D]. 三亚: 海南热带海洋学院, 2021.

[144] 刘俏. 新生代员工工作价值观的量表开发及其对工作绩效的影响研究 [D]. 北京: 北京化工大学, 2022.

[145] Cattell R B. The configurative method for surer identification of personality dimensions, notably in child study [J]. Psychological Reports, 1965, 16 (1): 269-270.

[146] 彼得・F. 德鲁克. 有效的管理者 [M]. 屠端华, 张晓宇, 译. 北京: 工人出版社, 1989.

[147] Paine L S. Value shift: Why Companies Must Merge Social and Financial Imperatives to Achieve Superior Performance [M]. New York: McGraw-Hill, 2003.

［148］Super D E. Manual for the Work Values Inventory ［M］. Chicago：Riverside Publishing Company，1970.

［149］郑洁，阎力. 职业价值观研究综述 ［J］. 中国人力资源开发，2005（11）：11-16.

［150］尤佳，孙遇春，雷辉. 中国新生代员工工作价值观代际差异实证研究 ［J］. 软科学，2013（6）：83-88.

［151］Meyer J P，Irving P G，Allen N J. Examination of the combined effects of work values and early work experiences on organizational commitment ［J］. Journal of Organizational Behavior：The International Journal of Industrial，Occupational and Organizational Psychology and Behavior，1998，19（1）：29-52.

［152］Fizgerald L，Johnston R，Silvestro R，et al. Performance measurement in service business ［Z］. 1991.

［153］Kaplan R S，Norton D P. The balanced scorecard-measures that drive performance the balanced scorecard – measures ［J］. Harward Business Review，1991（1）：1-11.

［154］杨旺诗. 台湾金控型寿险公司经营绩效研究 ［D］. 上海：上海财经大学，2020.

［155］姚俊羽. 基于 DEA-Malmquist 指数模型的 2017-2021 年中国出版上市公司绩效评价 ［D］. 武汉：武汉大学，2023.

［156］王欢如. S 公司数字化转型对企业绩效的影响研究 ［D］. 重庆：重庆理工大学，2024.

［157］Ramanujam V，Venkatraman N，Camillus J C. Multi-objective assessment of the effectiveness of strategic planning：A discriminant analysis approach ［J］. Academy of Management Journal，1986，29（2）：347-372.

［158］Hough L M，Ones D S，Anderson N，et al. In handbook of industrial，work and organizational psychology ［J］. Personnel Psychology，2002（1）：346-376.

［159］Shapira Z，Griffith T L. Comparing the work values of engineers with managers，production，and clerical workers：A multivariate analysis ［J］. Journal of Organizational Behavior，1990，11（4）：281-292.

［160］Sagie A，Elizur D. Achievement motive and entrepreneurial orientation：A structural analysis [J]. Journal of Organizational Behavior: The International Journal of Industrial, Occupational and Organizational Psychology and Behavior, 1999, 20 (3): 375-387.

[161] Frieze I H, Olson J E, Murrell A J, et al. Work values and their effect on work behavior and work outcomes in female and male managers [J]. Sex Roles, 2006 (54): 83-93.

[162] Fishbein M. Readings in Attitude Theory and Measurement [M]. New York: John Wiley & Sons, 1967.

[163] Locke E A, Latham G P. A Theory of Goal Setting & Task Performance [M]. New York: Prentice-Hall, 1990.

[164] Siu O. Job stress and job performance among employees in Hong Kong: The role of Chinese work values and organizational commitment [J]. International Journal of Psychology, 2003, 38 (6): 337-347.

[165] Zhang D, Wang D, Yang Y, et al. Do personality traits predict work values of Chinese college students? [J]. Social Behavior and Personality: An International Journal, 2007, 35 (9): 1281-1294.

[166] Staw B M, Bell N E, Clausen J A. The dispositional approach to job attitudes: A lifetime longitudinal test [J]. Administrative Science Quarterly, 1986 (5): 56-77.

[167] Aldag R J, Barr S H, Brief A P. Measurement of perceived task characteristics [J]. Psychological Bulletin, 1981, 90 (3): 415.

[168] Bantel K A, Jackson S E. Top management and innovations in banking: Does the composition of the top team make a difference? [J]. Strategic Management Journal, 1989, 10 (S1): 107-124.

[169] 陈蓉泉, 马剑虹. 工作中心度的作用及其与领导行为的关系研究 [J]. 应用心理学, 2004 (2): 33-36.

[170] 王梦茵. 黄河流域河南段旅游民宿发展现状研究 [J]. 西部旅游, 2021 (4): 10-11.

[171] 王承哲, 李立新, 杨波. 河南文化发展报告 (2022) [M]. 北京: 社会科学文献出版社, 2023.

[172] 干永福. 乡村民宿实务——乡村民宿案例百则 [M]. 北京: 中国旅游

出版社, 2021.

[173] Getz D, Carlsen J. Characteristics and goals of family and owner-operated businesses in the rural tourism and hospitality sectors [J]. Tourism Management, 2000, 21 (6): 547-560.

[174] Crawford A, Naar J. Exit planning of lifestyle and profit-oriented entrepreneurs in bed and breakfasts [J]. International Journal of Hospitality & Tourism Administration, 2016, 17 (3): 260-285.

[175] Wiles A, Crawford A. Network hospitality in the share economy: Understanding guest experiences and the impact of sharing on lodging [J]. International Journal of Contemporary Hospitality Management, 2017, 29 (9): 2444-2463.

[176] Gorsuch R L, Venable G D. Development of an "age universal" IE scale [J]. Journal for the Scientific Study of Religion, 1983, 22 (2): 181-187.

[177] 吴明隆. 问卷统计分析实务 [M]. 重庆: 重庆大学出版社, 2010.

附录一　大五人格量表

近年来，研究者们在人格描述模式上形成了比较一致的共识，提出了人格的大五模式，研究者通过词汇学的方法，发现大约有五种人格特质可以涵盖人格描述的所有类型，本问卷主要对您与工作相关的行为风格和个性特征进行测试。

填写说明：

请仔细阅读以下问题，问题从非常不符合到非常符合有 5 个选项，

如若该描述明显不符合您或您十分不赞同，请选择"1"，

若该描述多数情况下不符合您或您不太赞同，请选择"2"，

您不能确定或介于中间，请选择"3"，

多半符合您或您比较赞同，请选择"4"，

明显符合您或您十分赞同，请选择"5"，

这不是一个考试，因此您的答案并无对错之分，您也不需要咨询别人的意见，请您尽量如实地回答问卷。

问题	非常不符合	不太符合	不确定	比较符合	非常符合
1. 我不是一个容易忧虑的人	1	2	3	4	5
2. 我喜欢周围有很多朋友	1	2	3	4	5
3. 我很喜欢沉浸于幻想和白日梦中，去探索、发展其中所有可能实现的东西	1	2	3	4	5
4. 我尽量对每一个遇到的人彬彬有礼，非常客气	1	2	3	4	5
5. 我会保持我的物件整齐和清洁	1	2	3	4	5
6. 有时候我感到愤怒，充满怨恨	1	2	3	4	5
7. 我很容易笑	1	2	3	4	5

续表

问题	非常不符合	不太符合	不确定	比较符合	非常符合
8. 我喜欢培养和发展新的爱好	1	2	3	4	5
9. 有时候我会采用威胁或奉承的手段去说服别人按我的意愿做事	1	2	3	4	5
10. 我比较擅长为自己安排好做事进度，以便准时完成任务	1	2	3	4	5
11. 当我处于极大压力下，有时候我会感到像精神崩溃似的	1	2	3	4	5
12. 我喜欢单独做事，不被别人打扰的工作	1	2	3	4	5
13. 我对大自然和艺术中蕴含的美十分着迷	1	2	3	4	5
14. 有些人觉得我自私以自我为中心	1	2	3	4	5
15. 我不是一个做事有条不紊的人	1	2	3	4	5
16. 我很少感到孤单或忧郁	1	2	3	4	5
17. 我很喜欢与别人交谈	1	2	3	4	5
18. 我相信让学生听争论性的演讲只会混淆及误导他们的思想	1	2	3	4	5
19. 如果有人挑起争端，我随时准备好反击	1	2	3	4	5
20. 我会尽心尽力完成一切别人分派给我的工作	1	2	3	4	5
21. 我经常感到紧张及心神不定	1	2	3	4	5
22. 我喜欢置身于激烈的活动之中	1	2	3	4	5
23. 我对诗词基本上没有什么感觉	1	2	3	4	5
24. 我对自己有很高的评价	1	2	3	4	5
25. 我有一套明确的目标，并能有条不紊地朝着它努力	1	2	3	4	5
26. 有时我感到自己完全一文不值	1	2	3	4	5
27. 我通常回避人多的场合	1	2	3	4	5
28. 对我来说，让头脑无拘无束地想象是一件困难的事情	1	2	3	4	5
29. 受到别人粗暴无礼地对待后，我会尽量原谅他们，让自己忘记这件事	1	2	3	4	5
30. 我要花很多时间才能安静下来工作	1	2	3	4	5

问题	非常不符合	不太符合	不确定	比较符合	非常符合
31. 我很少感到恐惧及焦虑	1	2	3	4	5
32. 我常常感到精力旺盛	1	2	3	4	5
33. 我很少注意自己在不同环境下的情绪或感觉	1	2	3	4	5
34. 我相信人性是善良的	1	2	3	4	5
35. 我为达到目标不懈努力	1	2	3	4	5
36. 别人对待我的方式常使我感到愤怒	1	2	3	4	5
37. 我是一个快乐、高兴的人	1	2	3	4	5
38. 我经常体验到许多不同的感受和情绪	1	2	3	4	5
39. 有些人觉得我冷漠又爱算计	1	2	3	4	5
40. 当我做了承诺，通常我能贯彻到底	1	2	3	4	5
41. 很多时候，当事情不顺利时，我会感到挫败及想放弃	1	2	3	4	5
42. 我不太喜欢和人聊天，很少从中获得乐趣	1	2	3	4	5
43. 当我阅读一首诗或欣赏一件艺术品时，我有时会感到兴奋或惊喜	1	2	3	4	5
44. 我是一个固执倔强的人	1	2	3	4	5
45. 有时候，我并不是那么可靠或可信	1	2	3	4	5
46. 我很少感到忧郁或沮丧	1	2	3	4	5
47. 我的生活节奏很快	1	2	3	4	5
48. 我没有兴趣思索宇宙的规律或人类的本质	1	2	3	4	5
49. 我通常会尽力体贴及顾虑周到	1	2	3	4	5
50. 在工作上，我是有效率又能胜任的人	1	2	3	4	5
51. 我经常感觉无助，希望有人能帮助我解决问题	1	2	3	4	5
52. 我是一个十分活跃的人	1	2	3	4	5
53. 我对许多事物都很好奇，充满求知欲	1	2	3	4	5
54. 如果我不喜欢某一个人，我会让他知道	1	2	3	4	5
55. 我好像总不能把事情安排得井井有条	1	2	3	4	5
56. 有时我会羞愧得想躲起来	1	2	3	4	5

续表

问题	非常不符合	不太符合	不确定	比较符合	非常符合
57. 我宁愿我行我素也不愿成为别人的领袖	1	2	3	4	5
58. 我喜欢研究理论或抽象的问题	1	2	3	4	5
59. 如果需要，我会利用别人而达到我所想要的	1	2	3	4	5
60. 我凡事必追求卓越	1	2	3	4	5

大五人格测试，也称为 NEO 人格量表，包括五个维度，分别是神经质、外向性、亲和性、尽责性和开放性。以下是五个维度的评分标准：

- 神经质。这个维度衡量个体体验消极情绪的倾向。得分高的人更容易体验到愤怒、焦虑、抑郁等消极情绪。他们对外界刺激反应强烈，情绪调节能力较差，经常处于不良情绪状态。相反，得分低的人较少烦恼和情绪化，比较平静。

- 外向性。这个维度评估个体对外部世界的积极投入程度。得分高的人活泼、热情，经常怀有积极的情绪体验。得分低的人则安静、内向，不太感兴趣于外部世界。

- 亲和性。这个维度考察个体对他人所持的态度，包括同理心、信任、利他。得分高的人友好、有教养且关心他人，而得分低的人则冷漠、以自我为中心或对人抱有敌意。

- 尽责性。这个维度反映个体的自我控制程度，评估行为上的条理性、精确性和责任感。得分高的人自律性强，工作努力、认真。缺乏责任心的人则办事马虎，不可靠。

- 开放性。这个维度衡量个体的想象力和好奇心程度。得分高的人富有想象力和创造力，欣赏艺术，对美的事物敏感。封闭性的人则讲求实际，偏爱常规，比较传统和保守。

以上各维度得分越高，表示相应特质越明显。例如，神经质维度得分越低，表示情绪越稳定；外向性维度得分越高，表示性格越外向。

评分方法：

本量表包括神经质、外向性、开放性、亲和性、尽责性五个维度。每个维度的计分如下：

神经质包括的题目：1，6，11，16，21，31，36，41，46，51，56。其中1，

16，31，46 为反向题目。

外向性包括的题目：2，7，12，17，22，27，32，37，42，47，52，57。其中 12，27，42，57 为反向题目。

开放性包括的题目：3，8，13，18，23，28，33，38，43，48，53，58。其中 3，8，18，23，33，38，48 为反向题目。

亲和性包括的题目：4，9，14，19，24，29，34，39，44，49，54，59。其中 9，14，24，29，39，44，54，59 为反向题目。

尽责性包括的题目：5，10，15，20，25，30，35，40，45，50，55，60。其中 15，30，45，55 为反向题目。

反向题目的处理方法：用 4 减去该题的得分，得到翻转后的得分。然后再进行计算。

评分标准：

把各个维度的题目求平均数，得到各个维度的原始分，然后代入下面的公式计算标准分。

神经质标准分 = 70+10×（神经质原始分-1.37）/0.54

外向性标准分 = 70+10×（外向性原始分-2.64）/0.50

开放性标准分 = 70+10×（开放性原始分-2.29）/0.44

亲和性标准分 = 70+10×（亲和性原始分-2.33）/0.36

尽责性标准分 = 70+10×（尽责性原始分-2.91）/0.55

附录二　正式调研问卷

尊敬的先生/女士：

您好！您正填写的问卷是目前正在做的研究项目《河南省民宿高质量发展研究》的调研问卷。您的真实回答对该研究将具有重要价值。请您仔细阅读并根据自身和民宿的实际情况填答，答案无所谓对错，只要能够反映您的真实情况即可。问卷不记名，仅作为学术研究之用，我们将严格保密，请您安心作答。

非常感谢您参与本次调研活动。

1. 您的性别［单选题］ *

○男　　　　　　　　　　○女

2. 您的年龄范围是［单选题］ *

○小于 25 岁　　　　　　○26~35 岁　　　　　　○36~45 岁

○46~55 岁　　　　　　　○56~65 岁　　　　　　○大于 66 岁

3. 受教育程度［单选题］ *

○高中及以下学历　　　　○本科　　　　　　　　○硕士学位

○博士学位　　　　　　　○其他

4. 您的家庭成员有几位？［单选题］ *

○≤3 人　　　　　　　　○4~6 人　　　　　　　○7~9 人

○≥10 人

5. 您已有多少年从事企业经营的经验？［单选题］ *

○≤3 年　　　　　　　　○4~6 年　　　　　　　○7~9 年

○≥10 年

6. 您是否有接受过企业经营或者民宿经营的培训？［单选题］ *

○有　　　　　　　　　　○没有

7. 您的民宿占地多大面积［单选题］ *

○小于 6 亩   ○6~18 亩   ○19~30 亩

○30 亩以上

8. 民宿的房间数量［单选题］ *

○≤10 间   ○11~20 间   ○21~30 间

○>30 间

9. 民宿距离城市的位置［单选题］ *

○≤1 小时车程   ○1~2 小时车程   ○2~3 小时车程

○≥3 小时车程

10. 民宿的环境［单选题］ *

○在景区内部   ○距离景区 15 分钟的车程

○距离景区 15~30 分钟车程   ○距离景区大于 30 分钟车程

以下是关于民宿经营者人格特质的问题，请您根据您的情况作答。

1. 我是一个能与他人愉快合作的人［单选题］ *

很不同意   ○1   ○2   ○3   ○4   ○5   很同意

2. 我会尽可能多地帮助别人［单选题］ *

很不同意   ○1   ○2   ○3   ○4   ○5   很同意

3. 我是一个会换位思考的人［单选题］ *

很不同意   ○1   ○2   ○3   ○4   ○5   很同意

4. 我很容易沟通［单选题］ *

很不同意   ○1   ○2   ○3   ○4   ○5   很同意

5. 我一直不断地追求进步［单选题］ *

很不同意   ○1   ○2   ○3   ○4   ○5   很同意

6. 我是个很有责任心的人［单选题］ *

很不同意   ○1   ○2   ○3   ○4   ○5   很同意

7. 我坚持要遵守原则［单选题］ *

很不同意   ○1   ○2   ○3   ○4   ○5   很同意

8. 我正努力实现我的目标［单选题］ *

很不同意   ○1   ○2   ○3   ○4   ○5   很同意

9. 我很擅长和人交谈［单选题］ *

很不同意   ○1   ○2   ○3   ○4   ○5   很同意

10. 我喜欢结交新朋友 [单选题] *

很不同意　　　○1　　　○2　　　○3　　　○4　　　○5　　　很同意

11. 我喜欢现在执行行动的地方 [单选题] *

很不同意　　　○1　　　○2　　　○3　　　○4　　　○5　　　很同意

12. 我是一个自主创业者 [单选题] *

很不同意　　　○1　　　○2　　　○3　　　○4　　　○5　　　很同意

13. 我是一个精力充沛的人 [单选题] *

很不同意　　　○1　　　○2　　　○3　　　○4　　　○5　　　很同意

14. 我往往过于担心事情 [单选题] *

很不同意　　　○1　　　○2　　　○3　　　○4　　　○5　　　很同意

15. 我经常感到紧张 [单选题] *

很不同意　　　○1　　　○2　　　○3　　　○4　　　○5　　　很同意

16. 我不擅长控制自己的情绪 [单选题] *

很不同意　　　○1　　　○2　　　○3　　　○4　　　○5　　　很同意

17. 我会因为别人的情绪影响我的情绪 [单选题] *

很不同意　　　○1　　　○2　　　○3　　　○4　　　○5　　　很同意

18. 我有一种强烈的好奇心 [单选题] *

很不同意　　　○1　　　○2　　　○3　　　○4　　　○5　　　很同意

19. 我喜欢新事物 [单选题] *

很不同意　　　○1　　　○2　　　○3　　　○4　　　○5　　　很同意

20. 我有很多新的想法甚至是幻想 [单选题] *

很不同意　　　○1　　　○2　　　○3　　　○4　　　○5　　　很同意

21. 我是一个创新者 [单选题] *

很不同意　　　○1　　　○2　　　○3　　　○4　　　○5　　　很同意

以下是关于工作价值观的问题。

1. 我能够自己成为老板 [单选题] *

很不同意　　　○1　　　○2　　　○3　　　○4　　　○5　　　很同意

2. 我能够赚更多的钱 [单选题] *

很不同意　　　○1　　　○2　　　○3　　　○4　　　○5　　　很同意

3. 民宿是一项有投资效益的项目 [单选题] *

很不同意　　　○1　　　○2　　　○3　　　○4　　　○5　　　很同意

4. 保持盈利很重要 ［单选题］　*

很不同意　　　　○1　　　　○2　　　　○3　　　　○4　　　　○5　　　　很同意

5. 可以按照商业原则来经营 ［单选题］　*

很不同意　　　　○1　　　　○2　　　　○3　　　　○4　　　　○5　　　　很同意

6. 能够享受一种好的生活方式 ［单选题］　*

很不同意　　　　○1　　　　○2　　　　○3　　　　○4　　　　○5　　　　很同意

7. 能够在自己理想的环境中生活 ［单选题］　*

很不同意　　　　○1　　　　○2　　　　○3　　　　○4　　　　○5　　　　很同意

8. 能够支持自己的业余兴趣 ［单选题］　*

很不同意　　　　○1　　　　○2　　　　○3　　　　○4　　　　○5　　　　很同意

9. 能够认识和接触不同的人 ［单选题］　*

很不同意　　　　○1　　　　○2　　　　○3　　　　○4　　　　○5　　　　很同意

10. 享受这份工作比赚钱更重要 ［单选题］　*

很不同意　　　　○1　　　　○2　　　　○3　　　　○4　　　　○5　　　　很同意

11. 具有不错的职业发展前景 ［单选题］　*

很不同意　　　　○1　　　　○2　　　　○3　　　　○4　　　　○5　　　　很同意

12. 能够让自己的想法融入职业发展规划 ［单选题］　*

很不同意　　　　○1　　　　○2　　　　○3　　　　○4　　　　○5　　　　很同意

13. 能提供创业和个人发展的机会 ［单选题］　*

很不同意　　　　○1　　　　○2　　　　○3　　　　○4　　　　○5　　　　很同意

14. 能满足生存和生活的基本需要 ［单选题］　*

很不同意　　　　○1　　　　○2　　　　○3　　　　○4　　　　○5　　　　很同意

15. 能提高个人及家庭的生活品质 ［单选题］　*

很不同意　　　　○1　　　　○2　　　　○3　　　　○4　　　　○5　　　　很同意

以下题目关于民宿的经营绩效。

1. 我们民宿的回头客很多 ［单选题］　*

很不同意　　　　○1　　　　○2　　　　○3　　　　○4　　　　○5　　　　很同意

2. 在我们民宿住过的客人会把我们的民宿推荐给其他人 ［单选题］　*

很不同意　　　　○1　　　　○2　　　　○3　　　　○4　　　　○5　　　　很同意

3. 新冠疫情前，我们民宿工作日的入住率很高 ［单选题］　*

很不同意　　　　○1　　　　○2　　　　○3　　　　○4　　　　○5　　　　很同意

4. 新冠疫情前，我们民宿在旺季的入住率很高 [单选题] *

很不同意　　　　○1　　　　○2　　　　○3　　　　○4　　　　○5　　　　很同意

5. 新冠疫情前，我们民宿在淡季的入住率也高 [单选题] *

很不同意　　　　○1　　　　○2　　　　○3　　　　○4　　　　○5　　　　很同意

6. 如果没有新冠疫情的影响，我们民宿的入住率会比去年高 [单选题] *

很不同意　　　　○1　　　　○2　　　　○3　　　　○4　　　　○5　　　　很同意

7. 如果没有新冠疫情的影响，我们民宿的营业额将比去年高 [单选题] *

很不同意　　　　○1　　　　○2　　　　○3　　　　○4　　　　○5　　　　很同意

8. 如果没有新冠疫情的影响，我们民宿的利润将比去年高 [单选题] *

很不同意　　　　○1　　　　○2　　　　○3　　　　○4　　　　○5　　　　很同意

9. 和其他民宿相比，我们民宿很有竞争力 [单选题] *

很不同意　　　　○1　　　　○2　　　　○3　　　　○4　　　　○5　　　　很同意

10. 和其他民宿相比，我们民宿有更多的客人入住 [单选题] *

很不同意　　　　○1　　　　○2　　　　○3　　　　○4　　　　○5　　　　很同意

11. 和其他民宿相比，我们民宿规模更大 [单选题] *

很不同意　　　　○1　　　　○2　　　　○3　　　　○4　　　　○5　　　　很同意

12. 和其他民宿相比，我们民宿提供的房间类型、房内设置与客房服务对客人来说更有吸引力 [单选题] *

很不同意　　　　○1　　　　○2　　　　○3　　　　○4　　　　○5　　　　很同意

13. 和其他民宿相比，我们民宿入住的客人对民宿满意度更高 [单选题] *

很不同意　　　　○1　　　　○2　　　　○3　　　　○4　　　　○5　　　　很同意

14. 从经营者的角度出发，我认为提高民宿经营业绩的方法有：[简答题]

附录三 各变量题项的描述性统计结果

	N统计	最小值统计	最大值统计	均值统计	标准偏差统计	方差统计	偏度		峰度	
							统计	标准错误	统计	标准错误
A1	239	1	5	4.30	1.005	1.010	−1.435	0.157	1.490	0.314
A2	239	1	5	4.64	0.639	0.409	−2.028	0.157	5.236	0.314
A3	239	1	5	4.56	0.706	0.499	−1.891	0.157	4.626	0.314
A4	239	1	5	4.55	0.684	0.467	−1.528	0.157	2.599	0.314
A5	239	1	5	3.95	1.158	1.342	−1.030	0.157	0.204	0.314
A6	239	1	5	3.85	1.134	1.285	−0.808	0.157	−0.219	0.314
A7	239	1	5	3.89	1.110	1.232	−1.010	0.157	0.407	0.314
A8	239	1	5	3.98	1.230	1.512	−0.993	0.157	−0.087	0.314
A9	239	1	5	3.96	1.084	1.175	−0.935	0.157	0.191	0.314
A10	239	1	5	4.00	1.035	1.071	−0.954	0.157	0.336	0.314
A11	239	1	5	4.03	1.024	1.049	−1.061	0.157	0.799	0.314
A12	239	1	5	4.17	1.183	1.400	−1.341	0.157	0.835	0.314
A13	239	1	5	3.97	1.115	1.243	−1.053	0.157	0.500	0.314
A14	239	1	5	2.93	1.063	1.130	0.473	0.157	−0.491	0.314
A15	239	1	5	2.95	1.042	1.086	0.407	0.157	−0.891	0.314
A16	239	1	5	2.88	1.035	1.070	0.558	0.157	−0.355	0.314
A17	239	1	5	2.85	1.092	1.193	0.567	0.157	−0.438	0.314
A18	239	1	5	3.69	1.102	1.215	−0.463	0.157	−0.415	0.314
A19	239	1	5	4.17	0.915	0.837	−1.035	0.157	0.929	0.314
A20	239	1	5	3.92	1.010	1.020	−0.515	0.157	−0.575	0.314
A21	239	1	5	3.94	0.960	0.921	−0.486	0.157	−0.418	0.314
B1	239	1	5	4.15	0.852	0.725	−0.788	0.157	0.367	0.314

续表

	N 统计	最小值统计	最大值统计	均值统计	标准偏差统计	方差统计	偏度		峰度	
							统计	标准错误	统计	标准错误
B2	239	1	5	4.03	0.935	0.873	-0.767	0.157	0.318	0.314
B3	239	1	5	4.21	0.880	0.774	-1.029	0.157	0.916	0.314
B4	239	1	5	4.13	0.872	0.760	-0.792	0.157	0.471	0.314
B5	239	1	5	3.91	1.181	1.395	-1.024	0.157	0.210	0.314
B6	239	1	5	3.95	1.103	1.216	-1.000	0.157	0.337	0.314
B7	239	1	5	4.06	1.209	1.462	-1.142	0.157	0.235	0.314
B8	239	1	5	3.90	1.071	1.146	-0.926	0.157	0.231	0.314
B9	239	1	5	4.01	1.025	1.050	-1.032	0.157	0.644	0.314
B10	239	1	5	4.03	0.855	0.730	-0.496	0.157	-0.125	0.314
B11	239	2	5	4.11	0.799	0.638	-0.356	0.157	-0.938	0.314
B12	239	1	5	4.14	0.813	0.660	-0.503	0.157	-0.438	0.314
B13	239	1	5	4.15	0.792	0.627	-0.539	0.157	-0.228	0.314
B14	239	1	5	4.10	0.873	0.763	-0.731	0.157	0.183	0.314
C1	239	1	5	4.33	0.785	0.616	-1.121	0.157	1.490	0.314
C2	239	1	5	4.40	0.732	0.535	-1.309	0.157	2.596	0.314
C3	239	1	5	4.06	0.998	0.997	-0.936	0.157	0.488	0.314
C4	239	1	5	4.24	0.926	0.857	-1.239	0.157	1.318	0.314
C5	239	1	5	4.39	0.801	0.642	-1.610	0.157	3.619	0.314
C6	239	1	5	4.43	0.740	0.548	-1.374	0.157	2.585	0.314
C7	239	1	5	4.40	0.798	0.636	-1.352	0.157	1.915	0.314
C8	239	2	5	4.07	0.791	0.626	-0.171	0.157	-1.241	0.314
C9	239	1	5	3.98	0.852	0.726	-0.494	0.157	-0.013	0.314
C10	239	1	5	3.43	0.976	0.952	0.004	0.157	-0.088	0.314
C11	239	2	5	3.94	0.799	0.639	0.014	0.157	-1.203	0.314
有效个数	239									

附录四 河南省民宿空间分布的影响因素

城市	自然地理条件				区域经济条件						旅游发展条件			社会经济发展			
	果园种植面积（千公顷）	林业生产（千公顷）	气温（摄氏度）	降水量（毫米）	GDP（亿元）	第一产业产值（亿元）	第三产业产值（亿元）	居民家庭人均可支配收入（元）	住宿餐饮营业额（万元）	文化及相关产业营业收入（亿元）	旅游总收入（亿元）	景区质量	A级旅游景区数量（个）	常住人口（万人）	城镇常住人口（万人）	等级公路（千米）	学校密度（所/平方千米）
郑州	15.10	1.15	15.90	441.43	12934.69	185.64	7574.47	41048.90	920798.5	575.97	1272.3	195	57	1274.2	1282.8	14059.28	0.9
开封	17.04	1.62	15.86	458.34	2657.11	381.65	1248.07	25944.96	105326.4	128.91	923.48	79	24	706.9	469.4	9892.07	0.13
洛阳	36.80	8.59	15.19	502.64	5675.19	257.91	2943.41	31586.20	178156.6	329.72	584	233	66	478.3	707.9	20072.93	0.04
平顶山	16.22	3.01	16.21	485.86	2839.33	213.67	1320.81	28119.89	85586.9	116.89	38.1	105	64	374.4	496.1	14804.20	0.04
安阳	15.98	2.39	14.84	575.70	2512.15	238.08	1172.49	28457.76	61393.5	17.12	512.35	121	40	542.3	541.7	12956.04	0.1
鹤壁	2.32	5.75	14.87	515.70	1107.04	86.44	394.84	31029.90	20635.3	17.84	111.75	94	23	885.3	157.2	4747.08	0.18

续表

城市	自然地理条件				区域经济条件					旅游发展条件				社会经济发展			
	果园种植面积(千公顷)	林业生产(千公顷)	气温(摄氏度)	降水量(毫米)	GDP(亿元)	第一产业产值(亿元)	第三产业产值(亿元)	居民家庭人均可支配收入(元)	住宿餐饮业营业额(万元)	文化及相关产业营业收入(亿元)	旅游总收入(亿元)	景区质量	A级旅游景区数量(个)	常住人口(万人)	城镇常住人口(万人)	等级公路(千米)	学校密度(所/平方千米)
新乡	13.62	9.99	15.38	570.36	3463.98	339.12	1575.37	28909.35	61100.4	124.47	229.94	110	27	352.3	616.6	13655.92	0.07
焦作	5.56	2.22	15.81	546.26	2234.78	145.36	1184.38	31473.58	25628.5	61.89	300.29	127	41	496.8	352.3	8005.90	0.17
濮阳	8.54	1.43	14.74	560.38	1889.53	239.42	938.19	26263.02	33484.6	30.57	41.6	79	27	237.2	374.3	7156.21	0.07
许昌	4.46	0.97	15.70	459.08	3746.83	193.34	1605.82	30320.49	70056.6	501.65	299.5	74	33	618.6	438.1	10100.43	0.14
漯河	3.27	0.21	15.80	549.40	1812.89	166.90	855.86	29632.50	35091.9	36.74	247	257	16	692.2	236.8	5590.34	0.11
三门峡	67.58	17.40	14.23	537.28	1676.37	158.93	711.51	28020.40	57272.9	30.98	18	78	22	157.7	203.7	10200.26	0.03
南阳	85.00	46.03	16.29	628.37	4555.40	732.95	2362.88	26868.80	190090.0	143.17	246.76	199	57	617.1	961.5	41374.81	0.04
商丘	45.91	2.33	15.43	655.71	3262.68	602.67	1424.14	23886.59	123597.8	124.44	95.68	191	28	772.3	773	24011.30	0.06
信阳	21.56	30.77	17.13	923.29	3196.23	593.59	1485.54	25376.31	161364.3	59.21	83.23	82	78	438.2	616.6	28373.36	0.02
周口	19.35	1.38	16.28	585.98	3616.99	630.51	1530.25	21983.40	234244.4	97.10	318.76	52	37	962.9	881.2	24023.51	0.06
驻马店	22.13	2.73	16.22	763.86	3257.36	574.54	1402.28	23849.80	82438.0	70.20	285.2	26	37	203.8	689.9	22088.51	0.01
济源示范区	1.43	2.55	15.80	611.70	806.22	26.35	288.69	33902.40	11170.2	3.14	35.5	104	8	73	72.9	2839.81	0.05

资料来源:《河南统计年鉴（2023）》。